中国历代士人生活掠影

毕宝魁 著

知识产权出版社
全国百佳图书出版单位

图书在版编目（CIP）数据

中国历代士人生活掠影 / 毕宝魁著. — 北京：知识产权出版社，2016.5
ISBN 978-7-5130-4204-8

Ⅰ.①中… Ⅱ.①毕… Ⅲ.①士－研究－中国 Ⅳ.①D691.2

中国版本图书馆CIP数据核字（2016）第111616号

内容提要

本书按照历史发展顺序写来，以正史为主，兼采野史稗乘，笔记小说，诗词文赋，既概述士人的精神风貌，又记载他们的生活样态；既有某一时代士人群体的总体描绘，又详述了个别士人的具体形态，将严谨的学术研究成果包裹在有趣的阐释和叙述中。知识准确可靠，可作为学术著作来阅读引证；而语言生动简明，趣味性强，又能让读者在轻松的阅读中吸收丰富的知识。

责任编辑：卢媛媛　李丹芷

中国历代士人生活掠影

ZHONGGUO LIDAI SHIREN SHENGHUO LUEYING

毕宝魁　著

出版发行：	知识产权出版社有限责任公司	网　　址：	http：//www.ipph.cn
电　　话：	010－82004826		http：//www.laichushu.com
社　　址：	北京市海淀区西外太平庄55号	邮　　编：	100081
责编电话：	010－82000860转8597	责编邮箱：	31964590@qq.com
发行电话：	010－82000860转8101／8029	发行传真：	010－82000893／82003279
印　　刷：	北京中献拓方科技发展有限公司	经　　销：	各大网上书店、新华书店及相关专业书店
开　　本：	720mm×960mm　1/16	印　　张：	15.75
版　　次：	2016年5月第1版	印　　次：	2016年5月第1次印刷
字　　数：	227千字	定　　价：	42.00元

ISBN 978－7－5130－4204－8

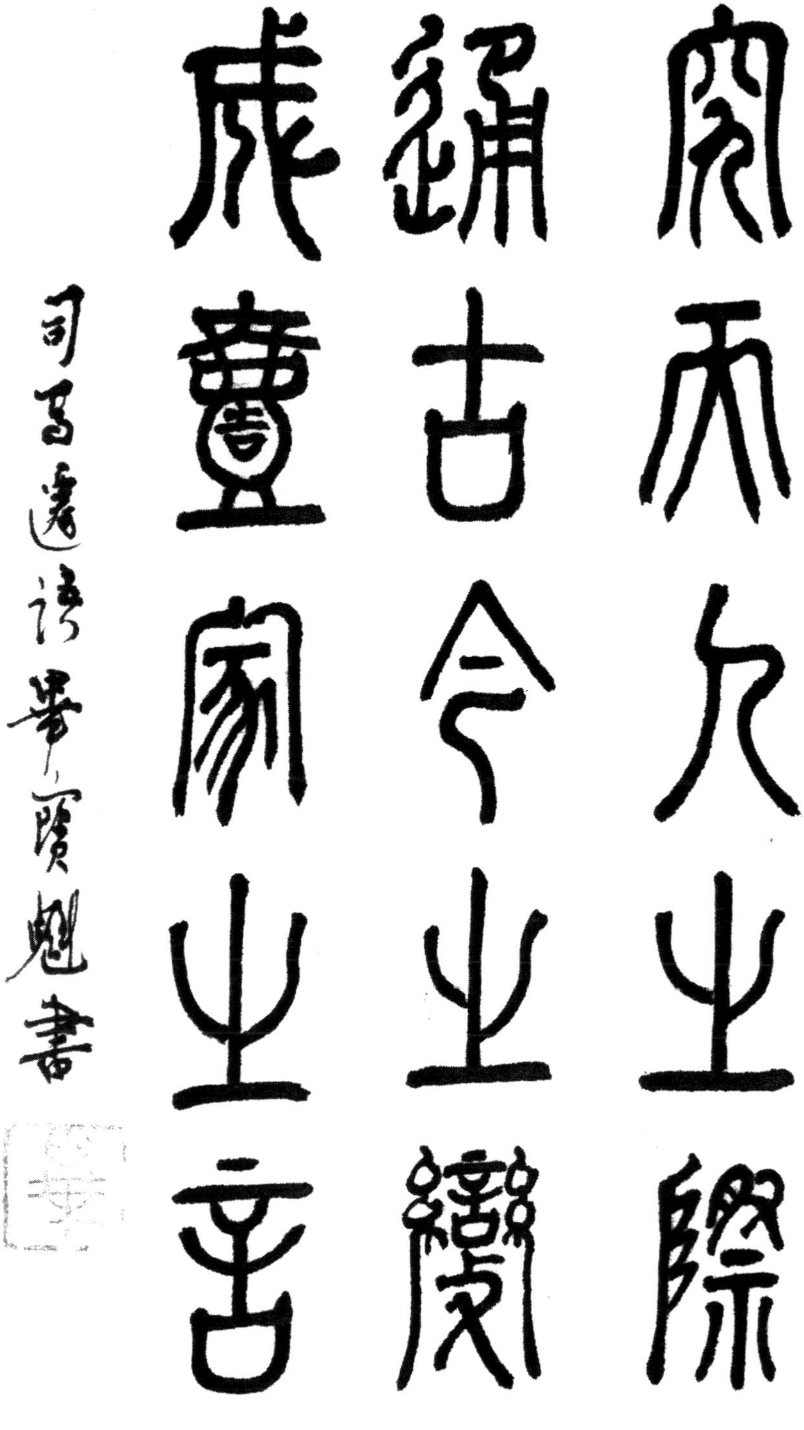
究天人之際
通古今之變
成壹家之言
司馬遷語 畢寶魁書

前　言

“士人”是“士”的现代称谓。“士”是中国历史发展到一定阶段产生的一个特殊阶层，随着历史的演进，“士”的内涵也不断发生变化。

“士”是生产力发展到一定水平才出现的，但究竟在什么时代才有“士”尚无定论，从文献资料看，在殷商时便有类似士之职能的人。进入周朝，士已逐渐成为社会生活中比较活跃的一个阶层。开始时，士的属性是贵族的最低等级，他们虽没有自己的领地，但有从主人那里得到的一定的田地，可以过比较体面的生活。

《左传·昭公七年》中记载：“天有十日，人有十等。下所以事上，上所以共神也。故王臣公，公臣大夫，大夫臣士，士臣皂，皂臣舆，舆臣隶，隶臣僚，僚臣仆，仆臣台。”（《十三经注疏·春秋左传正义》卷四十四）这段话非常清楚地道出了士在当时社会等级中所处的位置。十个等级中，前四个是贵族，后六个是奴隶，士正是贵族中的最末一位。《国语·晋语四》中“大夫食邑，士食田”一句，说的是士在经济生活中的等级，即大夫有自己的采邑，士有自己的田地。采邑包括上面的人和一切资源，田只是土地，但已足以解决基本的生活问题。

春秋时期，士作为贵族和庶民之间的等级，日益获得独立的品质。他们一部分人有自己的土地田园，一部分人成为卿大夫的家臣，基本靠俸禄生活。如果从宏观角度窥视当时人们在社会中之地位和谋生手段，似乎可以这样看：贵族中的上层靠权利吃饭，奴隶靠力气吃饭，士靠本事吃饭。

所谓的“本事”从大的角度划分，可分“文”“武”两个方面，孔子的父亲叔梁纥便是武士，而孔子则属于文士。为了获取职业和地位，获取更高的俸禄，士人们便纷纷求学，学习知识和技能，这也是孔子能够开始进行私人教育的社会原因。

这样，士阶层的文化修养逐渐提升。到了春秋战国之交，即孔子生活后期，士的身份便悄悄由末等贵族转化为知识阶层。人们不再考虑该人的贵族身份，只看其社会角色。这时对于士身份的要求，对于所谓知识的要求，也很宽泛，包括各种知识和技能。

孔子和弟子们多次谈论士的问题。子贡曾经问孔子什么样的人才能算作士，孔子回答说："行己有耻，使于四方不辱君命，可谓士矣！"子贡又问："敢问其次？"孔子曰："宗族称孝焉，乡党称弟焉。"子贡再问："敢问其次？"孔子再答："言必信，行必果，硁硁然，小人哉，抑亦可以为次矣。"❶

曾子对士提出严格要求，他说："士不可以不宏毅，任重而道远。仁以为己任，不亦重乎？死而后已，不亦远乎？"概括来说，有知识、有才能、积极入世、以天下为己任者便可称为士。最后一点最主要，即一定要有关心天下、关心时局、关心百姓的仁者情怀，否则知识再渊博也不可以称作士。这当是春秋战国时期对于士的基本认识。

社会等级不断发生变化，一些处在奴隶地位的人只要获取一些知识，掌握一些技能便可以摘掉奴隶的枷锁而进入士的行列。于是，士的队伍逐渐扩大起来。到战国时期，一些有眼光、有势力的大贵族纷纷网罗士人，即所谓的"养士"。著名的战国四公子每人养士都在三千以上，比其稍晚的吕不韦也有门客三千多人，其他贵族也各自有自己的士。这样，士便成为当时最具有活力的自由职业者。

苏东坡在《战国任侠论》中描述春秋战国养士风气时说：

> 春秋之末，至于战国，诸侯卿相皆争养士，自谋夫说客、谈天雕龙、坚白同异之流，下至击剑扛鼎，鸡鸣狗盗之徒，莫不宾礼。靡衣玉食以馆于上者，何可胜数。越王勾践，有君子六千人。魏无忌、齐田文、赵胜、黄歇、吕不韦，皆有客三千人。而田文招致任侠奸人六万家于薛。齐稷下谈者亦千人。魏文侯、燕昭王、太子丹，皆致客无数。❷

---

❶毕宝魁：《论语镜铨》，世界知识出版社 2014 年 5 月版，第 318 页。

❷《唐宋八大家文钞校注集评·东坡文钞上》，三秦出版社 1998 年版，第 5168 页。

可以看出,春秋战国之间的士,正在由末等贵族向知识阶层过渡,是最有活力的群体,活跃在社会舞台上,尤其是政治舞台上,奔波于诸侯家国之间,穿梭于贵族豪门之际,摇唇鼓舌,鸡鸣狗盗,到处都有他们活动的身影。“士”仿佛是麻将中的“会”,可以充当任何角色,有它便好和牌。

周赧王五十七年(公元前258年),以赵国首都邯郸为主要舞台,以魏国首都大梁、楚国首都寿春、秦国首都咸阳为分会场,以秦兵攻打邯郸为主要线索,以士为主角,曾上演一场惊心动魄的、令人回肠荡气的历史大戏。不用作任何的虚构和夸张,只要能够真实再现当时的历史事件,便一定会引起观众的极大兴趣。

汉武帝“罢黜百家,独尊儒术”后,士的内涵又发生了变化,基本上成为儒生的代名词。以后的历史,基本上是儒学统治的历史,故士人的头衔基本上属于儒家学派的学者们。这种情况在魏晋南北朝时有所改变,随着儒家学说一统天下局面的被打破,道家思想兴盛起来,佛教也趁机而入,借助玄学不断发展自己的势力。因此,在魏晋南北朝时期,学术界被专讲清谈的玄学家们所垄断,出现了正始名士、竹林名士等,这些人无疑都是地地道道的士人,我们的笔触当然也要指向他们。

隋唐时代,士人的范围则更加缩小,专指那些哲学社会科学者及文人。如果划定范围的话,基本是指科举出身的人和有资格参加科举考试的人。在以后的历史时期里,范围基本如此。

《中国历代士人生活掠影》是笔者非常喜欢的选题,十分感谢王凯旋君将这样好的选题交我来写。全书按照历史发展顺序写来,对于士人心态、生活状态丰富多彩时期多用笔墨,反之从简。既要考虑士人的精神风貌,也要顾及士人的生活样态,并将宏观眼光与微观细描结合起来,将某一时代的总体风貌和个别士人的具体形态结合起来,既见树木,也见森林。考虑到读者的阅读兴趣,尽量采用生动幽默的语言,将严谨的学术研究成果包裹在有趣的阐释和叙述中。即努力做到:知识准确可靠,完全可以作为学术著作来阅读引证;语言生动简明,趣味性较强,使读者在轻松的阅读中得到准确丰富的文化知识。

本书之材料，以正史为主，兼采野史稗乘，笔记小说，诗词文赋。在写先秦时期的士人时，笔者几乎重新阅读了一遍《诸子集成》《论语》《庄子》等著作，《吕氏春秋》《颜氏家训》《新语》等不被重视之书也未轻易放过。当笔者阅读这些书籍的时候，仿佛在与一位位先哲对话，在聆听先哲们睿智的演说，在与他们探讨问题，经常会心会意，虽未“欣然忘食”，亦常常沉浸在深深的思索中，似乎有许多新的感悟，心情为之愉悦，精神为之解脱。对于各家思想的得与失，也有一些自己的体会。然后再把这些体会融会到叙述阐释中，以此求得思想内涵的丰富性和深刻性。

即将完成此书时，适逢东北大学负责素质教育课程的同志请笔者在下学期为其讲授中文方面的素质教育课，笔者在本校也曾开设过多次跨学科素质教育选修课、跨校跨学科素质教育选修课，于是便萌生一个想法，即开设中国古代士人心态与生活方面的选修课，使学生了解古代士人的高度社会责任心和积极入世、以拯救天下为己任的可贵精神。

孔子汲汲奔波于列国间传播道义的足迹，墨子以高明技艺击退假设敌进攻而保卫宋国的义举，鲁仲连义不帝秦不受一金拂袖而去的高风亮节，伏生冒着杀头危险把《尚书》藏在夹壁墙时那惴惴不安的身影，辕固生为保卫儒家地位不肯屈从于太后、宁可以古稀高龄去搏斗野猪的豪情，阮籍对于污浊尘世的白眼，嵇康对于炙手可热之权贵钟会的斜视，陶渊明对于龌龊官场投去那高傲的一瞥，东汉党人的浩然正气，东林党人的疾恶如仇……都张扬着中国古代士人坚持正义，坚持真理，与邪恶进行果决斗争的高贵品格。其人格的魅力永远感动激励着后世稍有良知的国人，是一笔价值无限的宝贵财富。我们应当永远珍视之、保护之、传播之、继承之、发扬之、光大之。

这些，对于学生提高社会责任心，洗涤被不义铜臭熏染的灵魂，积极投身于改造社会的激流中会有一定裨益，并初步确定以本书为教材。

全书共设46题，约25万字。2002年元旦动笔，到高考评卷结束完成，历时七个半月。其后又根据王凯旋先生的意见进行较大幅度的修改，于11月末完成，历时近一年时间，是我写书费时较多的一本。2016年再版时，又作了一些修订，使内容更丰富。本书插图主要参考《中国通史》（图鉴版）和《景启民画集》（辽宁美术出版社）等书，由笔者手绘，在此一并致谢。

但愿此书能够基本满足读者诸君的阅读期待。

2016年1月1日午时毕宝魁于辽宁大学

目　录

孔子教学生涯始末

孔子是中国历史上对士人品格塑造影响最大的第一位平民教育家，也是世界上第一个开创私人教育的人。他从事教育事业之时中国社会正处在大混乱的时期，孔子思想成为意识形态中"百家争鸣"的开端，故其对于中国历史的发展及中华民族意识形态特征的形成产生了难以估量的深远影响。

可以说，春秋诸子的争鸣，孔子传道是其开端。与其同时的老子思想虽然也很深刻，但其对于社会现实没有热情关注，又不教学生，也没有产生什么影响。而其他各家都是在孔子之后出现的，多数是针对孔子儒家思想和政治主张而发的。因此，可以说孔子是引发"百家争鸣"的先导者。

《淮南子·要略》篇说："孔子修成康之道，述周公之训，以教七十子。使服其衣冠，修其篇籍，故儒者之学生焉。墨子学儒者之业，受孔子之术，以为其礼烦扰而不悦，厚葬靡财而贫民，久服伤生而害事，故背周道而用夏政。"❶所言正是这种情况。

那么，孔子的教育生涯究竟是怎样的？他是在什么情况下办起私人教育的？他的招生、教学管理、教学活动及弟子的年龄结构究竟是怎样的？很多人却很不清楚，这对于学习孔子的教育思想，感受其人格魅力都会产生隔阂。我们应当拂去其圣人的光环，以平常心来考察一下这些情况。

一、孔子开始教书的最早年限

孔子的先祖是宋国贵族，按照宗法制应当立为国君，但他因为非常复杂的原因而坚决辞让。以后世代为宋国贵族，至孔防叔时被迫逃奔到鲁

❶《诸子集成》，中华书局1986年版第7册《淮南子》，第375页。

国。宋国贵族是殷商贵族的嫡系，殷商民族的先祖可能生活在今东北辽西及内蒙古赤峰一带。所以，说孔子的祖先是东北人也未尝不可。辽宁大学教授张震泽先生很支持笔者的这一观点。

孔子少年丧父，家境寒素，自幼好学礼乐，身材魁梧，仪表堂堂。孔子早熟，十几岁时便得到鲁国上层贵族的注意，并取得了一定的社会声望。17岁时，他已受到鲁国大贵族孟釐子的高度重视。

《史记·孔子世家》载：

孔子年十七，鲁大夫孟釐子病且死，诫其嗣懿子曰："孔丘，圣人之后，灭于宋。其祖弗父何始有宋而嗣让厉公。及正考父佐戴、武、宣公，三命兹益恭，故鼎铭云：'一命而偻，再命而伛，三命而俯，循墙而走，亦莫敢余侮。饘于是，粥于是，以糊余口。'其恭如是。吾闻圣人之后，虽不当世，必有达者。今孔丘年少好礼，其达者欤？吾即没，若必师之。"及僖子卒，懿子与鲁人南宫敬叔往学礼焉。[1]

南宫敬叔是孟懿子之弟，二人都是孟釐子的儿子。鲁国当时有三大贵族，孟氏是其一。作为大夫，孟釐子很有权势，临死时嘱咐两个儿子去向孔子学习礼乐，可见其有远见卓识。由此也可推测出年仅17岁的孔子在社会上已有相当的影响和知名度。

孟懿子和南宫敬叔是主动到孔子家来拜师学习的，他们二人是孔子最早收的学生，可视为孔子教学生涯的开端。还应该指出，孔子在鲁国之所以能够干成一定的事业，与孟懿子和南宫敬叔的关照有直接关系。孟懿子几乎是陪伴孔子一生的人物，他是鲁国三大家族中孟孙氏的掌门人，地位是仅次于季孙氏的第二号人物，与孔子在名分上是师生关系，因此孔子后来在鲁国获得的一切机会都与这层人际关系相关。

[1]《史记》，中华书局2014年版第6册，第1908页。

二、进修与访学

开门弟子南宫敬叔对孔子终生的事业都有直接的影响,为其进一步发展提供了最关键的帮助。因为他的推荐,才使孔子有一次公费进修的机会,此次进修为孔子以后事业的发展奠定了良好的基础,请看下面这则材料。

鲁南宫敬叔言鲁君曰:"请与孔子适周。"鲁君与之一乘车,两马,一竖子俱,适周问礼。盖见老子云。辞去,而老子送之曰:"吾闻富贵者送人以财,仁人者送人以言。吾不能富贵,窃仁人之号,送子以言。曰:'聪明深察而近于死者,好议人者也。博辩广大危其身者,发人之恶者也。为人子者毋以有己,为人臣者毋以有己。'"孔子自周返于鲁,弟子稍益进焉。❶

如前文所言,孟氏是鲁国贵族,南宫敬叔也有一定地位,最起码他有直接与国君交谈的便利条件。他正是利用这种地位向国君推荐孔子,请求和孔子一起到东周洛阳去学习礼乐。国君同意后再由政府提供差旅费,派一辆车、两匹马、一个保镖兼侍从,条件虽不算好,也还可以。这样,才使孔子有机会到当时周代礼乐制度的中心洛阳去进修学习周礼,学识得到进一步提高。

可以推测得出,这次东周之行,使孔子终生受益。最起码有三方面作用:一是他进一步学习到礼乐知识,并借此验证自己以前礼乐知识的正确与否;二是认识并向道家鼻祖老子请教,受到启发;三是到最高学府进修,等于镀金,提高了身价和知名度,极大地有利于以后的办学。正因为这次进修访学,才得到"弟子稍益进焉"的效果。

孔子访学时,老子在周任守藏室史,即负责保存收藏历史档案和资料的官员。孔子参观学习周礼,当然要和老子接触。在《史记·老子韩非列传》中也有一段关于孔子访学拜见老子的记载,可以看出这两位文化巨匠接触时相互倾慕的情景,在后文还有介绍,此处从略。

关于此次进修访学的时间,从司马迁《史记》记载的时间顺序看,大约在孔子弱冠之后,即20多岁的时候,更具体的时间难以确定。从此,孔子的私

❶《史记·孔子世家》,中华书局2014年版第6册,第1909页。

人办学开始起步，弟子的数量也开始多起来。笔者推测，孔子收取十束修为学费当是从这时候开始，否则他的生活便没有经济基础作保障。

20岁到30岁之间，孔子的办学处在发展阶段，学生数量不会太多。到30岁这一年，由于邻近大国齐国君臣的来访，使孔子的地位和知名度再度提高。《史记·孔子世家》载：

鲁昭公之二十年，而孔子盖年三十矣。齐景公与晏婴来适鲁，景公问孔子曰："昔秦穆公国小处辟，其霸何也？"对曰："秦，国虽小，其志大，处虽辟，行中正。身举五羖，爵之大夫，起累绁之中，与语三日，授之以政。以此取之，虽王可也，其霸小矣。"景公说。❶

从这段话可以看出孔子举贤任能的政治理想，其"为政以德，治国以礼"的政治思想已经形成。当时中原各国中，论实力，秦、晋、楚、齐都是大国。齐国经过齐桓公和管仲时代后，国力大增，成为东方最强大的国家。至齐景公时，国力依然很强盛，而宰相晏婴亦是著名贤人。齐景公和晏婴同时来访，是最高规格的访问，而接待水平肯定亦是最高规格的。当年孔子仅30岁，便能直接与齐国君臣对话，可见其在鲁国已有相当的地位。通过这次交往，孔子和齐景公及晏婴都认识了，为以后到齐国避难打下了基础。

三、孔子办学的巅峰时期

孔子35岁时，鲁国发生内乱，孔子到齐国避难，开始钻研音乐，这也是其提高礼乐修养的重要条件。"孔子适齐。为高昭子家臣，欲以通乎景公。与齐太师语乐，闻韶音，学之，三月不知肉味。齐人称之。"❷后来齐景公问政，有意重用孔子，晏婴提出异议而止。这句话在《论语》中也有，但没有"学之"二字。而这两个字非常重要，实际是孔子在学习演奏《韶》的时候进入痴迷状态而不仅仅是听，这样更合乎情理。诸君想想，是否如此？

晏婴之所以提出异议，并不完全是因为嫉贤妒能，而是孔子那一套主张

❶《史记》，中华书局2014年版《史记·孔子世家》第6册，第1910页。

❷《史记》，中华书局2014年版《史记·孔子世家》第6册，第1910页。

与齐国的国情不符，而且在当时错综复杂的环境下也难以实行。

孔子在齐国逗留一段时间后返回鲁国，但鲁国内部依旧很混乱，“自大夫以下皆僭于正道。故孔子不仕，退而修诗书礼乐，弟子弥众，至自远方，莫不受业焉。”[1]孔子想在齐国出仕的愿望因为宰相晏婴的阻挠而失败，回到鲁国后，出仕环境更差，因此他便专心从事教育，从而使其事业得到很大发展，达到巅峰状态。

这一时段持续了约20年，即大约从孔子的35岁到55岁期间。这是人生的壮年时期，是最成熟、最有经验、最有精力的黄金时段，其中最巅峰状态大约是在40岁以后出现的。用孔子的话说，就是“四十而不惑”，出仕无望，又执着于自己的理想，想要通过教育弟子来曲折实现自己本身无法实现的政治理想，于是他大力办学，培养了一大批弟子门人。孔子弟子中的主要人物，在这时期大部分已经投到其门下。

鲁定公九年，孔子50岁。“定公以孔子为中都宰，一年，四方皆则之。由中都宰为司空，由司空为大司寇。”[2]到鲁定公十四年，孔子已经56岁，由大司寇行摄相事。其后不久，便“堕三都”。“堕三都”在当时一定是轰动天下的大事。这一过程显示出孔子的政治理想和政治智慧，他利用了季桓子和叔孙武叔的特殊心理，而季桓子和叔孙武叔也借孔子和鲁定公的手除掉异己，才会出现这样的局面。但当季桓子和叔孙武叔除掉异己后便过河拆桥而将孔子边缘化。而且孔子继续执政还会继续加强公室的权利而削弱三大家族的势力，这是季桓子和另外两大家族掌门人孟懿子、叔孙武叔所不能接受的。

鲁国国君接受齐国赠送的女乐而荒殆政事，执政的季桓子等人把孔子边缘化，孔子便辞职离开鲁国而到邻接的卫国去，从此开始了长达14年的流亡

[1]《史记》，中华书局2014年版《史记·孔子世家》第6册，第1914页。

[2]《史记》，中华书局2014年版《史记·孔子世家》第6册，第1914页。

生活。孔子在周游列国的过程中还继续收学生,子张便是在周游列国时收归门下的。

在流亡过程中,一批年龄较大的学生一直跟随他。69岁时,孔子才得以返回故乡,四年后去世。

通过以上极为简单的考证和描述,孔子一生办学的经历大致如下:20岁左右到东周访学是其办学的起点,回到鲁国后便真正开始了私人教育事业;35~55岁这20年是其教育事业的巅峰时期,学生人数众多,远近皆至;56~69岁这段时间周游列国,广泛传播自己的学说和主张,是其思想大散播时期;70岁回到鲁国,度过其人生的最后时光,是其教育生涯的总结时期。

孔子弟子数量与年龄结构

一提孔子学生，我们最常听到的是这种说法："弟子三千，七十二贤人。""弟子三千"，肯定是概数，我们不必考究其真实性。但"七十二贤人"的说法似乎也并不准确。那么，孔子弟子中的贤人到底是多少名呢？最权威的说法当然还是孔子本人，因为谁也没有他老人家最知道自己一生教育出来的学生有多少成器的。孔子是怎么说的呢？《史记·仲尼弟子列传》开篇即说："孔子曰'受业通身者七十有七人'，皆异能之士也。"❶

所谓的"受业通身"，笔者理解是终生跟着孔子学习。这种学习不是刻板的上课，而是与实践相结合，是松散型的。学习期间可以到外面去工作，过一段时间再回来学习。子夏的两句话便可说明这种情况，他说："仕而优则学，学而优则仕。"实际就是说出仕如有闲暇时间便可以学习，学习如有闲暇时间便可以出去当官。后人对其解释有些片面。

学生工作期间，继续与孔子保持师生关系，有什么问题可以随时去征求老师的意见，有什么疑难也可以随时向老师请教。如冉有、子路曾经是季氏家臣，在是否攻伐颛臾问题上，二人曾征求孔子意见，才有《季氏将伐颛臾》那段对话，表现了孔子"为政以德，治国以礼"的政治理想。除子路和冉有外，子贡、子游、子张、澹台灭明、子贱、子羔等人都有从政或为人当家臣的经历，而在以后孔子周游列国时，其中的一些人亦跟着，可知他们来去自由。

既然孔子自己说"受业通身者七十有七人"，那么所谓的贤人便是77人而非72人。《孔子家语》中所记也是77人，故当以此数为准。那么，"七十二贤人"的说法从何而起呢？最早提出这一说法的当是西汉官吏文翁《孔庙图》。❷不知他有何根据。司马迁虽然略晚于文翁，但他的家族世代为史官，

---

❶《史记》，中华书局版2014年版第7册，第2185页.

❷《史记·仲尼弟子列传》，中华书局版2014年版第7册，第2185页.

历史资料占有特别充分，所记之语必有根据。两相比较，当然是司马迁的说法更可信。

再从《史记·仲尼弟子列传》中亦可证明这一点。有年龄或事迹记载的35人，司马迁一一进行叙述，另外又载“其四十有二人，无年及不见书传者纪于左。”[1]接着，录出42人的姓名和字号。两数之和，正是77人。

孔子是第一个私人办学的人，没有行政主管部门的干涉，也没有什么章程可遵循，完全是一种松散的状态。故招生、开学、考试、毕业等都没有明确的记载，亦没有明确的管理方式。既没有校长、教导主任之类的教学行政官员，也没有科任、辅导员、舍务管理员等，里里外外都是孔丘一个人。无论什么课都是他一个人上，而且还要兼做学生的思想工作，真够辛苦的。

笔者推测，当时的招生，全靠孔子的知名度和学生们的相互转告。而其开学也没有一个固定的时间，学生随时可以来，随时可以休学“打工挣钱”，过一段时间再来，可以说是终身教育。这样，孔子学生的年龄便有很大的岁差。据现有文字资料记载，孔子弟子年龄最大的是子路，比孔子小9岁，最小的是公孙龙，比孔子小53岁。

为了看得清楚，笔者依据《史记·仲尼弟子列传》将孔子弟子中有年龄可考的23人按照降幂排列的方式列下：

仲由，字子路，卞人也，少孔子9岁；

闵损，字子骞，少孔子15岁；

冉求，字子有，少孔子29岁；

商瞿，鲁人，字子木，少孔子29岁。

梁鳣，字叔鱼，少孔子29岁；

颜回，鲁人，少孔子30岁；

高柴，字子高，少孔子30岁；

巫马施，字子旗，少孔子30岁；

宓不齐，字子贱，少孔子30岁；

端木赐，卫人，字子贡，少孔子31岁；

[1]《史记·仲尼弟子列传》，中华书局版2014年版第7册，第2220页.

樊须，字子迟，少孔子36岁。

澹台灭明，武城人，字子羽，少孔子39岁；

公西赤，字子华，少孔子42岁。

有若，少孔子43岁；

卜商，字子夏，少孔子44岁；

言偃，吴人，字子游，少孔子45岁；

曾参，南武城人，字子舆，少孔子46岁；

颜幸，字子柳，少孔子46岁；

颛孙师，陈人，字子张，少孔子48岁；

冉儒，字子鲁，少孔子50岁；

曹卹，字子循，少孔子50岁；

伯虔，字子析，少孔子50岁；

公孙龙，字子石，少孔子53岁。

除子路和闵子骞外，其余21人都比孔子小29岁以上。小29~39岁的是10人，小39~49岁的是7人，小50岁以上的是4人。可见比孔子小29~49岁的学生是主要部分。从各种情况来看，子路和闵子骞入学时年龄偏大，比孔子小30岁左右为其学生主要年龄段，如果这些学生在15~18岁之间入学的话（因孔子不搞启蒙教育，其招收学生程度约相当于现代的专科或本科，其年龄最小也在15岁以上），孔子当在45~65岁期间。故可以推测，孔子的学生大部分是他在这一年龄段招收的。

孔子困于陈蔡之时，子路、颜回、子贡三人都随侍身旁。颜回比子路小20岁，子贡比子路小21岁。鲁哀公四年（公元前491）时，孔子61岁，由于被陈、蔡大夫派出的军队围困在野外，粮食断绝，情况很窘迫，弟子人心惶惶，孔子先后找子路、子贡、颜回三个得意弟子谈话以安定人心。根据以上数据，可知当年子路是52岁，子贡是31岁，颜回是32岁。这样，几个人的年龄便都可以知道了。当时曾参、子夏、子游几人年龄尚小，都十六七岁，可能还没有投到孔子门下，当然不可能跟随。

另外，还有几点应当顺便提出：一是最早投孔子门下的孟懿子和南宫敬叔在孔门弟子名单中没有，不知何故，可能是孔子没有将其视为自己弟子的关系。如果这两个人也算孔子弟子的话，当是年龄最大的，这两个人很可能和孔子年龄相仿。即使小，也只是三两岁的问题。另外，颜回的父亲颜无繇、曾参的父亲曾点也都师事孔子，二人的年龄没有明确记载，从《侍坐》一章的情景来看，曾点可能比子路小。而颜回父亲的年龄有可能比子路大，最起码也相差无几。

总之，以现有文字资料来看，孔子年龄最大的弟子是子路，年龄最小的弟子是公孙龙，子路比公孙龙大44岁。孔子死时，公孙龙刚刚20岁，此人当是孔子的关门弟子。另外，还有两人与孔子有亲戚关系：公冶长，齐人，字子长，是孔子之婿；南宫括，字子容，为孔子侄婿。

子路之死

中国古代士人中，子路是一种类型的代表。

在孔子弟子中，子路年龄最大，性格最直率坦荡，豪爽侠义，勇敢好斗，多少有点粗鲁。他体魄健壮，是经过孔子教化的有文化的武夫形象。他对于孔子忠心耿耿，办事执著认真，直来直去，不会拐弯。孔子很喜欢他，也经常批评他。他见孔子的方式便与其他弟子不同，据《史记·仲尼弟子列传》载：

子路性鄙，好勇力，志伉直，冠雄鸡，佩豭豚，陵暴孔子。孔子设礼稍诱子路。子路后儒服委质，因门人请为弟子。[1]

透过这几句简略的记载，我们仿佛可以看到一个精彩的画面：子路一副纠纠武夫的打扮，到孔子家门来求见，开始时对孔子很不礼貌，但在孔子彬彬有礼的接待下，心悦诚服。然后，穿上儒服，通过孔子弟子的引荐而倾心委身于孔子，成为弟子。

下面，我们从几件小事来看一下子路的性格。他对孔子非常忠心，有时甚至不惜搞一些小把戏。《论语·子罕》(卷十)中记载这样一件事：

子疾病，子路使门人为臣。病间，曰："久矣哉，由之行诈也。无臣而为有臣，吾谁欺？欺天乎？且予与其死于臣之手也，无宁死于二三子之手乎？且予纵不得大葬，予死于道路乎？"[2]

孔子生病在外，为了安慰老师，子路用一个门人冒充仆人服侍孔子。孔

---

[1]《史记·仲尼弟子列传》，中华书局版2014年版第7册，第2191页.

[2]毕宝魁：《论语镜铨》，世界知识出版社2014年5月版，第211页.

子明明知道也没有说破。后来,病情有所好转,孔子便将实情说开,并说自己宁可死在弟子的服侍下,也不愿意用冒充的仆人来装潢门面。但子路的好心是可以理解的。

子路直率,有话就说,憋不住。对孔子有不理解或不满意之处也要马上表现出来,不给留面子,故孔子对子路也有几分畏惧。根据子路的性格特点,孔子总提醒他遇事要多思考,多动脑筋。《论语·子罕》中记载这样一件事:

子路问:"闻斯行诸?"子曰:"有父兄在,如之何其闻斯行之?"冉有问:"闻斯行诸?"子曰:"闻斯行之。"公西华曰:"由也问'闻斯行诸',子曰:'有父兄在';求也问'闻斯行诸',子曰:'闻斯行之'。赤也惑,敢问。"子曰:"求也退,故进之;由也兼人,故退之。"❶

子路问:"听到什么就去实行吗?"孔子的回答是否定的。而冉有问同样的问题,孔子的回答却是肯定的。这既可看出孔子对子路头脑简单的了解,也最充分地体现了孔子因材施教的思想。

在周游列国时,有一次孔子住在卫国贤人蘧伯玉家。卫灵公夫人南子是个极其妖冶的女人,久闻孔子大名,一定要求见孔子,于是孔子前去与之相见。这便是历史上著名的"子见南子"的故事。

子路对孔子的这种作法很不满意,孔子对他解释说:"我刚才并没有直接见到南子的面,如果见了,也会以礼相答。"孔子所言属实,南子是在帷帐中与孔子相见的,南子在帷帐中向孔子行礼再拜,孔子听到环佩的声音很清脆。子路依然不高兴。孔子以为子路不相信,便发誓道:"如果我不去见南子,上天就会厌弃我!上天就会厌弃我!"只有子路才会如此对待孔子,也只有对子路才能使孔子如此对待。当然孔子这里所说的上天,也有比喻卫灵公的意思。其意是说如果自己不去见南子,卫灵公也会不满意。

孔子周游列国时,曾在陈蔡之间非常窘迫。为了安定弟子的情绪,孔子先后找子路、子贡和颜回三个有代表性的弟子就同一个话题进行讨论,子路的话也最直率。因为这个问题涉及子贡和颜回,故将其放在最后一起阐述。

---

❶毕宝魁:《论语镜铨》,世界知识出版社2014年5月版,第268页.

子路忠直，为正义奋不顾身，他的死最能体现其性格。前文提到，卫灵公有一美丽妖冶的夫人南子，据说很淫荡。卫灵公的长子即太子姬蒯聩想要杀她而未果，便逃亡在外。灵公死，大臣欲立公子郢为君。公子郢推让，认为太子的长子姬辄还在，而且已经成人，按照宗法制应当立其为国君。于是姬蒯聩的儿子姬辄便顺利即位，这便是卫出公。但问题马上就出现了，父亲还在，本来应当是父亲的国君位置却被儿子占有了，而卫出公又没有提出迎接父亲回来，似乎连这种意图都没有。12年后，蒯聩心理严重失衡，便悄悄溜回卫国，勾结大夫孔悝发动军事政变，赶跑了出公。父亲赶跑儿子夺回君位，虽是国家之事，实际也是人家家庭内部之事，别人管不管都可。此时，子路正在孔悝的采邑中当总管，实际是孔悝的家臣。采邑在郊区，子路当时正在那里，听说这件事，义愤填膺，连忙往城里跑。城门将要关闭，子羔告诉子路，形势已定，出公都已逃跑了，不要进城白白送死，而子路的表现如下：

子路曰："食其食者不避难。"子羔卒去。有使者入城，城门开，子路随而入。造蒯聩，蒯聩与孔悝登台。子路曰："君焉用孔悝？请得而杀之。"蒯聩弗听。于是子路欲燔台。蒯聩惧，乃下石乞、壶黡攻子路，击断子路之缨。子路曰："君子死而冠不免。"遂结缨而死。[1]

本来可以避免的牺牲，且没有任何道义上的责任，但子路还是义无反顾地进城，并要求新立的国君不要重用参与叛乱的孔悝，在得不到答应的情况下，便要放火焚烧蒯聩和孔悝所登之台。可见其爱憎分明、疾恶如仇的程度。还有一点应当注意，即孔悝本来是子路的主人，但因为其不忠实于国君，所以子路还是坚决反对他，并要讨伐他，可见忠君的观念在当时已很强烈。

当蒯聩派两名训练有素的武士下来攻击子路时，子路以一敌二，可见其确实很勇猛。系冠的缨被对方的刀剑击断，子路本来应当不顾，而以保护性命为主，可他还是遵循礼的要求，君子不能没有冠，也不能掉了冠，于是用手结缨，被敌人杀死。子路死得很壮烈，也很迂腐。

孔子听说卫国发生内乱，马上说："嗟乎，由死矣！"真是了解弟子的好老

[1]《史记·仲尼弟子列传》，中华书局版2014年版第7册，第2193页.

师！当听说子路被“醢之矣”后，孔子转过头去哭了。他令下人马上把厨房里的肉酱倒掉，此后终身不吃肉酱。“醢”是剁碎的意思，肉酱和鱼酱也称“醢”，故孔子如此。多么深情的老师！

孔子在周游列国时，子路几乎全程跟随，不但服侍老师，而且还起到了“保镖”的作用。所以子路一死，孔子很伤心，说道：“自从我得到子路，就再也没有听到过轻蔑侮辱的语言。”裴骃集解引王肃注曰：“子路为孔子侍卫，故辱慢之人不敢有恶言。是以恶言不闻于孔子。”[1]最清楚不过地说明了子路的保镖作用。

总体来看，子路为人忠诚、豪爽仗义、疾恶如仇、不畏强暴、服从真理、勇于改过，没有任何城府，是个非常好交往的正人君子，是中国古代士人中刚性性格的一个典型人物。后世小说中张飞、程咬金、牛皋等人身上似乎都有子路的影子。

[1]《史记·仲尼弟子列传》，中华书局版2014年版第7册，第2193页.

经济学家和外交家子贡

子贡在孔子弟子中最聪明灵活，口才最好，最有实际才能。子贡既有外交才能，又有经济头脑。司马迁在《仲尼弟子列传》中对子贡的记载最多，可看出其对子贡的高度肯定，当然这也需要子贡有众多事迹可记。

子贡是复姓，姓端木，名赐，字子贡，卫国人（今属河南）。“子贡利口巧辞，孔子常黜其辩。”[1]

孔子和子贡的关系很有意思。他对子贡很欣赏，也很喜欢，但总是要适当地压制一些。潜意识中似乎有一点防备他骄傲，因为子贡太聪明，太有才能了。

子贡悟性好，学习成绩优秀，有时难免有一点自负之色。一次，他问孔子说：“赐何人也？”意谓：我是个怎样的人？孔子回答道：“你是个器物。”子贡又追问：“我是个什么器物？”孔子答：“你是个瑚琏。”瑚琏是宗庙祭祀用的礼器，言外之意是说子贡是廊庙之器，即可以成为国家大臣，评价很高。子贡当然暗暗高兴。

又有一次，孔子问子贡：“你和颜回谁更优秀？”子贡回答说：“我怎么敢和颜回相比？颜回是闻一而知十，我是闻一而知二。”子贡的回答很得体。孔子接着说：“是赶不上，我和你都赶不上。”

子贡很有经济头脑，因此很富足，但他并没有骄奢淫逸，依然保持对老师的尊重和与同学的友好关系。可能是他自我感觉良好，便去问孔子：“富而无骄，贫而无谄，何如？”意谓：富贵而不骄矜，贫穷而不谄媚，怎么样？孔子的回答非常巧妙，也是对子贡的进一步要求，说：“可也。不如贫而乐道，

[1]《史记·仲尼弟子列传》，中华书局2014年版第7册，第2195页.

富而好礼。”意谓：那样也可以了，但还不如贫穷而安乐于正道，富贵而更遵守礼义。可以说是对子贡及其他弟子的更高要求。“安贫乐道”的成语当起源于此。

子贡很重视知识的实际运用，并曾经委婉地劝孔子出仕，孔子也接受了他的意见。师徒俩这段对话很有意思：

子贡曰：“有美玉于斯，韫椟而藏诸？求善贾而沽诸？”子曰：“沽之哉！沽之哉！我待沽者也。”❶

子贡的意思是说：这里有一块美玉，是把它严密地装在匣子里收藏起来呢，还是请一个善于销售的人把它卖出去呢？孔子毫不犹豫地回答道：“卖了它！卖了它！我就是等着要卖掉它的人。”完全用比喻问答，心照不宣，都不说破，但二人都明白。于此既可看出子贡积极用世的愿望，亦可看出孔子急于用世推行自己政治主张的迫切心情。

正因为急于用世，想把自己学到的知识应用到社会实践中去，因此子贡想知道老师心目中“士”的标准，便问孔子什么样的人才能算是士。孔子回答说：“行己有耻，使于四方不辱君命，可谓士矣！”子贡又问：“敢问其次？”孔子曰：“宗族称孝焉，乡党称弟焉。”子贡再问：“敢问其次？”孔子再答：“言必信，行必果，硁硁然，小人哉，抑亦可以为次矣。”❷

后来子贡出使不辱君命而回，完全符合孔子对于士的最高要求。因为一时心情不好，在与原宪对话时说得不太得体，子贡便终身不忘，也可理解为对孔子“行己有耻”提法的具体实践。子贡倒是一个注重身体力行的人，比那些天桥把式——光说不练的人强多了。

子贡很好学，稍有疑惑便请教老师。如关于如何看人，他曾经请教过孔子，二人的对话很精彩：

子贡问曰：“乡人皆好之，何如？”子曰：“未可也！”“乡人皆恶之，何如？”子曰：“未可也。不如乡人之善者好之，其不善者恶之。”❸

孔子的回答确实准确生动，令人拍手叫绝，充满了智慧和非凡的判断

❶毕宝魁：《论语镜铨》，世界知识出版社2014年5月版，第212页.

❷毕宝魁：《论语镜铨》，世界知识出版社2014年5月版，第318页.

❸毕宝魁：《论语镜铨》，世界知识出版社2014年5月版，第322页.

力。从这段对话也可体会出孔子是位重是非，讲爱憎，很有立场的人，绝不是麻木不仁的假道学家或没有是非的好好先生。子贡有些话也充满哲理的韵味，如他说：“君子之过也，如日月之食焉。过也，人皆见之；更也，人皆仰之。”[1]简练生动地将深奥的道理说得极其清楚。

孔子对于子贡的才能是认可的。当他困于陈蔡时，情况很窘迫，便派子贡到楚国去，楚昭王立即派军队来解救孔子，并将其迎接到楚国。我们再来看下面这件事：

田常欲作乱于齐，惮高、国、鲍、晏，故移兵欲以伐鲁。孔子闻之，谓门弟子曰：“夫鲁，坟墓所处，父母之国，国危如此，二三子何为莫出？”子路请出，孔子止之；子张、子石请行，孔子弗许。子贡请行，孔子许之。[2]

田常想要篡夺国家权力，但害怕本国的几位大臣，想要发动战争侵略鲁国来转移注意力。孔子见鲁国面临危险，便鼓动弟子通过外交途径来解救鲁国危难，实际上是在委婉地动员弟子拯救祖国。前后有三个弟子主动请求承担这一职责，但孔子都没有同意。直到子贡发言，请求出使，孔子才欣然答应。因为这是一个极其复杂艰难的任务，既需要对当时各国政治形势及当政者性格的了解，又需要敏捷的反应能力，更需要伶牙俐齿的口才。而这些才能都具备的人，孔门弟子中恐怕非子贡莫属。

孔子的看法非常正确，子贡果然不辱君命。经过一番游说，取得了在战场上无法得到的效果。“故子贡一出，存鲁，乱齐，破吴，强晋而霸越。子贡一使，使势相破，十年之中，五国各有变。”[3]可见子贡的才能绝非一般，亦可看出孔子对弟子才能的深刻了解。

子贡很有经济头脑。司马迁说他“好废举，与时转货赀”。即爱好储藏货物，然后在紧俏时再卖出去，以此获取大量钱财。又经常在鲁国和卫国当官，有钱有势。但子贡依然不势力，且勇于改正错误，终身不犯同样的错误，即孔子所要求的“不二过”。

孔子死后，孔子的另一弟子原宪隐居卫国，住在偏僻的胡同里，家境贫

[1] 毕宝魁：《论语镜铨》，世界知识出版社2014年5月版，第470页.

[2]《史记·仲尼弟子列传》，中华书局2014年版第7册，第2197页.

[3]《史记·仲尼弟子列传》，中华书局2014年版第7册，第2201页.

寒。子贡此时当上卫国丞相，乘坐华贵的大马车，带着一个车队，前呼后拥到胡同里去看望原宪。原宪穿着破旧衣服，戴着旧冠出来迎接。子贡一看老同学那个寒酸样，便说道："老同学难道有病吗？"原宪答道："吾闻之，无财者谓之贫，学道而不能行者谓之病。若宪，贫也，非病也。"原宪说的有道理，子贡很惭愧，终生为自己这次失言感到耻辱。

子贡对于老师极其尊敬崇拜，特别注意维护老师的权威。尤其在孔子死后，子贡的地位相当高，但他对孔子的敬仰丝毫未减。在维护孔子地位方面，他的力量和作用都是相当大的。我认为，在孔子身后，维护孔子地位最大功臣便是子贡。因为颜回和子路都在孔子死前死去，而曾参、子夏、子游、子张等当时都很年轻，社会地位和知名度都没法和子贡相比，因此，维护孔子名望和尊严的主要责任便落在子贡的肩上。这一问题在前面已叙述过，不再重复。

子路和子贡性格的差异，在一件具体小事上表现得很充分。《吕氏春秋·察微》篇载：

治乱存亡，其始若秋毫，察其秋毫，则大物不过矣。鲁国之法，鲁人为人臣妾于诸侯，有能赎之者，取其金于府。子贡赎鲁人于诸侯，来而让，不取其金。孔子曰："赐失之矣，自今以往，鲁人不赎人矣。"取其金，则无损于行。不取其金，则不复赎人矣。子路拯溺者，其人拜之以牛。子路受之。孔子曰："鲁人必拯溺者矣。"孔子见之以细，观化远也。[1]

子贡出使时响应官府号召，花钱赎回沦落在齐国为奴仆的鲁国人。按照规定，应当到官府去取所花的费用。但子贡却表示谦让，不去领这笔本来应当领取的钱。孔子对这种做法不但没有表扬，反而进行批评。认为子贡这样做影响和后果都不好。这样以后，别人再出国时遇到这种情况也不会花钱赎人，因为赔本。而且到官府去领取这笔钱，对于本人的德行，没有丝毫损伤。

子路救起一个落水的人，那人到子路家送一头牛以表示感谢，子路心安理得地收下了。孔子赞美道："子路做得对，从此以后，鲁国人一定都会去抢

[1]《诸子集成》，上海书店1986年版第6册影印版，第191~192页.

救落水的人。”

应该得而不要者，有虚伪之嫌，且他人难以为继；对于有贡献者给予适当补偿，既符合人之常情，也是对他人劳动价值的肯定和高尚道德的鼓励。这种做法合情合理，人们容易接受。从这件小事，可以看出子路和子贡性格的差异，也可看出孔子对具体事物判断的能力，所以《吕氏春秋》作者称赞孔子看问题细微而且思考得长远。

孔子最得意的弟子颜回

从《论语》和其他有关材料可知，孔子最得意的弟子是颜回。从所见到的材料看，孔子对颜回从未有丝毫的批评。之所以如此说，笔者有下面三个原因：一是颜回特别虚心，学习领悟孔子思想最到位，如对于“仁”的理解即是如此，而“仁”是孔子思想的核心内容；二是颜回安贫乐道的行为最符合孔子的要求，成为孔子为其他弟子树立的楷模；三是颜回学习刻苦，最有凝聚力，也最理解孔子的思想。下面我们从一些具体事情来看一看。

颜回字子渊，比孔子小30岁，鲁国人，住在曲阜。曲阜今日尚有颜回井，可以作为颜回当年住所的座标。颜回向孔子请教什么是“仁”，孔子回答说：“克己复礼，天下归仁焉。”意谓：如果人人能够克制自己的欲望而恢复到礼治的要求，恪守各种典章制度，那么，天下的百姓便都会归向仁爱了。这是孔子对其政治思想最简明扼要的解释，也是他一生到处奔波所追求的理想目标。颜回所提问的均是有关人生与社会政治的关键问题，都是孔子所关注的，不像樊迟那样问些种地的琐事。

颜回道德修养好，能够净心求学而不旁思别骛，特别值得称道的是安贫乐道。孔子曾高度评价说：“贤哉回也！一箪食，一瓢饮，在陋巷，人不堪其忧，回也不改其乐。”颜回住在偏僻的胡同，大概就是现代的所谓贫民窟，非常贫穷，什么家具都没有，只有一个竹筒盛饭吃，一个水瓢舀水喝。别人都难以忍受这种贫苦，可是颜回依然不改他的乐观态度，依然跟从孔子学习。

对于这一点应当从两个方面来考虑：一是不慕名利，“无诱于势利”，能够坐得住“冷板凳”的坚韧态度是干成大事业之人所必需的品质，这一点对于后世有积极影响；另一方面，不懂理家，生活连社会中等水平都不能达到，连温饱都有问题，还空言什么大道理，则显得迂腐甚至有些愚蠢。这对于后世一些读书人一旦科场失意，便穷困潦倒，成为孔乙己似的人物，消极影响也很大。当然，这种消极影响也不能算在颜回的头上。

颜回沉默寡言，乍看好像有些愚笨，孔子就说："回也如愚，退而省其私，亦足以发，回也不愚。"[1]看来孔子也曾怀疑过颜回的智力，觉得他有些愚笨。但讲完课回去一琢磨颜回私下里问的问题，亦有许多足以启发自己思考的地方，因此才肯定地说，颜回并不愚笨。孔子还说："语之而不惰者，其回也与？""子谓颜渊，曰：'惜乎！吾见其进也，未见其止也。'"（《论语·子罕》）可见颜回非常勤奋用功，这样的学生所有的老师都喜欢。

颜回对功名利禄的淡漠情怀最符合孔子的心理，故孔子曾深有感触地对颜回说："用之则行，舍之则藏，唯我与尔有是夫！"意谓：国君重用我，我就出仕贡献才智；如果不重用我，那么就隐居起来，只有我和你有这种想法和德行啊！

颜回最能理解孔子的心思和思想精髓，有一件很有趣的事，便可以看出前文所提孔子三大弟子子路、子贡和颜回的性格，也可了解孔子特别喜欢颜回的缘故。故事很生动，为保持原貌，录出这段文字的原文：

孔子迁于蔡三岁，吴伐陈。楚救陈，军于城父。闻孔子在陈蔡之间，楚使人聘孔子。孔子将往拜礼。陈蔡大夫谋曰："孔子贤者，所刺讥皆中诸侯之疾。今者久留陈蔡之间，诸大夫所设行皆非仲尼之意。今楚，大国也，来聘孔子。孔子用于楚，则陈蔡用事大夫危矣。"

于是乃相与发徒役围孔子于野。不得行，绝粮。从者病，莫能兴。孔子讲诵弦歌不衰。子路愠见曰："君子亦有穷乎？"孔子曰："君子固穷，小人穷斯滥矣！"

子贡色作，孔子曰："赐，尔以予为多学而识之者与？"曰："然。非与？"孔子曰："非也。予一以贯之。"

孔子知弟子有愠心，乃召子路而问曰："诗云：'匪兕匪虎，率彼旷野。'吾

[1]《史记·仲尼弟子列传》，中华书局2014年版第7册，第2187页.

道非邪？吾何为如此？”子路曰：“意者吾未仁邪？人之不我信也。意者吾未知邪？人之不我行也。”孔子曰：“有是乎？由，譬使仁者而必信，安有伯夷、叔齐？使知者而必行，安有王子比干？”

子路出，子贡入见。孔子曰：“赐，诗云：‘匪兕匪虎，率彼旷野。’吾道非邪？吾何为如此？”子贡曰：“夫子之道至大也，故天下莫能容夫子。夫子盖少贬焉？”孔子曰：“赐，良农能稼而不能穑，良工能巧而不能为顺。君子能修其道，纲而纪之，统而理之，而不能为容。今而不修尔道而求为容。赐，而志不远矣！”

子贡出，颜回入见。孔子曰：“回，诗云：‘匪兕匪虎，率彼旷野。’吾道非邪？吾何为如此？”颜回曰：“夫子之道至大，故天下莫能容。虽然，夫子推而行之，不容何病？不容然后见君子。夫道不修也，是吾丑也。夫道既已修而不用，是有国者之丑也。不容何病，不容然后见君子！”孔子欣然而笑曰：“有是哉，颜氏之子！使尔多财，吾为尔宰。”[1]

由于错综复杂的国际关系，楚国想要聘请孔子，结果给孔子带来灾难，陈国和蔡国的一些大臣出兵包围孔子，使孔子陷于极其艰难的境地，乃至于断绝了粮食。弟子们都很着急，孔子怕弟子慌乱，便依旧弹琴以安稳人心。为摸清弟子的想法和教育他们，同时也可了解弟子们对这种特殊情况的认识，孔子先后找子路、子贡和颜回谈话，问话的内容完全一致，但三人的回答却不同。子路的意思是说，咱们遭遇这样的窘境，是否是因为老师的仁和智未达到最高程度，还有一定问题？因此遭到孔子的反驳。子贡的意思是说，老师的道肯定是对的，是至高无上的，但社会现实如此，咱们能否适当灵活一点，来迁就一下世俗之情？同样遭到孔子的批评，认为在大是大非问题上不能屈服，不能以原则作交易来换取社会的容纳。颜回的回答既肯定了孔子的伟大，同时也说出一句最具哲理而又有独到见解的话：“不容然后见君子。”其实这是孔子“天下有道，穷则耻辱，天下无道，达则耻辱”之观点的自然生发。而当时正处在天下无道之时，君子不被社会所容便是自然而然的。而在不被社会所容的情况下还能够坚持真理，坚持正义，坚持道，这才

[1]《史记·孔子世家》卷四十七，中华书局2014年版.

是真正的大君子。所以颜回的话并非是讨好孔子，而是对孔子一贯思想理解后的判断。因此孔子说“回也不愚”，此事便是十足的证明。

孔子虽然对颜回最满意，最放心，最喜欢，但也有险些发生误会的时候。《吕氏春秋·任数》篇记载这样一个小故事：

孔子穷乎陈、蔡之间，藜羹不斟，七日不尝粒。昼寝，颜回索米，得而爨之。几熟，孔子望见颜回攫其甑中而食之。孔子佯为不见之。少顷，食熟，谒孔子而进食。孔子起曰：“今者梦见先君，食洁而后馈。”颜回对曰：“不可，向者煤炱入甑中，弃食不祥，回攫而饭之。”孔子曰：“信也者，目也。而目犹不可信。所恃者心也，而心犹不足恃。弟子记之，知人故不易矣。”❶

孔子在陈蔡之时断粮数日，颜回好不容易要点米回来煮饭吃。孔子在屋里睡觉，饭将要熟的时候，孔子偶然看见颜回用手扣饭锅里的饭吃了一口。不一会儿饭熟，颜回端进来请孔子吃，孔子假装刚才没看见，起来说：“我刚才梦见先君，故在吃饭前先要祭奠一下。但食品要特别干净然后才行。”颜回非常忠诚老实，便说：“那可不行。刚才有个煤灰飘到锅里，我用手扣出来，扔了可惜，就吃了。”孔子非常感慨，说道：“最可信的是眼睛，然而眼睛也不可信。所依靠的是心，而心也不足以值得信任。弟子们记住：了解一个人真是太不容易啦！”如果孔子不故意说那番话，颜回也不会把吃饭的真相说出来，因为实在没有那个必要。那样，孔子恐怕就会终生怀疑颜回曾经偷着吃了一口饭，虽非大问题，但也不太光彩。可见人太容易被误会了。

颜回身体不好，29岁时已经满头白发。死得较早，可能是孔子困于陈蔡回国后不久就死了。孔子哭得很伤心，说：“自从我有颜回之后，弟子门人对我更亲了。”可见颜回很有凝聚力，对老师特别尊敬。其后，鲁哀公问孔子弟子中谁最爱好学习。孔子说：“有个叫颜回的好学，不迁怒于别人，同样的错误绝不犯第二次。不幸他早亡。现在则没有了。”

可能是孔子对颜回偏爱的缘故，颜回死时，颜回的父亲颜路因为家贫，请孔子把车卖了给颜回送葬。孔子没有答应，并说自己的儿子孔鲤死时也是有棺无椁。自己是下大夫，不能没有车。

❶《诸子集成》，第6册中华书局1986年版，第203~205页.

颜回死，门人提出要厚葬，孔子不同意，结果门人还是厚葬了。孔子说："颜回把我当父亲对待，可我却没有把他当儿子对待啊！可这不是我啊，是学生们啊！"孔子可能是内心有些矛盾。因为父亲在，儿子则不当厚葬，孔子的儿子孔鲤死后就是薄葬。此事可看出孔子重视人之本生，主张薄葬的观点。

颜回的几句叹息说出了孔子的伟大及其崇高的人格魅力。《论语·子罕》十一章载：

颜渊喟然叹曰："仰之弥高，钻之弥坚。瞻之在前，忽焉在后。夫子循循然善诱人，博我以文，约我以礼，欲罢不能，既竭吾才，如有所立卓尔。虽欲从之，未由也已。"❶

颜渊深有感触地叹息道："越是仰望，就会越感到高大伟岸，越是钻研，就会越感到坚固扎实。看到它就在前面，忽然又到了后面，这就是我们老师的修养和学识。老师善于一步步地引导学生，用广博的知识来丰富我，用严肃的礼法来约束规范我，使我想要罢休都不可能。老师充分发掘了我的才能，我好像能够高高地站立起来了，但想着要跟随老师继续前进，却又感觉不知如何前进。"孔子最得意颜回，颜回也最理解孔子的精神世界，这段话是对孔子学识与人格的崇高赞美。孔子教育弟子，是在具体生活小事中处处体现"道"的精神，是要求学生建立完整的人格和高尚的精神境界，并非简单求仕。笔者每读这段文字，都会为这对师生的心灵相通的美好关系而激动不已，并会反思自己作为教师的所作所为，这段话是自己教师生涯的榜样和典范。

❶毕宝魁：《论语镜铨》，世界知识出版社2014年5月版，第210~211页.

庄子的生存智慧

在先秦诸子中，道家对后世的影响仅次于儒家。道家的创始人是老子，继承并发扬光大者是庄子，后世合称“老庄”。关于老子的生平籍贯，司马迁在《史记·老子韩非列传》中记载道：

老子者，楚苦县厉乡曲仁里人也，姓李氏，名耳，字聃，周守藏室之史也。孔子适周，将问礼于老子。老子曰：“子所言者，其人与骨皆已朽矣，独其言在耳。且君子得其时则驾，不得其时则蓬累而行。吾闻之，良贾深藏若虚。君子盛德，容貌若愚。去子之骄气与多欲，态色与淫志，是皆无益于子之身。吾所以告子，若是而已。”孔子去，谓弟子曰：“鸟，吾知其能飞；鱼，吾知其能游；兽，吾知其能走。走者可以为罔，游者可以为纶，飞者可以为矰。至于龙，吾不能知其乘风云而上天。吾今日见老子，其犹龙邪！”[1]

关于老子其人，学术界争论很大，众说纷纭。对于这段记载，学术界也有一些不同意见。但这是正史上关于老子最早的文字，司马迁学识渊博，史德高尚，在没有其他坚实的反面材料之前，我们还是相信司马迁的说法。

孔子见老子的事，司马迁在《孔子世家》中也有记载，内容大致相同。通过这些资料，我们对于老子有个大致的印象：他姓李，名耳，字聃，是周王朝负责保存管理国家图书档案的官员。为人深藏不露，比孔子年龄大，起码应当大10岁以上。他对孔子很器重，也很关心。关于老子的归宿，司马迁说：

---

[1]《史记》卷六十三，中华书局2014年版第7册，第2140页.

老子修道德，其学以自隐无名为务。居周久之，见周之衰，乃遂去。至关，关令尹喜曰："子将隐矣，强为我著书。"于是老子乃著书上下篇，言道德之意五千余言而去，莫知其所终。❶

老子确实象一条神龙，见首不见尾，其思想博大精深，其行踪神秘莫测，他对于宇宙意识的感悟是当时世人难以企及的，甚至可以说是宇宙诞生以来第一位智者，第一位哲学家。那位守大门的尹喜很了不起，强迫老子把自己的主要思想写出来，这才有《道德经》五千言传世，否则将是中华民族乃至整个人类的损失。至于老子的具体生活状态，我们更难以测知，不敢妄说。老子思想的精髓，则非本书所当论。

老子不带学生，当然没有弟子门人。一百多年后，出现庄子。从《庄子》和同时期其他文献看，庄子似乎也是孔子后学的学生，最起码是深受孔子后学的影响。韩愈在《送王秀才序》中说："吾常以为孔子之道大而能博，门弟子不能遍观而尽识也，故学焉而各得其性之所近，其后虽散处诸侯之国，又各以其所能授弟子，原远而末益分。盖子夏之学，其后有田子方，流而为庄周，故周之书，喜称子方为人。"❷

但庄子选择老子思想，对其发扬光大。当时儒、墨、杨朱是显学，而庄子对于纷乱的社会采取逃避的办法，坚决不与统治者合作，对于黑暗的社会现实，虚伪的道德说教进行尖锐的批判。关于庄子生平大略，司马迁在《史记·老子韩非列传》中有简略的记载：

庄子者，蒙人也，名周。周尝为蒙漆园吏，与梁惠王、齐宣王同时。其学无所不窥，然其要本归于老子之言。故其著书十余万言，大抵率寓言也。作《渔父》《盗跖》《胠箧》以诋訿孔子之徒，以明老子之术。❸

庄子名周，是宋国蒙（今河南商丘）人，生活时代与孟子大体相同，比屈原早大约30年。学问广博，无所不窥，著书十多万言阐明老子之说来批驳儒家，书中大部分采用寓言的形式。庄子不与统治者合作的态度是非常坚决的。司马迁说：

---

❶《史记》卷六十三，中华书局2014年版第7册，第2141页.

❷其昶校注，马茂元整理：《韩昌黎文集校注》第四卷，上海古籍出版社1987年版，第261页.

❸《史记》卷六十三，中华书局2014年版，第7册，第2143~2144页.

楚威王闻庄周贤，使使厚币迎之，许以为相。庄周笑谓楚使者曰："千金，重利；卿相，尊位也。子独不见郊祭之牺牛乎？养食之数岁，衣以文绣，以入太庙。当是之时，虽欲为孤豚，岂可得乎？子亟去，无污我。我宁游戏污渎之中自快，无为有国者所羁。终身不仕，以快吾志焉。"❶

他宁可像小鱼那样在小河沟或污水中自由自在地生活，也不愿意到高贵的朝廷中去为统治者效力，因为那里充满机关，在富贵的背后暗藏杀机。如同用来祭祀的牛，生活条件优越，喂养得很肥，便会被拉去杀掉。等到那时候，再想像小猪崽那样活命都不可能了。可以说，庄子是很早看清政治凶险、官场腐朽黑暗的哲人。

还有一件事也可看出庄子对官场的厌弃和对功名利禄的鄙视。庄子爱辩论，另一位宋国哲人惠施是庄子的同乡和辩敌，是非常重要的对手，也就成了朋友。辩论也和体育竞赛一样，对手越强越容易出成绩。魏惠王听说惠施的才能，便将其请到魏国为相。

过了一段时间，没有人辩论，庄子感到郁闷无聊，大概就象贾岛所说："一日不作诗，心源如废井"，庄子可能是几日不辩论，思维便枯萎，于是便到大梁去找惠施辩论。惠施听说庄子到了魏国，非常害怕，因为他知道自己的水平和社会知名度都没法和庄子相比，又听有人说庄子来是要代他为相，于是：

惠施恐，搜于国中三日三夜，庄子往见之，曰："南方有鸟，其名为鹓鶵，子知之乎？夫鹓鶵发于南海，而飞于北海。非梧桐不止，非练实不食，非醴泉不饮。于是鸱得腐鼠，鹓鶵过之，仰而视之曰：'吓'！今子欲以子之梁国吓我邪？"❷

庄子用精彩的比喻，将宰相的高位比作臭耗子，为后世文人鄙视功名利禄提供了武器。李商隐《安定城楼》一诗的尾联"可堪腐鼠成滋味，猜意鹓鶵竟未休"，便是对这一典故的灵活运用。

庄子哲学博大精深，非本文所能议论。这里只选择其生活态度及对后世影响显著者简言之。庄子坚决不肯当官，是其养生保命的一条措施。庄子

❶《史记》卷六十三，中华书局2014年版，第7册，第2145页.

❷王先谦：《庄子集解·秋水》，中华书局1986年版，《诸子集成》第3册，第108页.

对于生死并不在意，他的《齐物论》认为生、老、病、死是一个自然过程，就像春夏秋冬四季更替一样不可抗拒，只能顺应而已。因此，能够顺应自然赋予的生命而不使其受到人为的戕害便是每一位聪明之人应追求的目标。每个人都应当自然而然地活到生命的尽头，这才叫"全性葆真"。《养生主》《山木》《人世间》主要是论述这一问题的。

庄子养生全生之道可以概括为三种境界。他在《山木》中讲了两个故事，恰好形象地说明了他的观点。《山木》开篇即说：

庄子行于山中，见大木枝叶盛茂，伐木者止其旁而不取也。问其故，曰："无所可用。"庄子曰："此木以不材得终其天年。"夫子出于山，舍于故人之家。故人喜，命竖子杀雁而烹之。竖子请曰："其一能鸣，其一不能鸣，请奚杀。"主人曰："杀不能鸣者。"明日，弟子问于庄子曰："昨日山中之木，以不材得终其天年；今主人之雁，以不材死，先生将何处？"庄子笑曰："周将处乎材与不材之间。"[1]

山木因无用而长生，得终天年，这是第一种境界，是"避境"，即以不被社会重视而躲避开迫害，俗语说"出头的椽子先烂"，我不出头，所以风雨轻易不能摧残。此便是庄子坚决不当官的原因。雁以无用被杀，说明完全无用也不可取，也有危险，于是庄子提出"处乎材与不材之间"这一妙方，便是第二境界——"游境"，即在社会生活的缝隙中寻找生存空间。他在《养生主》中所讲"庖丁解牛"的故事便是对于游境的最好说明。

但这并不是养生达生的最高境界，因为这样很累，只有到第三种境界——"化境"，才会幸福自由。其具体表现是："材与不材之间，似之而非也。故未免乎累。若夫乘道德而浮游则不然，无誉无訾，一龙一蛇，与时俱化，而无肯专为，一上一下，以和为量，浮游乎万物之祖，物物而不物于物，则胡可得而累邪？"[2]即对于一切都不在乎，不需要赞美，也不在乎诽谤；或像龙那样飞腾在天，或像蛇那样潜伏地下，随着季节和环境的变化而变化，不肯专门去追求什么，也不肯专门去限制什么，即老子"和光同尘"思想的具体体现。于此可见庄子的生存智慧。

---

[1] 王先谦：《庄子集解·秋水》，中华书局1986年版，《诸子集成》第3册，第122页.

[2] 王先谦：《庄子集解·秋水》，中华书局1986年版，《诸子集成》第3册，第122页.

庄子的物质生活很清贫，但他的精神生活却很丰富。《庄子·列御寇》中一段文字为我们了解庄子的实际生活状况提供了根据：

宋人有曹商者，为宋王使秦。其往也，得车数乘。王说之，益车百乘。反于宋，见庄子曰："夫处穷闾阨巷，困窘织屦，槁项黄馘者，商之所短也。一悟万乘之主，而从车百乘者，商之所长也。"庄子曰："秦王有病召医，破廱溃痤者，得车一乘，舐痔者，得车五乘。所治愈下，得车愈多。子岂治其痔邪，何得车之多也？子行矣！"❶

曹商与庄子原来可能是邻居，自我感觉不如庄子，很自卑。后来为宋国使秦，取悦于秦王，有车一百辆，回来后到庄子处炫耀显摆，并对庄子的贫穷进行讽刺。庄子住在偏僻的胡同里，困苦窘迫，编织草鞋，瘦得细长脖子，黄脸瓢。这可能便是当时庄子实际生活的写照。庄子对于曹商的答复绝妙而精彩，深刻而冷峻。对于小人得志的丑角也只能如此。

庄子对于社会道德虚伪进行深刻犀利的揭露和批判，他认为儒家提倡的"仁义"是统治者的遮羞布，掩盖了许多罪恶。最著名的论断便是："窃钩者诛，窃国者为诸侯。诸侯之门，而仁义存焉。"❷小偷被杀头，窃国大盗却当上诸侯，只要当上诸侯，所作的一切便都是仁义，因为他们掌握着国家的话语权，用最通俗的话说，就是"谁官大谁嘴大""胜者王侯败者贼"。

庄子的生存智慧和精神世界为中国士人能够摆脱儒家伦理责任的束缚，在理想与现实的矛盾中寻找缝隙而心安理得地生活，提供了最为广阔的自由空间。庄子思想是中国士人隐逸的理论根据和自我解脱的良方。这种思想比儒家的"穷则独善其身"更有意义。以后的中国文人便可以在仕与隐、社会责任与适性逍遥中进行自由选择，再也不必为不能尽社会伦理责任而痛心疾首。这也是通常所说的"儒道互补"的一种表现。

❶王先谦：《庄子集解·秋水》，中华书局1986年版，《诸子集成》第3册，第212页.

❷王先谦：《庄子集解·秋水》，中华书局1986年版，《诸子集成》第3册，第60页.

中国第一个律师——名家邓析

中国历史上最早的律师当是春秋时期郑国的士人名家邓析。

当儒、墨、道几个学派各执一说，相互辩难的时候，又出现一个与各家学说都不相同的流派——名家。在先秦典籍中，没有出现“名家”这一术语，西汉初年司马谈最先使用这一称呼被人接受而沿用至今。

名家与其他各家不同，这一流派没有前后师承的关系，只是在关于名实的辨析上有相同点。名家的特点是抽象思辨能力强，知识思维发达，在逻辑学上有突出贡献。

春秋战国之交，社会急剧动荡，以周礼为核心的文化体系和典章制度已分崩离析，人们的观念、价值取向也发生了很大变化，许多旧事物徒有虚名，许多新事物有实无名，这就要求文化界的先驱人物对这些名与实不相符的情况作出反应，给予解释，于是名实之辨即成为当时思想家普遍关注的焦点之一，也是名家在这一历史时期出现的原因。

在先秦诸子关于名实关系的论争中，各派观点不同，均与其政治倾向有关。孔子一再强调正名，要求实与名相符合，使社会各阶层重新回归到君君、臣臣、父父、子子的原有秩序中，体现其怀旧复古的思想。而墨家属于下层平民利益的代言人，因此特别强调和重视现实，主张一切从社会现实出发。道家则崇尚自然主义，提出“无名”，认为名言概念是统治者限制人之个性的桎梏，只有否定名理概念对事物的限制，人才能获得绝对自由，复归大道本真的状态。简言之，儒家重名，墨家贵实，道家无名。

在这期间，有一些智者不局限于名实关系的讨论，而是把名实割裂开来，对“名”本身或名与名之间的抽象逻辑关系进行反思和论证，利用概念的灵活性和抽象性提出一些超乎常识的命题。关于名家的出身，班固在《汉书·艺文志》中说：

名家者流，盖出于礼官。古者名位不同，礼亦异数。孔子曰："必也正名乎！名不正，则言不顺，言不顺，则事不成。"此其所长也。及謷者为之，则苟钩𨱇析乱而已。❶

班固的意思是说名家出于礼官，孔子便提出正名的意见，而孔子的正名指的就是礼制下的名分。这本来是儒者所擅长的，但到那些好玩弄概念游戏的人手里，则弄得支离破碎。

据现有资料记载，最早的名家当是春秋末期的邓析。邓析是郑国人，与孔子、老子同时代。他做过郑国大夫，与著名政治家子产是对立派。为了治理好国家，子产把刑法公开，让百姓都知道刑法内容，以便执法的公正。子产把刑法铸在鼎上，这便是中国历史上第一部向本国人民公开的刑法，史称"铸刑鼎"。

以前，法律没有公开，法官怎么宣判都可以，因为别人不知道法律规定的具体内容。铸刑鼎后，法律公开，人们便可以为自己或他人辩护了。于是，"讼师"也就应运而生。所谓的讼师，就是帮助他人诉讼打官司的人，其性质相当于现代的律师，邓析便属于这类人。从某种意义上说，邓析算是我国历史上最早的律师。《吕氏春秋·离谓》载：

子产治郑，邓析务难之。与民之有狱者约，大狱一衣，小狱襦袴。民之献衣襦袴而学讼者，不可胜数。以非为是，以是为非，是非无度，而可与不可日变。所欲胜因胜，所欲罪因罪。❷

可见邓析专门给法官出难题，为受审判的百姓打官司，并收取一定的诉讼费。此外，他还培训律师。至于"以非为是"和"以是为非"，是因为当时法律粗糙，漏洞多，因此邓析可以利用法律本身的这些弱点。

关于邓析的生卒年，目之所及的记载都是公元前545~公元前501年。但子产铸刑鼎是在鲁昭公六年(前536)，此时邓析刚刚10岁，难以与子产辩论和对立。子产死在公元前522年，死时邓析也只有24岁。《吕氏春秋》说子产杀了邓析，但子产死后邓析尚生存了21年，显然不是子产所杀。邓析生年似乎应当更早一些。此问题对于本文关系不大，不详考。

---

❶《二十五史》，上海书店、上海古籍出版社1册，第530页.

❷《诸子集成》，中华书局1986年版第6册，第225页.

邓析之后名家的代表人物是惠施。此人与庄子同时，二人关系密切。惠施与庄子是难得的一对辩友，他们在辩论过程中常常出现非常有趣的故事。最著名的是“梁上之辩”，《庄子·秋水》篇生动地记载了这一故事：

庄子与惠子游于濠梁之上。庄子曰：“鲦鱼出游从容，是鱼之乐也。”惠子曰：“子非鱼，子安知鱼之乐？”庄子曰：“子非我，安知我不知鱼之乐？”惠子曰：“我非子，固不知子矣；子固非鱼也，子之不知鱼之乐，全矣。”❶

如果仅从这一段对话的辩论来看，其实是惠施胜利了，而庄子最后用偷换概念的办法勉强为自己找了个台阶下。

惠施的著作失传，但我们从《庄子》中可以看出其论辩的话题很多。《庄子·天下》篇保存了惠施思想的十个命题。这些命题引起后世种种不同的解释，莫衷一是。我们只把《庄子》中关于十个命题的一段话录出，以供读者阅读和思索：

惠施多方，其书五车，其道舛驳，其言也不中。历物之意，曰：“至大无外，谓之大一；至小无内，谓之小一。无厚，不可积也，其大千里。天与地卑，山与泽平。日方中方睨，物方生方死。大同而与小同异，此之谓小同异；万物毕同毕异，此之谓大同异。南方无穷而有穷，今日适越而昔来。连环可解也。我知天下之中央，燕之北，越之南是也。泛爱万物，天地一体也。”惠施以此为大观于天下而晓辩者。天下之辩者，相与乐之。❷

惠施的这十个命题，引起好辩者的广泛兴趣，他们受此启发，又提出许多奇谈怪论，如：“卵有毛，鸡三足，郢有天下，犬可以为羊，马有卵，丁子有尾，火不热，山有口，轮不碾地，目不见，指不至，至不绝，龟长于蛇，矩不方，规不可以为圆，凿不围枘，飞鸟之景，未尝动也，镞矢之疾，而若不行不止之时，狗非犬，黄马骊牛三，白狗黑，孤驹未尝有母，一尺之捶，日取其半，万世不竭。辩者以此与惠施相应，终身无穷。桓团、公孙龙，辩者之徒，饰人之心，易人之意，能胜人之口，不能服人之心。”❸

此处提到的公孙龙是战国后期人，与战国四公子同时，曾在平原君家做

❶王先谦：《庄子集解》，中华书局1986年版《诸子集成》第3册，第108页.

❷《诸子集成》，中华书局1986年版第6册，第223~223页.

❸《诸子集成》，中华书局1986年版第6册，第223~223页.

客卿。他最著名的论题是“白马非马”和“离坚白”。所谓的“白马非马”是说白马不是马；所谓的“离坚白”是就一块白色石头来说，“坚”是指其质地，是用触觉感知的，而“白”是指其颜色，是用视觉感知的，如知其坚则不能知其白，二者是分离的。这听来是荒唐的，但公孙龙却将其论述得头头是道。这是形式逻辑思辨的问题，比较复杂，此处不作论析。

关于好辩论的智者，司马迁在《史记·孟子荀卿列传》中有这样几句话：“自驺衍与齐之稷下先生，如淳于髡、环渊、接子、田骈、驺奭之徒，各著书言治乱之事，以干世主，岂可胜道哉！”这便是后世所谓的稷下学派。这当是战国后期最后一个充满自由气氛的学术阵地。荀况曾经在这一学派活动的后期来到这里，并担当学术领袖十余年。

墨翟智斗鲁班

战国士人形形色色,墨家学派表现出一种独特的精神风貌。

行侠仗义,反对以大欺小,反对以强凌弱,反对战争,以天下为己任,并能身体力行,不辞辛苦去进行实践,这是墨者精神风貌的一个方面。《墨子·公输》中记载了一个生动的故事,足以显示这种精神。有一位叫公输般的高级木工,即通常所说的鲁班,发明了一种攻城器械。楚王聘用公输般制造这种武器,准备攻打比较弱小的宋国。墨子听说后,亲自到楚国去劝说楚王不要发动战争。为了说服楚王,墨子说他有破解公输般攻城武器的器具,并提出和公输般当场较量。

子墨子解带为城,以牒为械。公输般九设攻城之机变,子墨子九距之。公输般之攻械尽,子墨子之守圉有余。公输般屈,而曰:"吾知所以距子矣,吾不言。"子墨子亦曰:"吾知子之所以距我,吾不言。"楚王问其故。子墨子曰:"公输般之意,不过欲杀臣。杀臣,宋莫能守,可攻也。然臣之弟子禽滑厘等三百人已持臣守圉之器,在宋城上而待楚寇矣。虽杀臣,不能绝也。"楚王曰:"善哉!吾请无攻宋矣。"子墨子归。过宋,天雨,庇其闾中。守闾者不内也。❶

公输般进攻九次,都被墨子化解,黔驴技穷,而墨子的招法还没有用完。接着是二人的心理战,墨子再次破解对方。从这则故事可以看出,墨子不但是个仁者,而且是个智者,还是一个高级工程师,如果他不能在表演中化解对方的进攻,则无法说服楚王,也无法救助宋国。他的弟子禽滑厘一下子就能带300人去帮助宋国守城,可见墨家学派的队伍是很大的。虽不能排除这里有夸张的因素,但这一学派组织庞大,纪律性强,很有战斗力是可以肯定的。否则,楚王不会被说服。

---

❶《诸子集成》,第4册中华书局1986年版,第295~296页.

滑稽的是墨子成功阻止楚王攻宋后,归途中在宋国遇雨,到门中避雨却被拒绝,但墨子并未说破自己对于宋国的大恩大德。讲究仁义是非,施恩不图报,这正是墨家与游侠的区别,也是与儒家接近的地方。墨家对后世的影响不怎么明显,但在当时却是社会影响非常大的思想流派,而其对于后世的影响是通过儒家体现的,故不为人所注意。墨家学派在战国中后期影响非常大,可以与儒家学派平分秋色。

墨家的代表人物是墨翟。墨家是从儒家分离出来自立门户的一个派别。《淮南子·要略》说:"墨子学儒者之业,受孔子之术,以为其礼烦扰而不悦,厚葬靡财而贫民,久服伤生而害事,故背周道而用夏政。"[1]这种说法基本符合事实。

既然是从儒家分裂出来的学派,与儒家便必定有许多联系和一致之处。如二者都主张积极入世,都提倡和平,反对战争,都主张尽伦理责任。儒家主张对于人之爱有远近亲疏之别,因为这种爱建立在当时宗法制的社会现实之上,又符合人性的最基本要求,故有深远的影响;提倡礼乐,三年之丧。墨家则主张兼爱,对一切人平等的爱;反对礼乐,提倡节用节葬。对于儒家与墨家的分别,冯友兰先生有一段很精辟的论述:

孔子对于西周的传统制度、礼乐文献,怀有同情的了解,力求以论理的言辞论证它们是合理的,正当的;墨子则相反,认为它们不正当,不合用,力求用简单一些,而且在他看来有用一些的东西代替之。简言之,孔子是古代文化的辩护者……墨子则是它的批判者。孔子是文雅的君子,墨子是战斗的传教士。(《中国哲学简史》)

墨子的生平籍贯难以确考,学术界有争论,但从《墨子》及其他文献中可以大体看出这一学派的精神风貌。如前文所述,春秋战国之交士的身份发生变化,由低等贵族而降为平民,不再凭借自己的身份吃饭,而是靠知识、才能、技艺维持生计。靠学问、知识谋生的士成为文士,靠武艺、力气谋生的是武士。文士主要是儒,武士则是侠。孔子及其弟子属于文士,墨子及其弟子则是以文士为主而兼有侠的性质。

[1]《诸子集成》,中华书局1986年版,第7册《淮南子》,第375页.

有的学者认为，墨家学派的成员多出身于游侠。墨家学派有很严格的组织纪律，带有浓厚的宗教性质。《淮南子·泰族训》说：“墨子服役者百八十人，皆可使赴火蹈刃，死不还踵，化之所致也。”[1]可见这一团体的成员很有战斗性和侠义精神。这一团体的首领叫“钜子”，对下属成员有绝对的权威，甚至有生杀大权。墨子是墨家学派的第一任钜子。从有首领，有章程规矩及下级绝对服从上级等方面来看，墨家学派确实有宗教帮会的性质，冯友兰先生关于“传教士”的评价是很准确的。

[1]《诸子集成》，中华书局1986年版，第7册《淮南子》，第357页.

战国士人大表演

我们把中国历史的册页翻到周赧王五十七年(公元前258年)。

这是中国历史上极不平凡的一年,以赵国首都邯郸为整个历史舞台的中心,以秦兵包围攻打邯郸为主要节目,来自几个国家的士人在这里纷纷粉墨登场,演出一幕幕极其精彩的令人惊心动魄的人生戏剧。许多最本色的"大腕演员",在这里扮演着不同的角色,下面,我们分别看一看。

一、吕不韦巧护异人

秦兵包围攻打赵国首都邯郸,是其欲横扫六合、吞并天下的一种必然要求,但为何选在这个时候,则有特定的政治背景。

这次突如其来的战争,有政治阴谋在后面,其目的是想要异人的性命。

异人是秦始皇的父亲,在赵国首都邯郸做人质,处境很惨。由于吕不韦的大力帮助,从中斡旋,异人改善了生活待遇,并谋得秦国太子安国君的嫡子之位。

此时,秦昭王已老,活不了几年。昭王一死,太子便顺理成章而为新秦王,嫡子便可成为太子。等到新秦王再死,嫡子便可再成为又一个新秦王。这是非常有诱惑力的,因此,在太子的二十多个儿子中,争夺嫡子之位的斗争从未停止过。

太子正妃华阳夫人没有亲生子,便没有真正的嫡子。这样,如果从血缘关系看,诸子的地位相等,处在同一起跑线上。在这种情况下,年龄便是最重要的因素。立嫡立长是中国古代社会在继承权上的一项重要制度。若从年龄看,子傒最大,占有绝对优势。因此,子傒也一直瞪大眼睛紧紧盯着嫡子的位置。他把注意力全都放在身边的那些弟弟身上，万万没有想到远在邯郸的异人异军突起，突然占了先手，被破格立为嫡子。他曾试探着要改变这种事实，但没有取得任何实际的效果。

作为秦昭王长孙，子傒不甘心失败，于是鼓动大臣劝说昭王对赵国用兵。攻打赵国，是昭王战略部署中的一步棋，但子傒的活动使这一步棋提前走了。

安国君想要阻止已来不及。因为昭王对异人的安全问题根本就没考虑过，他有几十个孙子，光太子便有二十几个儿子，一个异人算得了什么？

异人立即陷入险境，吕不韦更加焦虑，因为这涉及他投资的成功与否，如果异人出问题，以前的一切花销全部泡汤。商人的投资就是要赚钱，因此他要拼命保护异人。

吕不韦安排赵姬带领异人的儿子小嬴政赶快回娘家躲藏起来。他用早就准备好的两套楚国商人的服装和异人迅速化好装，装扮成两个楚国客商。他们俩连忙来到南城门，用准备好的六百金贿赂守门的军官，趁乱混出城去。

异人脱险，回到秦国，小嬴政母子得到保全，这些事对于中国历史来说，都具有世人尽知的重要意义。

二、鲁仲连义不帝秦

秦兵包围邯郸，平原君派人向魏国求救，并请求妻弟信陵君从中帮助。魏王表面答应，也派军队前去，但明确命令带兵大将晋鄙，将军队驻扎在中途，不得与秦兵接触。晋鄙率领军队，刚一出魏国国境，到达荡阴（今河南汤阴）地区便原地不动，坐山观虎斗。

同时，魏王派一位有将军职衔的客卿辛垣衍暗中潜入邯郸，想通过外交途径解决邯郸被围的窘境。辛垣衍希望通过平原君游说赵王，说道："秦所以急围赵国，其意图是想称帝号。如果赵国派大使前去尊秦国为帝，秦王一定高兴，就会撤兵。"平原君犹豫不决。

这时，齐国人鲁仲连恰巧来到这里，听说辛垣衍劝赵尊奉秦王为帝，便求见平原君，愿意替平原君驳斥打发辛垣衍。

鲁仲连见到辛垣衍，沉默不语。辛垣衍以为鲁仲连胆怯，便先开口道："我看住在这城中之人，都有求于平原君。我观察先生玉貌，不像是有求于平原君，为何长时间住在围城之中而不离开？"鲁仲连道："社会上很多人认为鲍焦是因为心胸狭窄才抱树而死，那是错误的。如今众人不理解他，都以为仅仅是为其一身。秦国是抛弃礼义而崇尚战功的国家，用权术来使用士人，对待百姓好像奴隶。假如秦国肆无忌惮而称帝，用过恶的政治来统治天下，那我鲁仲连便只有赴东海而死，不忍心生活在这样的世道里。我之所以要见将军，是想要帮助赵国。"

辛垣衍问："先生将怎样帮助赵国？"

鲁仲连道："我将使梁国和燕国助赵，齐国和楚国则必定助赵。"辛垣衍道："燕国，我认为可以听从您的意见。至于梁国，我就是梁国人，先生怎样能使梁国帮助赵国呢？"

鲁仲连道："梁国是没有看到秦国称帝的害处。如果使梁国看到秦称帝的害处，则一定会帮助赵国。"辛垣衍问："秦称帝有何害处？"

鲁仲连道："从前齐威王曾做过仁义之事，率诸侯朝见周王。当时，周既贫穷又微小，诸侯没有朝拜的，只有齐国前去朝拜。过一年多，周烈王死了，诸侯都去吊唁，齐国后到。周派人到齐国报丧说：'天崩地裂，天子下席，东藩之臣田婴齐后到则斩之。'田婴齐是齐威王的名，竟被直接称呼，他十分生气道：'嘿！嘿！你妈是个婢女，竟如此作威作福。'最后竟被天下耻笑。周烈王活着时就朝拜，死后就斥责，实在是因为无法忍受其苛求！作为天子，这样做是很自然的，没有什么可奇怪的。"

辛垣衍道："先生您没有看到仆人吗？十个人而跟从一个人，难道是力量不如主人吗？还是智慧不如主人呢？都不是，是畏惧主人。"鲁仲连道："然而梁国与秦国相比，难道好像是仆人吗？"辛垣衍答道："是这样。"鲁仲连道："如果这样的话，我将会使秦王油烹刀切梁王。"辛垣衍一听，很不高兴道："嚇！先生的话也太过分了吧！"鲁仲连道："必然如此，听我说这个道理。"于是鲁仲连便讲了下面的几件事。

商纣王时,鬼侯、鄂侯和文王为三公。鬼侯有个女儿很漂亮,便献给纣王。纣王觉得不好看,就把鬼侯剁碎。鄂侯为其争辩太急,也被杀死晒成肉干。文王只叹了一口气,被拘押在牖里的仓库里一百多天,纣王还想要他的命。纣王为何能如此,不就是有天子名分吗?

齐闵王也曾称过几天"帝"号,后来打败仗逃跑,将要到鲁国避难。还没有进城,特使夷维子先问鲁国怎样接待。鲁国大臣说用最隆重的礼节来招待。结果夷维子还不满足,竟要求鲁国君臣回避,把城门钥匙交出来,因为齐王是帝,等于天子巡狩,诸侯都要以臣子之礼相见。鲁国大臣一听,把城门一关,没有让齐国君臣进城。齐闵王称帝几天,就如此作威作福。如今秦国是万乘之国,国君称王,梁国也是万乘之国,国君亦称王,为什么看秦国打一个胜仗,便要尊称为帝而俯首称臣呢?

见辛垣衍不吭声,鲁仲连进一步指出尊秦为帝的害处道:"况且秦国一旦称帝,就要变动诸侯国的大臣,将要罢免他们认为不好的人而任用他们所谓的贤人。他们又会派自己的子女姬妾到梁国的宫中,梁王还能自己作主吗?将军还能像现在这样受宠吗?"

听到这里,辛垣衍满脸是汗,连连拜谢道:"开始时我以为先生是个庸才,现在才知道是天下之士。我服了,立刻离开,不敢再提尊秦为帝之事。"辛垣衍称呼鲁仲连为"天下之士",是对于士人的最高称谓。

秦将听到鲁仲连的事,退军五十里。正在这时,信陵君率领魏国军队到来。秦军退走。鲁仲连大义凛然,使秦军为之胆寒,对赵国有大功。

于是平原君欲封鲁仲连,鲁仲连辞让者三,终不肯受。平原君乃置酒,酒酣,起,前,以千金为鲁连寿。鲁连笑曰:"所贵于天下士者,为人排患、释难、解纷乱而无所取也;即有所取者,是商贾之人也。仲连不忍为也。"遂辞平原君而去,终身不复见。(《战国策·赵策》)

鲁仲连的义举赢得后人的高度赞美。

三、窃符救赵

赵国首都被围，所有的赵国人都奋不顾身地投入到保家卫国的战争中来。作为赵国政治要人的平原君赵胜，保卫国家更义不容辞。要想击退秦兵，光靠本国的军事力量是不够的。于是平原君几次派人到魏国去，请求魏国的信陵君动员魏王发兵前来解围。

信陵君的大姐嫁给了平原君，平原君是信陵君的姐夫。二人与齐国的孟尝君、楚国的春申君齐名，时称“四公子”，都以行侠仗义、能够解救危难著称。这种社会角色要求信陵君要竭尽全力，何况他与平原君又是这种关系，怎能坐视不管？但兵权在国君手里，信陵君没有调动军队的能力。平原君几次派人送来紧急信件，请求信陵君救援，信陵君陷入窘境。出于无奈，他把自己的门客和心腹组织起来，共有一百多人，准备到邯郸以死相拼，报答平原君，也好对世人有个交待。临行前，他去夷门向一位七十多岁的看门人侯嬴辞别，侯嬴只简单应酬几句，也未相送。

信陵君走了几里路，心里不痛快，便折回来，重见侯嬴。

信陵君为何在临行前要向一个守大门的人辞行？这是有前因后果的。信陵君礼贤下士，听说夷门即东城门监者侯嬴是个聪明智慧而又特别豪爽仗义的人，于是在一次大宴宾客时，特意亲自去请。侯嬴也不推让，穿着旧衣戴着旧冠直接登上华贵的车，信陵君在大庭广众之下为之牵马缰绳。当路过市场时，侯嬴又特意要去见一位朋友，让信陵君牵马等他。整个市场的人都感到惊讶。其后，信陵君对侯嬴尊敬有加，经常馈送钱物，恩情很重。侯嬴豪爽仗义，受信陵君大恩，而信陵君将去赴死侯嬴却很冷淡，这使信陵君费解。于是他便返回来，向侯嬴求教。

侯嬴预料到信陵君必定回来，便把信陵君拉到僻静处，给他出谋划策道：

嬴闻晋鄙之兵符，常在王卧内。而如姬最幸，出入王卧内，力能窃之。嬴闻如姬父为人所杀，如姬资之三年，自王以下欲求报其父仇，莫能得。如姬为公子泣，公子使客斩其仇头，敬进如姬。如姬之欲为公子死，无所辞，顾未有路耳。公子诚一开口请如姬，如姬必许诺，则得虎符夺晋鄙军北救赵而西却秦，此五霸之伐也。[1]

信陵君茅塞顿开，按照侯嬴的计策去办，果然得到虎符。又听从侯嬴的意见，带领侯嬴的朋友朱亥同行。晋鄙有所怀疑时，朱亥用大铁锤将晋鄙打死，信陵君夺得兵权，率领军队迅速赶往邯郸，解救了赵国之围。

在送走信陵君和朱亥之后，为报答信陵君知遇之恩，估计信陵君已到军队之时，年过古稀的老义士侯嬴实现诺言，向着信陵君所去的方向自刎而死，留下千古佳话，王维的《夷门歌》便是专门为赞颂侯嬴而写的。

四、毛遂自荐

在魏国军队到来之前，邯郸城形势很紧急，赵王不得不做第二手准备。他派平原君到楚国去，与楚国建立军事同盟，当时叫"合纵"，实际是向楚国求救。赵王让平原君挑选20名文武兼备的能人组成一个代表团。平原君认为，此行主要职责就是动员楚国出兵，不可能靠武力解决，于是提出只带领自己的门客即可，不需要其他人。赵王同意了。

平原君回到自己家中挑选人材，但左挑右选，只有19人够条件，还差一人。正在平原君为难时，一个叫毛遂的门客从众人中走出来，向平原君道："听说君将到楚国去合纵，约定带领门下食客20人前往，不需要外人。如今还少一个人，您就用我充那个数吧！"

平原君对毛遂没有印象，便问道："先生在我的门下当食客几年了？"毛遂答道："已三年。"平原君说："贤士处在世间，好像是装在口袋里的铁锥子，锥子尖马上就会露出来。如今先生在我的门下已经三年，我左右的人从来也没有人称颂您，我也没有听说过您，这恐怕是因为先生您没有什么特长吧？先生不能参加此次行动，还是留下吧。"

毛遂说："请求您今日就把我装在口袋里吧！如果让我毛遂早日处在口袋中，早就脱颖而出了，岂止是锥子尖露出来而已。"平原君听到这句话，

[1]《史记·魏公子列传》，中华书局2014年版第7册，第2380页.

没有反对，答应了。另外19个人看看毛遂，笑了。

一路上，19名食客与毛遂交谈议论，对毛遂的见识和胆量大为赞叹。

在楚国，平原君与楚王开始谈判，从早晨太阳刚出来一直谈到过中午，下面这二十人等得不耐烦了。有几人怂恿毛遂说："先生，上。"

毛遂手按宝剑登台阶而上，到堂上对平原君道："合纵的利害，两句话就可以说得明明白白。日出就开始说合纵，到日中还不能决定，为什么？"楚王问平原君："客人是什么人？"平原君道："是我的舍人。"楚王很生气地斥责道："还不赶快下去！我正在和你的主人谈话，你算干什么的？"

毛遂不但没有下去，反而手按宝剑往前走了几步，厉声对楚王道："大王之所以斥责毛遂，是因为楚国国大兵多。如今在十步之内，大王不得仰仗楚国兵多，大王的性命就悬在我毛遂的手心里。我的主人在这里，你凭什么斥责我？况且我听说汤以七十里地王天下，文王以百里之壤而使诸侯称臣，哪里是因为他们的士兵众多？他们真正能够凭借形势而发挥自己的威风。如今楚国土地方圆五千多里，手持戈矛的士兵百万，这本是霸王的基业，以楚国的强大，天下无以抵挡。白起，一个竖子，率领几万人，兴师而与楚国交战，一战而攻破鄢陵和郢都，再战而烧夷陵，三战而侮辱大王的先人。这是百世的冤仇，我们赵国人都感到耻辱，而大王您却不知道仇恨。合纵是为了楚国，不是为赵国。我的主人在前面，你凭什么斥责我？"说罢，怒目圆睁，手按宝剑。于是，下面的情况是：

楚王曰："唯唯，诚若先生之言，谨奉社稷而以从。"毛遂曰："从定乎？"楚王曰："定矣！"毛遂谓楚王之左右曰："取鸡、狗、马之血来！"毛遂捧铜盘，而跪进之楚王曰："王当歃血而定从，次者吾君，次者遂。"遂定从于殿上。毛遂左手持盘血而右手招十九人曰："公相与歃此血于堂下。公等碌碌，所谓因人成事者也。"[1]

于是楚国派春申君带领军队北上援救赵国。此时，信陵君也采纳侯嬴的计策夺得晋鄙的军队前来救援。秦兵见两个大国的军队到来，解围而退。

毛遂的大智大勇在特殊的历史背景下显露出来，从而留下"毛遂自荐""脱颖而出"两个成语，也成为中国历史上一段佳话。

以上几则故事发生在同一年的同一事件当中，吕不韦虽是商人，但他在当时的所作所为，可算是策士。而侯嬴、朱亥、毛遂、鲁仲连等人更都是以士的身份出现在当时的政治舞台上。如果我们有能力将这些故事都真实地再现出来，那将是怎样动人的情景啊！只要把许多真实的历史故事的原貌表现出来，就足以令人惊心动魄，回肠荡气矣。因此，笔者总想创作一个反映历史真实的电视剧，或者是电影，题目就叫《周赧王五十七年》。

[1]《史记·平原君列传》，中华书局2014年版，第2367~2368页.

指挥楚汉如旋蓬的郦食其

秦汉之交，士人在长期遭受压迫后，又得到施展才能的机会，各种士人纷纷登上历史舞台进行表演，郦食其便是其中很有特点的一位。

在刘邦打败项羽后，一直到武帝时期，儒家学派依然没有受到重视，但已经没有被活埋的恐惧了，属于复苏期。司马迁对这段时间学者们的状况描述如下：

及高皇帝诛项籍，举兵围鲁，鲁中诸儒尚讲诵习礼乐，弦歌之音不绝，岂非圣人之遗化，好礼乐之国哉？……夫齐鲁之间于文学，自古以来，其天性也。故汉兴，然后诸儒始得修其经艺，讲习大射乡饮之礼。叔孙通作汉仪礼，因为太常，诸生弟子共定者，咸为选首，于是喟然叹兴于学。然尚有干戈，平定四海，亦未暇遑庠序之事也。孝惠、吕后时，公卿皆武力有功之臣。孝文时颇征用，然孝文帝好刑名之言。及至孝景，不任儒者，而窦太后又好黄老之术，故诸博士具官待问，未有进者。[1]

司马迁讲的是儒家学派的遭遇，当然可以看作是秦汉之际知识分子的主流倾向和绝大多数知识分子的生活状况，但我们所要窥探的是整个知识分子队伍即所有士人的生活状况，因此需把眼光放得更开阔一些。

一个朝代的建立和发展，离开知识分子是不可能的——包括专制残暴的

[1]《史记·平原君列传》，中华书局2014年版，第317页.

秦代亦是如此。李斯不也是典型的知识分子吗？

汉代初期，儒家学派依然没有受到重视。因此，属于儒家学派的士人基本上隐在乡间观察时机，以极其坚韧的毅力传授知识，培养后进，随时准备登上历史舞台。而不属于这一学派的知识分子们则已经来到前台，参加了新政权的建设。最突出的是郦食其、陆贾、盖公和贾谊四个人。郦食其为刘汉王朝之建立献出了宝贵生命。当时，虽经秦王朝的历史阶段，但距战国未远，战国时期纵横家及策士的遗风尚有相当影响。郦食其和陆贾都是这种策上风气很重的人。

郦食其是陈留高阳人，好读书，因生逢乱世，没有用场，弄得一贫如洗，潦倒落魄。实在无法谋生，便为街道当了一名看门人，挣点微薄的工资来填饱一家人的肚皮。他为人狂放，一般人都不放在眼里，镇里的官员们谁也不敢轻视他，更不敢得罪他，都称他为狂生。

陈涉、项羽先后起兵反抗强秦，各路大军不断路过高阳。郦食其见机会来到，当然不情愿庸庸碌碌混过一生，便时刻注意着每一支军队的举动行为及其大将的情况。

后来，沛公刘邦将要路过这里。刘邦身边的一个骑兵恰巧是郦食其的邻居，顺道回家探亲。郦食其早就探听到刘邦在这一时期的所作所为，便亲自到那位骑兵家中，对他说："我听说沛公虽然狂傲却平易近人，有很多大谋略，此人真是我所愿意跟从的，不要让别人占了先手。如果您见到沛公，就说'我们街道有个郦生，六十多岁了，身高八尺，人们都称他为狂生，他自己却说不是狂生。'"

那位骑兵说："沛公不喜欢儒生，各位客卿有戴着儒冠来的，沛公就摘下他的冠倒过来放地上，往里边撒尿。与人谈话，经常大骂，您不可以用儒生的身份来游说他。"郦食其请求他说："我就想这么办，兄弟给我说一声。"

那位骑兵还真办事，真的跟刘邦说了。所以便发生了下面的故事：

沛公至高阳传舍，使人召郦生。郦生至，入谒，沛公方倨床使两女子洗足，而见郦生。郦生入，则长揖不拜，曰："足下欲助秦攻诸侯乎？且欲率诸侯破秦也？"沛公骂曰："竖儒！夫天下同苦秦久矣，故诸侯相率而攻秦，何谓助秦攻诸侯乎?”郦生曰:“必聚徒合义兵诛无道秦,不宜倨见长者。”于是沛公辍洗,起摄衣,延郦生上坐。郦生因言六国纵横时,沛公喜,赐郦生食。[1]

从刘邦“竖儒”的话可知,郦食其的打扮真的是儒生,可能是因为两个美人正在给刘邦洗脚无法站起来,因此刘邦还没有把郦食其的冠摘下来放地上往里面小便,够幸运的了。但一边让女人洗脚一边接待来人,也显得太傲慢,根本没有把来人放在眼里。郦食其简单的几句话,便争得了面子,受到刘邦的高度重视。这也正是刘邦最大的长处,即能够纠正自己的错误而采纳别人的意见。

其后,郦食其为刘邦出谋划策,使刘邦在错综复杂的形势下处处取得主动。在楚汉相争最激烈紧张的时候,郦食其为刘邦去游说齐王田广,使齐王属下七十多城降汉。因韩信领兵偷袭齐国,郦生被害。但郦食其为刘邦立下大功,得到后人的赞佩。

李白在《梁甫吟》中道:“君不见高阳酒徒起草中,长揖山东隆准公。入门不拜骋雄辩,两女辍洗来趋风。东下齐城七十二,指挥楚汉如旋蓬。狂客落魄尚如此,何况壮士当群雄。”说的就是这段故事。郦食其在楚汉相争的关键时刻献出了宝贵的生命,而陆贾则是在汉朝初期为政权建设作出杰出贡献的士人。

[1]《史记·郦生陆贾列传》,中华书局2014年版第8册,第2692~2693页.

第一个提出“逆取顺守”的士人

陆贾是楚人，刘邦经营天下时，他以客卿身份跟随左右，并以能言善辩著称。曾多次出使诸侯，为汉高祖收服南越王立下汗马功劳。我们不谈其他方面的功绩，只谈他对于汉高祖在政策方面产生的重要影响。

刘邦统一天下当上皇帝，很讨厌读书人，不爱听文绉绉的话。但经常陪伴他的陆贾却不顾这些，时不时地就在刘邦面前谈论《诗》《书》，一说话便文绉绉的，于是，便发生了下面的对话：

高帝骂之曰：“乃公居马上而得之，安事《诗》《书》？”陆生曰：“居马上得之，宁可以马上治之乎？且汤武逆取而以顺守之，文武并用，长久之术也。昔者吴王夫差、智伯极武而亡。秦任刑法不变，卒灭赵氏。乡使秦已并天下，行仁义，法先圣，陛下安得而有之？”高帝不怿而有惭色，乃谓陆生曰：“试为我著秦所以失天下，吾所以得之者何？及古成败之国。”陆生乃粗述存亡之徵，凡著十二篇。每奏一篇，高帝未尝不称善，左右呼万岁，号其书为《新语》。[1]

因为经常陪伴在刘邦的身边，而且为其办成许多大事，因此陆贾在感情上与刘邦比较亲密，所以才不怕其斥骂。他用历史事实说明在马上可以得到天下，却不能在马上治理天下，第一个提出“逆取而顺守”的策略，并为刘邦建立新王朝提出总的纲领，这就是以仁义道德治理国家。

---

[1]《史记·郦生陆贾列传》，中华书局2014年版，第2699页.

从《新语》的全部内容来看，陆贾基本上属于儒家学派，因其书虽然是综合儒、道两家学说的精华，但相对来看，儒家思想更突出一些。综观全书，是以儒家思想为主，而以道家为辅的思想体系，较早地体现了儒道互补的精神。

如果我们仔细思考西汉初年的政治情况，以及汉武帝“罢黜百家，独尊儒术”这一国策的制定，就会发现陆贾的活动及《新语》的历史作用。

孝惠帝时，吕后专权，想要封诸吕为王，猜忌善辩大臣，陆贾估量自己无力扭转这种局面，便装病回家隐居，静观时局变化。他选了一块好的地方，让五个儿子耕种田地。他把自己多年积蓄的金钱分给儿子作资本，每个儿子二百金。他本人则悠哉游哉，过起了闲适舒心的生活。

因及时离开政治斗争的漩涡，故吕后在封诸吕为王的过程中，他既没有受到吕后集团的猜忌，也没有受到舆论的谴责，真是个智者。

惠帝年少，性格软弱，吕后专横，诸吕紧锣密鼓地准备抢班夺权，要谋取天下。宰相陈平非常忧虑，但计无所出，急得如热锅上的蚂蚁，极其烦恼。在这关键时刻，陆贾前去求见，并为其划策说：“天下安，注意相，天下危，注意将。”请陈平和当时在世的老一辈大将绛侯周勃搞好关系，如果二人团结一致，便可以应付各种复杂局面。

陆贾又亲自出面在暗中去联络其他公卿大臣，为陈平和周勃后来一举粉碎诸吕的阴谋，安定刘氏天下起了重要作用。文帝得立，陆贾也有大功。后来再度出使南越，使南越主动去掉皇帝之号，听命于汉朝。陆贾最后寿终正寝，结局很完美。

“逆取顺守”是非常深刻的思想，即夺取政权可以不择手段，可以用暴力，可以用武装斗争的形式，但要保守政权则必须实行仁政，必须顺应民心，顺应历史潮流，这对于中国后来历史的发展产生了重要影响。贾谊在《过秦论》中著名的结论“仁义不施，而攻守之势异也”，便与陆贾提出的“靠马上可以得天下，而靠马上不可以守天下”的思想如出一辙。

一言兴邦的盖公

从汉朝建国到文帝末年这半个多世纪里，统治者所奉行的基本是黄老之术，所采取的是与民休息的政策。这一政策的实施，与前文提到的陆贾有一定的关系，但更主要的功劳则应当属于留下“萧规曹随”这一成语的曹参。而启发曹参采取这种政策的则是一个几乎被历史完全埋没的人，我们只有瞪大眼睛仔细阅读，才可以从司马迁的《史记》中找到一点蛛丝马迹。那是在刘邦平定天下，曹参被派到最难统治的齐国故地去作宰相时的事。

汉朝建国后，刘邦根据当时的实际情况，采取郡国制。即封一些兄弟子侄为诸侯王，分散到全国各地去，其他绝大部分领土依旧实行郡县制。这样，刘氏诸侯国和皇帝直接统治的郡县形成一种犬牙交错的情况，诸侯国实际上起着拱卫中央的作用。

曹参到齐国作相，马上便遇到了实际问题，那这就是面对刚刚脱离战争苦海，满目疮痍的齐国，处在贫困交加艰难处境下的百姓，应当采用什么样的办法来进行统治。曹参以前只是沛县监狱里的小吏，恐怕也就是主管监狱文书之类的一般办事员，根本没有管理一个国家或地区的经验。于是，曹参便召集当地的学者名流，广泛征求意见。《史记·曹相国世家》记道：

孝惠帝元年，除诸侯相国法，更以参为齐丞相。参之相齐，齐七十城。天下初定，悼惠王富于春秋，参尽召长老诸生，问所以安集百姓。如齐，故诸儒以百数，言人人殊，参未知所定。闻胶西有盖公，善治黄老言，使人厚币请之。既见盖公，盖公为言治道贵清静而民自定，推此类具言之。参于是避正堂，舍盖公焉。其治要用黄老术，故相齐九年，齐国安集，大称贤相。

曹参是汉朝初年继萧何之后的著名贤相，有很强的责任心，还有一定的民主作风。他广泛征求当地众多儒生的建议，结果众说纷纭，令他无所适从。当听说胶西地区有个盖公，善治黄老之学，便派人带重金前去请。

可以说，作为一国地方的行政长官，曹参能够如此敬业，忠于职守，虚怀若谷地听取意见，难能可贵。也可以想象，儒生的意见虽不一致，但肯定也有一些较好的建议。而曹参听说外地有位盖公，便派人去请，表现出求贤若渴的精神。当盖公提出“治道贵清静而民自定”这一总的指导方针时，他如醍醐灌顶，大彻大悟，马上采纳，并将自己府中的正房让给盖公住，以表示对盖公的尊敬和礼遇，表现出礼贤下士的可贵精神。

其后九年，曹参一直运用这一原则来治理齐国，使齐国大治，政治清明，百姓富庶，曹参的大名也传遍天下。

萧何一死，曹参立即准备进京当宰相，别人觉得有些奇怪。数日后，朝廷果然有专门使臣来迎接曹参入朝。曹参上任后，继续用治理齐国的经验，按照盖公提出的与民休息的方法来治理整个天下。每日下朝后，便在家饮酒，从来不提出什么新的主张。

时间一长，大臣们便议论纷纷，连皇帝都有些沉不住气了。惠帝见曹参如此，以为是轻视自己，但又不好意思亲自去问，便命曹参的儿子太中大夫曹窋私下里询问曹参这样做的道理，劝谏其勤勉职守，但告诫曹窋不要露出这是皇帝的意思。

曹窋回家后，找个机会从容不迫地向父亲透露皇帝的意思，结果不但没有奏效，反而被曹参打了几板子，并被严肃训斥道：“赶快进宫去侍奉皇帝，天下大事不是你所应当议论的。”惠帝听说后，很不高兴。于是：

至朝时，惠帝让参曰：“与窋胡治乎？乃者我使谏君也。”参免冠谢曰：“陛下自察圣武孰与高帝？”上曰：“朕乃安敢望先帝乎？”曰：“陛下观臣能孰与萧何贤？”上曰：“君似不及也。”参曰：“陛下言之是也。且高帝与萧何定天下，法令既明，今陛下垂拱，参等守职，遵而勿失，不亦可乎？”惠帝曰：“善！

君休矣!”

惠帝见曹窋被打,只好自己亲自出面。早朝时责备曹参,经过和曹参的对话,惠帝明白了曹参的良苦用心,于是心情非常轻松,表态说:“好!相国不用再说了。”

可以说,曹参的说法和做法都是非常明智的。这就保持了政策的连续性和相对稳定性,因此受到百姓的热烈拥护和高度赞美。乃至于当时便有民谣歌颂道:“萧何为法,顜若划一。曹参代之,守而勿失。载其清净,民以宁一。”后人将这种情况概括为“萧规曹随”,这一成语一直被运用着。

曹参执政的成功虽然有多方面的因素,但最根本的原因还是采纳盖公的建议。而汉初前后长达半个世纪的清净无为、与民休息的国策,与盖公的这句话也有重要关系。真可谓是“一言兴邦”。

洛阳才子贾谊

贾谊是中国古代文人中怀才不遇的典型人物，后代很多文人墨客经常吟咏到他。王勃的《滕王阁序》中写道："屈贾谊于长沙，非无圣主；蹿梁鸿于海曲，岂乏明时。"中唐诗人刘长卿《长沙过贾谊宅》便是专咏贾谊的，苏轼还专门写了一篇《贾谊论》。那么，贾谊的命运到底如何？

其实，贾谊在古代知识分子中算是幸运的。贾谊是洛阳人，18岁时便能够吟诵《诗经》和《尚书》。在当时战乱刚刚结束，文化教育还相当落后的时代，这是非常了不起的，因为《诗经》《尚书》等已经近半个世纪没有专门学校教授，只有像伏生、辕固生那样老一代的学者才会。像贾谊这样能掌握这种知识的年轻人可谓是凤毛麟角。因此，贾谊在洛阳非常出名，太守吴公很赏识他，将他提拔到自己门下，当了一名幕僚。

这位太守是李斯的同乡，从李斯那里学到很多经验，颇有才干。由于治理洛阳政绩突出而被提拔到京师任廷尉之职。水涨船高，贾谊也跟着沾光。吴太守将他推荐给汉文帝，贾谊被提拔到朝廷当上博士。当年贾谊仅仅20岁，便来到权力中心，来到皇帝身边，成为可以参与国家最高领导层事务的人，可以直接和皇帝对话。18岁被太守赏识，20岁被皇帝提拔，真够可以的了。而现在的青年在这个年龄刚刚上大学而已。

汉代的博士官员不是学术职称，而是带有顾问性质的官职，与后来的翰林院类似，是皇帝制定政策和决策的参谋。当时的博士大部分是熟谙世故的老儒，贾谊是其中最年轻的。

置身于这样一个国家顶级知识群体当中，贾谊的学问和见识增长迅速。而且，他有年龄优势，思维敏捷，在回答一些有关国计民生或政治外交及典章制度问题时，往往引经据典，回答准确，令许多老儒生刮目相看。不久，贾谊便被破格提拔为太中大夫，成为近侍，可以随时见到皇帝，官秩比千石，春风得意。

因为受到皇帝的信任和重用，贾谊便竭尽心智，为国家尽忠。他有敏锐的才思，杰出的文学才华，超前的政治感觉，再加上处在统治阶级最高层的圈子里，可以高屋建瓴地观察到社会出现的各种问题，预见到社会发展的趋势，因此他成为汉初最重要的政论家。

贾谊的《过秦论》气势磅礴，在当时产生巨大影响，“仁义不施，而攻守之势异也”的结论具有震撼人心的力量，成为警醒古今统治者的洪钟巨响。《陈政事疏》中贾谊痛心疾首地说道：“臣窃为事势，可为痛哭者一，可为流涕者二，可为长叹息者六。”他在汉初表面繁荣平静的社会现象的背后，看出了潜伏的社会危机。出于对皇帝对国家的负责，他呼吁皇帝和大臣早作准备，将这些危机消灭在萌芽状态，可以减少一些震荡。如削减藩镇势力，加强军事力量，抵制或解决外来民族的入侵特别是匈奴的骚扰问题，都成为后来的社会问题。贾谊的这些话，使许多朝廷老臣不舒服，但还没有太强烈的反应。当贾谊提出改制时，矛盾一下子便白热化了。

所谓的改制，是每一个封建政权建立后都要进行的。秦始皇统一全国后，按照阴阳五行家提出的五德终始说，认为秦是水德，服色尚黑。

五行观念对中国文化影响甚大。“五行”便是水、木、金、火、土五种物质。这五种物质相生相克，没有一个绝对的主宰。其相生的顺序是木生火、火生土、土生金、金生水、水生木。其相克的顺序正好与此相反，即木克土、土克水、水克火、火克金、金克木。而与金、木、水、火、土相对应的还有许多东西，如“五色”“五音”“四季”“四方”等。与之相对应的五色是：土为黄色、木为青色、火为赤色、金为白色、水为黑色。每个朝代都因为自己本朝“德”的属性来确定崇尚的颜色。秦朝为水德，自然崇尚黑色。又根据五行相克的原理，土能克水，汉朝取代秦朝，当然应该是土德，这样，崇尚的颜色就应当是黄色。

到文帝时，汉朝建国已经二十多年，因为政权不稳，故还没有实行改制。贾谊提出改制的建议，是很正常的。汉文帝马上同意，并拟定提拔贾谊为公卿，具体负责这项工作。汉文帝的态度也是正常的，但这些正常都无法阻止不正常的情况发生。

以绛侯周勃、颍阴侯灌婴、东阳侯张相如、御史大夫冯敬为主要代表的一批老臣对改制反应强烈，态度极其坚决。他们攻击贾谊说："洛阳贾谊这小子，年轻初学，刚刚读了几本书，就要擅自掌握大权，把朝廷都搞乱了。"与汉文帝产生尖锐的对立。

形势一下子紧张起来。周勃、灌婴等老臣与贾谊已处在尖锐对立的位置上，水火不相容。汉文帝经过一番痛苦的思索和选择后，为了缓和矛盾，便把贾谊贬谪到长沙，当长沙王太傅。

在赴长沙途中，贾谊在湘江边上缅怀一百多年前投江的屈原，想到自己政治上的失败，百感交集，写下《吊屈原赋》。到长沙三年，秋天的某一天，一只猫头鹰飞到他的院子里，他觉得这是不祥之兆，便写了一篇《鹏鸟赋》，抒发人生无常的感慨。这两篇赋都带兮字调，是楚辞向汉赋转变的产物，后世称之为"骚体赋"，是赋发展史上很重要的一个阶段。

汉文帝本来就是在无奈的情况下才把贾谊贬出京师的。谪居长沙三年后，汉文帝将贾谊召回长安，在宣室中接见他，并虚心向他请教一些问题，但所问都是神仙之事。贾谊一一作答，内心很痛苦。李商隐《贾生》一诗便是针对此事而发。诗曰："宣室求贤访逐臣，贾生才调更绝伦。可怜夜半虚前席，不问苍生问鬼神。"

其后，任命贾谊为梁怀王太傅。梁怀王是文帝最小的儿子，爱好读书，颇受宠爱，因此让贾谊来教导他。

不久，文帝又封其他儿子为王，贾谊认为这样做容易引起内部争夺，屡次劝谏，文帝不听。贾谊闷闷不乐。后来，梁怀王骑马摔下而死，贾谊认为是自己失职，郁闷而终，年仅33岁。

贾谊现象很有意义，如前文所示，他成为后世文人经常思考的一个问题。“贾谊”“贾生”“洛阳才子”在后世的诗文中经常可以看到。那么,我们到底应当如何来看待这件事呢?

宋代文豪苏轼曾写一篇《贾谊论》,认为贾谊被贬是因为志大才大而量小、见识短,文帝贬谪他是为了缓解矛盾,不使之白热化。贾谊应当与那些老臣搞好关系,忍耐一段时间,情况就会有变化。此说确实有一些道理,但未说到关键处,即封建专制制度本身是扼杀人才的关键。在这种制度下,知识阶层的怀才不遇就是绝对的,怀才能遇则是相对的、有条件的、很少的。按道理苏轼应当有器量有见识吧,可他一生遭际又如何呢?陈师道在纪念他的诗中写道:“一代苏长公,四海名未已。投荒忘岁月,积毁高城垒。”可见其一生被贬谪谗毁的程度。

壁里藏书的伏生

在秦始皇“焚书坑儒”前后，政治恐怖，学术完全被扼杀。而在这种野蛮残酷的镇压过程中，依然有胆识过人的学者能够见机行事，激流勇退，不但保全住自身，而且还冒着杀头的危险保存古籍，这便是传授《今文尚书》的伏生。关于伏生，司马迁在《史记·儒林列传》中记载简略，但却描画出大体轮廓：

伏生者，济南人也。故为秦博士。孝文帝时，欲求能治《尚书》者，天下无有，乃闻伏生能治，欲召之。是时伏生年九十余，老，不能行，于是乃诏太常使掌故晁错往受之。秦时焚书，伏生壁藏之。其后兵大起，流亡。汉定，伏生求其书，亡数十篇，独得二十九篇，即以教于齐鲁之间。学者由是颇能言《尚书》，诸山东大师，无不涉《尚书》以教矣。❶

伏生很有远见卓识，他的一生肯定富有传奇色彩，只因为年代久远我们无法确切知道罢了。司马迁在《儒学列传》中提到过五经“八经师”。八人中数伏生资历最老，他是秦朝的博士。在那个残酷镇压知识分子的年代，能够全身而退，回乡隐居，肯定经过一些波折。从藏书的时间来推测，他是在“焚书坑儒”发生之前离开咸阳的。这就更突出了他的先见之明。

当朝廷宣布禁止私人保存《诗》《书》时，伏生冒着杀头灭门的危险而把一部《尚书》藏在墙壁中。后来天下大乱，伏生逃亡离家。等到天下基本平定，朝廷取消私人藏书的禁令后，伏生才敢扒开墙壁，从里面把书拿出来。

❶《史记·儒林列传》，中华书局2014年版第10册，第3124~3125页.

结果发现少了几十篇，只剩下29篇。于是便用此书来传授《尚书》之学。最开始的两个学生是济南张生和欧阳生。

汉代废除“挟书者族”这一法律是在惠帝四年（公元前191年），伏生将书抠出来，开始传授当在此后不久。汉文帝即位是在前179年，召伏生是在文帝九年（公元前171年）时，此时已经90多岁。以此逆推，伏生生年当在公元前261左右，比秦始皇年龄还要大。

“焚书坑儒”是在秦始皇三十四年（公元前213年），伏生当时已经近50岁。可能在此之前他便是博士，想办法退隐回家的。

伏生在给学生讲解《尚书》时，遇到一个棘手的问题，即汉朝初年的年轻人学习的文字是隶书，而伏生从墙壁里抠出来的《尚书》是用篆字写的。学生们无法阅读原文，给教书带来极大困难。伏生不辞辛苦，便用隶书将这从火中抢救出来的29篇《尚书》认真抄写一遍。这便扫除了学生的文字障碍。

其实，伏生这样做本来是很简单的道理，就是为了教学方便，减轻文字教学的压力。不料，这一偶然随意的做法却开创了一个全新的学术时代。

因为这种做法很方便，其他学者纷纷仿效，都把古文经书抄写成隶书然后教学。于是人们便称其为“今文经学”。在整个汉代，尤其是到西汉后期和东汉，学术界出现了“古今文经学”之争。今文经学的先导者便是伏生。

应当指出，古今文之争主要是指对于经书意义的解释，并不是指用什么字体书写。但不同的解释却与不同的字体书写有关系，用今文即隶书书写者已脱离字形对于字义的直观效果，而篆书即古文书写者则有这种方便。董仲舒“独尊儒术”的思想已经被统治者所采纳，儒家思想已经成为统治思想，这样，为统治阶级代言的学者们便千方百计利用经学来为统治者的现实政策服务。为统治者得到天下，统治天下及一切政策寻找经学上的根据，采用实用主义的态度，对经学的所谓微言大义进行新的解释。有时一句话便可解释成上万言，有许多完全脱离开字词的本义随便发挥，再和当时逐渐兴起的谶言结合起来，造出许多带有迷信色彩的谎言。因其对于经学进行新的解释，故称这派人为“今文经学”。

这时，一些有良知的知识分子便站出来，追寻经书的本义，揭穿今文经学的虚伪，探讨经书的本来意义，回归到文字本身去寻找帮助，于是这批人特别重视文字学，许慎《说文解字》的成书便与这种学术氛围有关系。但今文经学由于受到统治者重视而被朝廷列为正统，属于官方语言，所以在当时今文经学占统治地位。后来，随着黄巾起义烧起的战火，今文经学很快土崩瓦解，而古文经学反而对后世产生了深远的影响。汉末著名大学者马融及其弟子郑玄便都是古文经学家。

和野猪搏斗的辕固生

汉初的士人为坚持儒家学说做出了艰苦卓绝的努力,辕固生甚至冒着死亡的危险争取儒家学说的正统地位,表现出儒家学者坚持真理而奋不顾身的大无畏精神。

汉武帝“罢黜百家,独尊儒术”的政策主要是采纳董仲舒的意见确定的,但这一政策的确定也有很漫长的思想准备时期。这与陆贾提出“逆取顺守”的策略以及贾谊的努力都有一定的关系,与和董仲舒同时活跃在学术界,但年龄比他大得多的另外几位儒学大师关系更为密切。其中“齐诗”专家辕固生的作用尤大,他为捍卫儒学地位奋不顾身,曾与主张黄老之术,颇受太后宠信的黄生展开过针锋相对的辩论。辕固生还留下了为捍卫儒学地位而不怕和野猪搏斗的感人故事。

辕固生是《诗经》专家,因是齐人,故称他开创的诗经学叫“齐诗”,是学术界所谓“齐、鲁、韩、毛”四诗之一。他的年龄在“八经师”中也不小,景帝时他任博士之职。辕固生曾经与一位道家学派的学者黄生在景帝面前发生了争论,话题是关于商汤和周武王登上国君之位到底是受命于天,还是弑君夺位。争论是黄生挑起的。

黄生说:“商汤和周武王不是受命于天,而是弑君篡位。”

辕固生马上反驳道:“不是这样。夏桀王和商纣王残暴淫乱,天下百姓之心都归向商汤和周武王,商汤和周武王是适应天下百姓的心愿而兴兵诛杀夏桀和商纣的。桀、纣的人民都不为他所使用而归向商汤和周武王。商汤和周武王是不得已而自立为国君的。这不是受命于天是什么?”

黄生说:“帽子虽然破旧,也一定戴在脑袋上;鞋子虽然新,也一定穿在脚上。为什么呢?这是上下的分别。当时夏桀和商纣虽然昏庸无道,但仍然是君主,商汤和周武王虽然圣明,但毕竟是臣下。君主有不适当的行为,作为臣下的不能纠正其错误言论，匡补其错误行为而尊崇天子，反而因其过错而杀害天子，代替其登上国君的宝座，面朝南而君临天下，这不是弑君是什么？"黄生这番话说得振振有词，而且听起来也有道理。

辕固生也不示弱，坚持自己学派的观点，说："如果一定像你说的那样，那么高皇帝代替秦国而登上天子的宝座，是不对的啦？"这一联系实际，尤其是联系当代的实际，问题便简单明了而又复杂化了。

这确实是个两难命题，如果肯定汤武革命，就为以后臣子犯上作乱提供了借口；如果否定汤武革命，那么，汉朝的建立便缺乏理论根据。辕固生的反驳说到要害处，不但使黄生闭口无言，无法回答，就连最高裁判景帝也不好回答，因为怎样回答都有弊端。

景帝很聪明，他作了这样的回答："食肉不食马肝，不为不知味。言学者不言汤武受命，不为愚。"[1]据说马肝有毒，人们不能吃。景帝的意思是说，吃肉而不吃马肝，不能算不知道马肉的味，讨论学术的学者不讨论商汤和周武王革命的事，不能算愚蠢，不能算没有学问。言外之意是汤武革命就像有毒的马肝一样，不好消化，所以就不必讨论了。于是，这场争论便如此收场。以后汉代的学者没有再敢明确评价汤武革命性质的。

从这场争论来看，辕固生所代表的儒家学派似乎比黄生所代表的道家学派更具有革命性。关于汤武革命的问题，在孟子时代就曾经引起过人们的疑惑。孟子的学生就问过这个问题，既然儒家强调君君、臣臣，那么商汤和周武王的做法算不算弑君篡位？孟子的回答非常干脆，对前代国君商纣王，孟子竟称其为"民之贼"，不承认其是君主。孟子认为武王伐纣是伐一夫，而不是什么"以臣伐君"，这样说的根据是纣王残害百姓。可见其把对人民百姓的态度作为评价统治阶级的最高标准。从这点来看，儒家的观点是道高

[1]《史记·儒林列传》中华书局版2014版第10册，第3123页.

于君，即如果国君是个残暴荒淫之主，便是独夫民贼，人人可讨伐之。黄生的观点倒是维护君臣纲常的，有保守倾向。

由此可见，辕固生是位儒家学说的坚决维护者，更有一件事表现了他为维护儒家学说所表现出来的大无畏精神。据《史记·儒林列传》载：

窦太后好《老子》书，召辕固生问《老子》书。固曰："此是家人言耳。"太后怒曰："安得司空城旦书乎？"乃使固入圈刺豕。景帝知太后怒而固直言无罪，乃假固利兵。下圈刺豕，正中其心，一刺，豕应手而倒。太后默然，无以复罪，罢之。[1]

面对太后的咨询，辕固生居然敢说深受太后重视喜欢的书是"对家里人说的家常话而已"。其他人都是顺情说好话，不愿意耿直讨人嫌，何况面对的是国家最高权利者，那是皇帝的妈妈，连皇帝都要听她的。但辕固生敢，这才叫知识分子，这才令人敬佩。这样做的后果是非常危险的。太后居然让这位年过古稀的老书生到猪圈里去和野猪搏斗。

西班牙有斗牛士，即敢于和牛搏斗的勇士，而中国汉代的老学者辕固生可以说是斗猪士。野猪对人的攻击能力绝不次于牛，而野猪皮糙肉厚，更难于刺死，故其危险性并不小于牛。太后是一心要把辕固生置于死地。景帝也没有办法，只好在暗中帮助辕固生，把自己用的最锋利的宝剑借给他。

这一天，一定会有很多人围观，热闹非常，太后和皇帝都亲临现场。我们可以想象，那是多么触目惊心的情景！人们一定都屏住呼吸，看着七十多岁、须发皆白的老书生辕固生手握一把寒光凛凛的宝剑，进入刚刚打开的猪圈。一头凶猛的雄野猪张着大口，龇着可怕的长牙扑过来。辕固生奋力用剑朝野猪脖子下边刺去……生死在瞬间就要出现结果。奇迹出现了，可能是上天帮助辕固生，他居然能一剑刺中野猪的心脏。野猪悲哀地嚎叫一声，倒在血泊中死去。辕固生安然无恙。为了捍卫儒学，排斥其他学说，辕固生将生命置之度外，其勇气不在千载之后的韩愈之下。数年前上映的《汉武大帝》中有这一情节，为后人提供了视觉效果。

因窦太后的缘故，景帝时辕固生始终没有得到重用。直到武帝即位，才

[1]《史记·儒林列传》中华书局版2014版第10册，第3123页.

以贤良方正的官职征召他。有些谄谀之人嫉恨惧怕辕固生,说他太老了,不堪职事。而辕固生此时已经90多岁,确实太衰老,便被罢免官职回家。

与他同时被征召的还有薛地人公孙宏。公孙宏临行时,“侧目而视固。固曰:‘公孙子,务正学以言,无曲学以阿世。’自是之后,齐言《诗》皆本辕固生也。”[1]从他告诫公孙宏的口吻可以看出他高傲的神态和对于儒学珍爱的精神。后来,在武帝“独尊儒术”方面,公孙宏确实起了很大的作用。

[1]《史记·儒林列传》中华书局版2014版第10册,第3124页.

善于权变的叔孙通

前文谈的是秦汉之际在政治风云中大展身手的士人，叔孙通则是带有浓厚儒家色彩的士人。他的所作所为一直属于比较纯粹的儒家风范。这是一位能够与时俱进，善于权变的人。

一、随机应变信如神

叔孙通生活在秦汉之际，原本是秦朝的待诏博士，即现在所谓的“准博士”。当陈胜、吴广揭竿而起，天下震荡时，秦二世胡亥召集博士诸生三十多人询问对策。

（秦二世胡亥）问曰：“楚戍卒攻蕲入陈，于公如何？”博士诸生三十余人前曰：“人臣无将，将即反，罪死无赦。愿陛下急发兵击之。”二世怒，作色。叔孙通前曰：“诸生言皆非也。夫天下合为一家，毁郡县城，铄其兵，示天下不复用。且明主在其上，法令具其下，使人人奉职，四方辐辏，安敢有反者？此特群盗鼠窃狗盗耳，何足置之齿牙间。郡守尉今捕论，何足忧！”二世喜曰：“善。”尽问诸生，诸生或言反，或言盗。于是二世令御史按诸生言反者下吏，非所宜言。诸言盗者皆罢之。乃赐叔孙通帛二十匹，衣一袭。拜为博士。叔孙通已出宫，反舍。诸生曰：“先生何言之谀也？”通曰：“公不知也。我几不脱于虎口。”乃亡去。[1]

我们一定要明白当时的紧张气氛和叔孙通为何如此阿谀。其实当时表

[1]《史记·儒林列传》中华书局版2014版第8册，第2720~2721页.

面是胡亥在问，而实际上下面站着的人中一定有赵高。胡亥愚昧无能，大权旁落在赵高手中，此时李斯已被赵高控制或者已经被车裂，赵高已经可以指鹿为马了。当天下风起云涌到处是起义烈火的时候，赵高是不想让胡亥知道真相的。而最容易说出真相的还是知识分子，于是赵高便导演了这场戏。他让胡亥询问博士和诸位生员，这里的诸生实际便是没有博士头衔的同类知识分子。赵高想先封住这些人的嘴。

赵高愚弄胡亥简直令人气愤又作呕。为了看大臣是否顺从自己，赵高曾经让人牵一只鹿到朝堂上，指着鹿让胡亥辨认是什么。胡亥看得明明白白是鹿，便说："那是一头鹿。"赵高说："陛下果然糊涂了。那分明是一匹马，怎么说是鹿呢？"胡亥瞪大眼睛仔细看，揉了揉眼睛再看，还是鹿，就说怎么看都是鹿。赵高嘲讽说他不但心志不清，而且眼睛还花了。于是赵高问群臣道："大家说是鹿还是马？"赵高的死党都齐声说："是马！那就是一匹马。"胡亥便完全没有了自信，凡是说鹿的大臣退朝就被杀害了。

这种背景下，胡亥之问实际是赵高导演的试探这些文人的口风，而三十多博士诸生居然说是有人造反。"人臣无将"的"将"当时是叛逆的意思，这句话说：人臣不能违背叛逆，叛逆就是造反，造反就是死罪，不能赦免。有人把陈胜、吴广造反的真相说了出来。胡亥大怒，表情极其难看，于是叔孙通便连忙说："天下太平着呢，陛下圣明，法律公平，哪里有敢造反的？那就是一帮鼠盗狗偷之徒，不过是小偷小摸而已，不值得陛下提起，令郡守县令抓捕就算了。"于是胡亥高兴了，说"善"，即说得好的意思。再问其他人，有说反有说盗的。结果说盗的都"下吏"，即都交法官审判，实际上都难逃一死。而叔孙通受到赏赐，而且"拜为博士"，还转正了。这便是叔孙通善于权变的结果。

等出了朝廷回到宿舍，诸生都不明白叔孙通为何如此阿谀，叔孙通说得很明白："我几不脱于虎口。"实际是说，我们几乎不能逃出赵高的魔掌。然后他立即逃出咸阳而回到故乡即齐国的薛地。而薛地已经降楚，即被楚国所占领，他不得不另寻出路。

二、知道主人需要什么

故乡被楚军占领，当时项梁还在，叔孙通便跟从项梁而去。后来项梁死，叔孙通继续跟从怀王。经过几番辗转，在汉二年时叔孙通跟从汉王刘邦。从此无论刘邦胜败，叔孙通都跟定刘邦而再也没有动摇，仅从这一点就可以看出叔孙通的识人之能。

其实，识人是走向成功的第一步，孔子说："不患人之不己知，患不知人也。"[1]看似寻常而内涵极其深刻。人生最大的智慧便是知人识人。范增便是不识人而郁闷死去，孙权最大的本事便是识人。叔孙通不但识人，而且通达，他知道主人在什么时候急切需要什么。在冷的时候送棉衣，在热的时候扇扇子，渴的时候送水，饿的时候送馒头。这样，主人当然高兴。

他在跟从刘邦后，有一大帮弟子跟随着他。但是在刘邦和项羽征战的时候，叔孙通不断向刘邦推荐那些巨奸大猾、敢于玩命的豪杰之士，跟从他的那些士人一个也不推荐。士人中便有人发牢骚，抱怨不推荐他们。叔孙通听说后，告诫他们道，现在汉王正在刀光剑影中拼杀，需要的就是能够冲锋陷阵的勇士，你们能上战场吗？等到战争结束，需要你们时，我自然推荐，我并没有忘记大家，希望大家耐心等待。

叔孙通的话便是智慧，因为在大战的时候需要勇士不需要文绉绉的书生，在这个时候推荐士人不但不会被重用，而且可能会让刘邦讨厌，因为这些人打仗派不上用场，弄不好还添乱。而这对于这些士人来说，也是极大的风险。

三、机不可失，时不再来

天下平定，战争结束，叔孙通知道机会来了，于是他便紧紧抓住这种时机。当初大家尊刘邦为皇帝时，叔孙通提出要有一定的礼仪和名号。刘邦命全部除去秦朝的繁琐苛刻的礼仪法度，追求简易。这样一来，弊端立即出

[1] 毕宝魁：《论语镜铨》，世界知识出版社2014年5月版，第20页.

现。刘邦和群臣一起喝酒的时候，群臣借着酒劲，有的大呼小叫，有的争论谁的功劳大，有的拔剑击柱，有的拔刀起舞，什么洋相都有，全没有规矩。高祖很忧虑。

过一段时间，叔孙通感觉时机来了，就劝刘邦说：

“夫儒者难与进取，可与守成，臣愿徵鲁诸生，与臣弟子共起朝仪。”高帝曰：“得无难乎？”叔孙通曰：“五帝异乐，三王不同礼。礼者，因时世人情之节文者也。故夏、殷、周之礼所因损益可知者，谓不相复也。臣愿颇采古礼与秦仪杂就之。”上曰：“可试为之，令易知，度吾所能行为之。”[1]

叔孙通感觉刘邦一定会讨厌酒会上大呼小叫没有秩序的情况，于是和刘邦提出要修订朝廷仪礼，要定规矩。刘邦正需要这种仪礼，只是怕太复杂难办。叔孙通告诉他可以根据实际的需要尽量简单一些。高祖提出尽量简单易行，以自己能够做得到作为标准。

于是叔孙通亲自到曲阜去征召诸生，其中有两个人不肯前去，还说三道四。叔孙通笑着说：“若真鄙儒也，不知时变。”这句话恰恰反映出叔孙通能够与时俱进的优点。

叔孙通从鲁地召回三十多人，再加上自己原来的追随者，一共有一百多人。在郊区找一个合适的地点，按照朝廷以及其他主要场合的情景进行简单的构造和布局，如同现代影视作品的背景。这些人化妆成各种角色进行排演。历史本身就是舞台，叔孙通的排演现场不就是历史剧的最好题材吗？

等到各种程序设计及各种人物角色都排演好了，叔孙通请汉高祖刘邦进入角色，来体验一下。实际上就是刘邦到现场真正体验当皇帝接受各种参拜时的具体行为和体验。他感觉不难，还挺舒服的，于是下令群臣来参加彩排。

十月，皇帝早朝接受群臣参拜的仪式进入最后的实践阶段。专门的引导官引领群臣，分文武品级，都有固定的位置，按照主持者的指导，分批分班依次朝拜，秩序井然，有专门的监察御史随时纠正不符合要求者，一直到仪式结束，一个个都规规矩矩，没有敢高声喧哗的。“于是高帝曰：‘吾乃今日知为

[1]《史记》中华书局2014年版第八册，第2722页.

皇帝之贵也。’乃拜叔孙通为太常，赐金五百斤。”[1]

叔孙通接着请示说：“诸弟子跟随臣很久，和我共同创立制定的仪礼，请陛下给他们一定的官职。”高祖立即批准，让这些人都为郎。

这样，叔孙通发挥自己的最长项，把自己所学习到的知识全部运用到社会实际的生活中。在胡亥询问的时候，他看到胡亥的表情，实际上也是揣摩到赵高的心思，便立即改口，不但保住了自己的性命，也保住了一批同仁的性命。然后立即离开，是极聪明的做法。因为秦朝朝廷已经黑暗透顶，绝对不能再逗留。最后选定刘邦，便紧紧跟随，在刘邦最需要亡命徒的时候，他就推荐亡命徒，在刘邦需要尊严的时候，他便给刘邦送去尊严。而这些都说明他的应变能力和很高的智慧。

孔子说：“可与共学，未可与适道；可与适道，未可与立；可与立，未可与权。”[2]“权”是把智慧运用到实际生活中的能力，是智慧的最高表现，有极高的实用价值和理性价值。子路就缺少这种能力，故死的价值不高。而叔孙通这种权变的能力是非常强的，是个智者。

❶《史记》中华书局2014年版第八册，第2723页.

❷毕宝魁：《论语镜铨》，世界知识出版社2014年5月版，第226页.

辉煌盛世的歌手——司马相如

西汉到文、景、武三帝时，走向全面繁荣。随着政治清平和经济复苏繁荣，文化建设的高潮也出现了。在这期间，代表西汉文学和史学最高成就的两位文化巨人应运而生。这就是后人称为“西汉文章两司马”的著名辞赋家司马相如和史学巨匠司马迁。

一、题桥明志

司马相如是汉代大赋的代表作家，他的一生充满浪漫色彩，尤其是琴挑卓文君并与之私奔的故事，更从不同角度受到后人的重视而成为永久的话题。但在浪漫生活的背后，也有很多辛酸。

司马相如是蜀郡成都人，字长卿。少年时即爱好读书，学习击剑，精力旺盛，文武全才。他的父亲非常喜欢他，起名叫“犬子”。犬子是一种爱称。经过一段时间的学习，他仰慕战国时蔺相如的为人，自己改名为“相如”，从此就叫司马相如了。

到弱冠之年，司马相如出落得一表人材，身材适中，体魄健壮而不粗鲁，容貌清秀而不文弱，风度翩翩，仪表堂堂，文章满腹，剑法精熟，精通音乐，弹琴技艺高妙绝伦。凭借这些条件，司马相如要步入社会，大展宏图。

一天，司马相如离开故乡，要到数千里外的京城去开辟一条新的人生道路，干一番惊天动地的大事业。他从成都北城门出来，经过十里地到达送客观，送别的人到此分手。此处有一座桥叫“升仙桥”，可能是当时的人们都想到外面的广大世界中去闯一条光明大道，预祝离开家乡的人都有一个美好的归宿和前程，因此才给象征离开故乡之桥这样一个诱人的名称吧！

司马相如正当血气方刚之时，壮志凌云，气冲霄汉，便在众亲友的众目睽睽下，挥毫在桥边门柱上题写道：“不乘赤车驷马，不过汝下！”[1]清末铁岭诗人魏燮均在离开家乡赴北京参加进士考试，在过一座桥时曾写诗道：“题桥不敢学长卿”，用的就是这个典故。

司马相如的家庭虽非巨富，也有一定资产。到长安后，按照官府规定的数额出钱，买了一个郎官，到朝廷当上武骑常侍。当时的皇帝是景帝刘启，景帝好武而不喜欢文学，对文人不重视。司马相如很郁闷。

不久，梁孝王来朝，随从有邹阳、枚乘、庄忌等著名文人。司马相如与这些人一接触，立刻产生相见恨晚之感，交往密切。梁孝王离开后，司马相如便以病请求辞职，到梁孝王那里去了。看来，古人很自由，并不太在乎钱，因为他这样辞职，买官的钱岂不白花了吗？但他不在乎，这才是文人，这才是司马相如。

在邹阳、枚乘等人的推荐下，梁孝王收留了他，让他与邹阳、枚乘等人住在一起，相互交游，切磋文艺。枚乘比司马相如大起码四十岁，是汉大赋的创始人，他的《七发》赋直接启发和影响了司马相如。几年后，司马相如创作出他的第一篇大赋《子虚》赋。

又过一段时间，梁孝王死了。树倒猢狲散，司马相如回到家里。此时，他家境已败落，一贫如洗，只有四面墙，屋中空空如也。他没有任何职业，无法维持生计。虽然会创作《子虚》赋，会写文章，但都不顶钱花。在非常窘迫之时，他想到一位老朋友。

老朋友叫王吉，是青年时的好友，当年曾经告诉他说：“长卿到外地宦游，如果久游不能成功，可以来找我。”此时王吉正当临邛县令。县令乃一县之长，属于地方上的实力派人物。

见司马相如来访，二人亲切交谈后，司马相如知道了临邛县的很多情况。王吉见司马相如连个媳妇都没有，便想把本县最富的财主卓王孙家的千金小姐卓文君撮合给友人。但卓王孙是个很势力的俗人，是不会把女儿嫁给司马相如这样穷困落魄的文人的。于是，王吉便精心为司马相如谋划

[1]《史记·司马相如列传》，中华书局2014年版第九册，第3047~3048页.

了一个方案。

二、婚姻浪漫曲

王吉把司马相如安排在都亭，大约相当于现代的县级招待所里。县令的客人，自然要住最高级的房间。王吉每天在处理完公事后便去拜访司马相如，对其极其恭敬，而司马相如架子很大，对王吉也有颐指气使的派头。开始几天还接见王吉，后来有时候干脆以身体不舒服为由不接见了，派头显得更大。

数日后，临邛县城的人都知道县令大老爷最近来个朋友，气派很大，有来头，曾经当过京官，大老爷对其都必恭必敬。县里的富人们听说这件事，便商量着要宴请这位客人来讨好县令。临邛县城中首富是卓王孙，光家童就有八百人，次一点的程郑也有几百家童。二人商量着分别宴请司马相如，并同时请县令大老爷作陪。

卓王孙最富，当然是他先请客。卓王孙大摆酒宴，光请的贵客就有几百人。县令王吉在近中午时也到场了，只等司马相如一人。卓王孙有些着急，连续派三拨人去请，可司马相如都以身体不舒服为借口不肯前来。满大厅的客人都等得有些不耐烦，可司马相如就是不来。县令王吉也不敢作主开宴，根本不敢动筷。见司马相如始终不来，王吉便起身带着自己的轿亲自到驿馆去请。司马相如这才好像很不情愿似的骑马前来。

众客人如久旱盼甘霖一般亲眼看到了县令尊崇的客人，一见司马相如果然相貌堂堂，仪表不凡。人们交头接耳，羡慕不已。酒宴开始，酒过三巡菜过五味之后，人们都到了酒酣耳热的状态。前面有乐队在演奏助兴，王吉到前台，自告奋勇弹奏一段琴曲，然后道：“本

人不善此道，好友司马长卿乃是当今弹琴高手，名闻遐迩。下面，敬请长卿献艺，不知长卿肯否？”司马相如连忙起身道：“在下琴艺实在一般，不敢在此等场合丢丑。”

王吉再道：“列位欢迎！”下面响起热烈的掌声。三通过后，司马相如才缓缓站起，轻挪脚步，风度翩翩来到前台，坐在绣墩上，熟练地拿起弹琴的拨，略微抬头看了大家一眼，便开始弹奏起来。

司马相如确实是当世第一弹琴高手，那优美的旋律令满屋的人瞠目结舌，一个个都呆呵呵地咧着嘴听，如痴如醉。

所有的酒杯都放置在桌子上，没有一点声音。司马相如往大客厅旁边的门瞟了一眼，看到在挂着的纱帘后面有一个窈窕的身影。

这时，司马相如用舌头润了一下嘴唇，随着悠扬的琴声，唱了起来：

凤兮凤兮归故乡，遨游四海求其凰。

有艳淑女在闺房，室迩人遐毒我肠。

何缘交颈为鸳鸯？胡颉颃兮共翱翔！

停顿一会儿，在一个中间乐曲的的过渡后，司马相如又唱起来：

凰兮凰兮我栖，得托孳尾永为妃。

交情通体心和谐，中夜相从知有谁？

一片啧啧的赞叹之声。

卓文君琴棋书画皆精，被司马相如的风流倜傥深深打动，而这时她的未婚夫已死，她成了望门寡。这样的寡妇与姑娘只有名分上的区别而没有任何实质的差异。卓文君听出了司马相如歌词的潜台词是向她求婚的意思，此时她比司马相如更渴慕爱情，她真恨不得马上与心上人比翼双飞，龙凤呈祥。

当天晚上，正当卓文君想入非非之时，司马相如派人来接，说早慕卓文君才貌双全，愿与其早结连理。卓文君大喜，简单收拾细软首饰，只带一名贴身丫鬟便随司马相如的书童前去。

此时司马相如在驿馆外面已经准备好一辆马车，见卓文君到来，喜不自胜，连忙搀扶其上车，连夜离开临邛，赶回成都。

三、文君当垆

卓文君到司马相如家中一看，四壁空空，环睹萧然。但既然已经以身相许，只好和司马相如相濡以沫。但卓王孙不干了，他的态度与女儿迥然不同。

卓王孙大怒曰："女至不材，我不忍杀。不分一钱也。"人或谓王孙，王孙终不听。文君久之不乐，曰："长卿第俱如临邛，从昆弟假贷犹足为生。何至自苦如此?"

相如与俱之临邛。尽卖其车骑，买一酒舍酤酒，而令文君当垆。相如身自著犊鼻裈，与保庸杂作，涤器于市中。卓王孙闻而耻之，为杜门不出。昆弟诸公更谓王孙曰："有一男两女，所不足着非财也。今文君已失身于司马长卿，长卿故倦游，虽贫，其人材足依也。且又令客，独奈何相辱如此!"卓王孙不得已，分予文君童百人，钱百万，及其嫁时衣被财物。文君乃与相如归成都，买田宅，为富人。❶

卓王孙听说女儿和才子司马相如私奔，大怒，坚决不给她一点钱财。弹琴作赋不能解决饥饿寒冷之苦。司马相如虽然还有车马，但坐吃山空，很难维持正常的生活。卓文君生长在富贵之家，终日呼奴唤婢，哪里受得了如此清苦的生活？于是提出和司马相如回到临邛，即使是向兄弟姊妹们借贷也方便。

到临邛后，司马相如卖掉自己的车马，买了当街的一个小店铺，开了一个小酒馆。卓文君当垆卖酒，司马相如则穿着大裤衩与雇用的伙计们一起刷盘子洗碗。一个举世闻名的大辞赋家，一个大富翁家的千金小姐，能够下决心自食其力，本身就是很值得赞美的。后来卓王孙不忍心女儿受苦，才给其相当多的财产。

司马相如虽然摆脱困境，过上温饱体面的生活，但这绝不是他的理想。他是时代的歌手，要为那个无比辉煌的时代引吭高歌，唱出时代的最强音。但这需要机会，并不是光靠努力就可以得来的。

❶《史记·司马相如列传》，中华书局2014年版第九册，第3000~3001页.

四、时来运转

俗语说："有福不用忙，没福跑断肠。"司马相如自己都没有想到，机会竟突然降临。他被当朝天子汉武帝征召到长安，为他提供了大展身手的舞台。

司马相如这次被起用，纯粹是个偶然，是他的作品起了作用。一天，汉武帝读《子虚赋》，大为赞叹，便自言自语道："精彩之至，朕独不与此人同时，甚憾，甚憾！"正巧，狗监杨得意在他身旁侍奉，一听此话，说道："禀陛下，臣邑人司马相如说这篇赋是他写的。此人与臣年龄相仿。"武帝又惊又喜，忙传旨召司马相如进京。如果武帝不自言自语，如果没有杨得意，或者杨得意没有听到，那么司马相如可能只是一个富翁，不会取得如此高的文学成就。

司马相如到京，汉武帝立即召见，问《子虚赋》是否是其所作。司马相如回答道："有这回事。此赋真是微臣所作。然此乃诸侯之事，不值得一观。请为天子游猎赋，赋成奏之。"武帝答应，并诏命尚书供给文房四宝。于是，司马相如挖空心思，呕心沥血在《子虚赋》的基础上又创作《上林赋》。赋成，上奏武帝，武帝大喜，给予重赏，并任命其为郎官。

正是这篇《上林赋》，才将汉大赋的创作推向最高潮，成为汉赋的代表作品，从而奠定了司马相如在中国文学史上的地位。

其后，司马相如还做过几件大事，很风光，为文人争足了面子。当时有位叫唐蒙的人，经略开发西南地区，因耗费很大，大量搜刮巴蜀地区的百姓和聚敛钱财，激起了民愤。为平息巴蜀地区的民愤，汉武帝打算派一名干吏到西南去，向百姓说明大力动用巴蜀民力和财力都是唐蒙的个人行为，不是朝廷本意。司马相如正是蜀地人，又正在受宠，汉武帝便把这个任务交给了他。

司马相如一下子成为钦差大臣，撰写了一篇《告巴蜀民书》，准确传达了天子的意图，使百姓安心，成功完成使命而返。

当司马相如在巴蜀安抚百姓的时候，唐蒙开发西南取得成功，远方一些少数民族纷纷归附。在巴蜀附近的邛、笮等小国见那些归附的少数民族小国得到很多奖赏，便主动要求归附汉朝，请求设置郡县，把请愿书送到长安。汉武帝有些犹豫，便咨询司马相如。司马相如说：“邛、笮等离巴蜀不远，在秦朝时已经内附，设置了郡县，汉兴始罢。如今果真能够再与朝廷交通，为这些地方设置郡县，比南夷方便甚多，对朝廷大有益处。”

天子以为然，乃拜相如为中郎将，建节往使。副使王然于、壶充国、吕越人驰四乘之传，以巴蜀吏币物以赂西夷。至蜀，蜀太守以下郊迎，县令负弩矢先驱，蜀人以为宠。于是卓王孙、临邛诸公皆因门下献牛酒以交欢。卓王孙喟然而叹，自以得使女尚司马长卿晚，而厚分与其女财，与男等同。[1]

司马相如衣锦还乡，不但在事业上飞黄腾达，而且也为自己的婚姻增添了光彩，为与自己私奔的妻子争来了面子。从卓王孙前倨后恭的态度上，我们也可看到世态的炎凉。

以钦差大臣身份告诫巴蜀父老，以中郎将身份到西南设置郡县，扩大朝廷在西南地区直接统辖的领域，是司马相如一生最大的政治建树。这几年，也是司马相如一生最辉煌的时期。其后，便开始走下坡路了。

回到京师不久，有人检举司马相如在出使时收取贿赂，他被罢官。汉武帝欣赏他的文采，只一年多便再度任命他为郎官。这是他一生中第三次担任这一低微的职务。不久，他又担任孝文园令，即负责看守保护孝文帝陵墓的官员。可叹一代文豪，竟成了皇帝的守墓人。但他关怀政治，关心皇帝的热情不减。汉武帝沉溺于田猎，他上疏谏阻；汉武帝好神仙，他写《大人赋》，武帝看后，有飘飘欲仙之感。司马相如临死前还留下一封劝武帝封禅的奏疏。

据《史记·司马相如列传》载：“相如口吃而善著书，常有消渴疾。与卓氏婚，饶于财。其进仕宦，未尝与公卿国家之事，称疾闲居，不慕官爵。”从司马相如一生来看，他最擅长的是文学而不是政治，他的一切活动几乎都与文学创作有关，故司马迁说他“不慕官爵”也并非溢美之词。

---

[1]《史记·司马相如列传》，中华书局2014年版第九册，第3046~3047页.

发愤著书的太史公

中国的历史学最为发达，史书之多恐怕是世界之最。当我们翻阅《二十四史》这庞大复杂的史学工程时，不能不为我们祖先的辛勤劳动和创造精神所折服。只要提到历史，恐怕无论是谁，都会不约而同地想到中国史学的奠基人——司马迁。

一、李陵事件

司马迁生活在汉代经过“文景之治”后出现全面繁荣的兴盛期，他满怀激情地为这个亘古未见的盛世而努力著述，他要实现父亲生前的遗愿，用自己手中的笔记下这个伟大的时代，记下华夏民族悠久而丰富的历史。正当他满怀豪情地投入写作的时候，一场意想不到的人生灾难突然降临到他的头上，使他蒙受了永远难以洗刷的耻辱，给他的心灵烙上永远不能磨灭的伤痕。这便是“李陵事件”。

“李陵事件”与司马迁没有什么联系和瓜葛，但因为他的中正耿直，又由于汉武帝的喜怒无常而使他蒙受冤屈。要说清楚这件事，必须从汉朝讨伐匈奴说起。

中华民族在漫长的历史时期中与许多少数民族不断融合而逐步强大起来，好像滚雪球一样，越滚越大。秦始皇的时候，占有西北边陲的许多少数民族便一直没有臣服，其中势力最强大的是匈奴，经常侵犯秦王朝的边疆，大肆掠夺。秦始皇对匈奴非常头疼,派大将蒙恬率领30万大军在北方修筑万里长城,其主要防范的就是匈奴。当时谣谚说“灭秦者,胡也”,之所以能够引起秦始皇的恐慌,引起秦始皇对匈奴的高度警惕,都与这种实际情况有关。

汉高祖建立汉朝统一天下后,也曾经想要解决匈奴犯边的问题,率领大军北伐匈奴,结果在平城被包围,险象环生,虽然后来安全撤回,但再也不敢轻视匈奴,而是采纳大臣意见,对匈奴采取羁縻政策。

经过几十年的休养生息,经过“文景之治”的多年积累,到汉武帝登基时,汉朝国库充盈,百姓富庶,国富民强,中国封建社会出现第一个全盛时期,为汉武帝大展宏图奠定了坚实的物质基础。汉武帝是一个有雄才大略的君王,于是开始了开边拓土,征服匈奴的战争。他起用大将军卫青、骠骑将军霍去病,大规模对匈奴作战。在公元前127年、公元前121年、公元前119年对匈奴的三大战役取得胜利之后,汉朝已经取得绝对优势,牢牢掌握了战争的主动权。

但匈奴仰仗有广阔无垠的大沙漠为背景,有极大的战略回旋余地,故不肯向汉朝屈服,双方长时间处在冷战状态。著名民族英雄苏武便是这一历史背景下涌现出来的可歌可泣的人物。

匈奴虽然被驱赶到塞外很远的地方,但几十年连续的战争,使汉朝的实力也受到很大消耗,国家的综合实力迅速下降。于是便加强对百姓的盘剥,阶级矛盾加剧,各种社会问题开始出现。汉武帝也到了晚年,更急于建立功业,想在自己的有生之年臣服整个天下,因此,继续发起对匈奴的作战。

天汉二年(公元前99年),汉武帝派贰师将军李广利率领三万大军到天山祁连山一带讨伐匈奴,为减轻李广利的压力,同时派骑都尉李陵率领五千步兵出居延,以分散匈奴的兵力。李陵在完成任务返回途中,被单于亲自率领的八万军队重重包围。李陵率军浴血奋战,杀敌一万多人,但因为退路被匈奴阻住,李陵身受重伤被俘,几乎全军覆没,只跑回四百多人。李陵被迫投降。

开始时,李陵胜利消息传来,举朝欢腾,大摆酒宴庆祝。其后败报到来,尤其是李陵投降的消息传来后，汉武帝盛怒，满朝文武或噤若寒蝉，或斥责李陵，给本来已经盛怒的汉武帝火上浇油。

司马迁对于这种落井下石的做法很鄙夷，但他也不敢公开为李陵说话，只能缄默不言。汉武帝见司马迁始终不表态，便召见他，询问他对这件事情的看法。司马迁见皇帝如此信任自己，便说出自己的内心话。他认为李陵以五千步兵在匈奴八万大军的包围下，血战数昼夜，杀死敌人一万多，功大于过。他投降敌人可能另有苦衷，李陵是不会死心塌地投降敌人的。而且，李陵之败，贰师将军也有一定的责任。

汉武帝闻言大怒，说司马迁为李陵辩解，诽谤贰师将军，诽谤皇亲，立刻传旨将司马迁交廷尉议罪。

司马迁感到莫名其妙，被弄得头昏脑胀。待稍微冷静下来，仔细思考，才知道自己说的虽然是实话，但却犯了大忌。原来李广利是汉武帝非常宠爱的李夫人的哥哥，而汉武帝此时脾气暴躁，喜怒无常，只能顺着他的意思说，千万不可违背他的意思。

司马迁是个具有丰富历史知识的人，他似乎应当认识到问题的严重，而不应当犯这样的错误，不应当使自己遭受这种不白之冤。从这件事本身来看，好像是个偶然事件，但如果我们深入思考，就会觉察到这偶然的背后有必然，实质是司马迁性格与专制制度的冲突。

二、发愤著书

司马迁的性格中还有战国士人那种独立、豪爽、追求真理的品性，战国时代王侯与士人平等交往，礼贤下士的情形对司马迁有很深的影响，他倾心甚至说醉心于那种状况。士人那种平交诸侯，扬眉吐气的高昂精神对他的影响特别深。他知道时代已有变化，封建君主专制制度已经形成，整个天下大一统的政治形势已经巩固，战国时代的社会特点已经不复存在。战国时期，诸侯割据，每个诸侯国都是独立的政权实体，士人们便有极大的自由来选择适合于自己发展的空间。西方暗了有东方，南方黑了有北方。士人稍不顺心,便可以跑到别的国家去施展才能。而司马迁的时代不同了,皇帝如果不喜欢谁,谁就别想有好果子吃。司马迁对于这种变化缺乏必要的精神准备,因此他的悲剧是豪爽慷慨的个性和封建专制制度矛盾的结果。

法官不敢违背汉武帝的意思,揣摩其心理,而将司马迁判处为宫刑。按照汉代法律,被判刑的人可以用钱或官爵来赎买。但在这个时候,许多人都离司马迁远远的,他自己也没有那么多钱,只好承受那令人心寒的刑罚。

司马迁在被宫刑之后,曾多次想到自杀,但想到父亲临死时的重托,想到自己作为一个史官的历史责任,他坚强地活了下来,以极其勤奋坚韧的精神创作《史记》。他以历史上发愤著书的古人为楷模,鼓舞自己一定要成功。他要“究天人之际,通古今之变,成一家之言”,要用自己手中的笔来揭露社会政治的黑暗,抒写郁积心中的愤懑,赞美真善美,揭露假丑恶。是这种信念支撑着司马迁,使他坚强地活着,拼命地写着,经过十多年的日日月月,终于完成了中国历史学上的第一座里程碑——纪传体通史《史记》。

《史记》开创了纪传体史书的先河,为后世史学家提供了范本,以后的正史作者几乎都采用这一体裁。《史记》还是一部优秀的传记文学作品,对后世的叙事文学产生了极其深远的影响。《史记》在我国史学史和文学史上都有很高的地位。

司马迁发愤著书的理论和伟大实践深深鼓舞着后世的士人,成为其宝贵的精神财富。在《报任安书》中,司马迁有一段发自肺腑的话,永远值得我们珍视:

古者富贵而名摩灭,不可胜记,唯倜傥非常之人称焉。盖文王拘而演《周易》,仲尼厄而作《春秋》;屈原放逐,乃赋《离骚》;左丘失明,厥有《国语》;孙子膑脚,兵法修列;不韦迁蜀,世传《吕览》;韩非囚秦,《说难》《孤愤》;《诗》三百篇,大底圣贤发愤之所为作也。此人皆意有所郁结,不得通其道,故述

往事，思来者。乃如左丘无目，孙子断足，终不可用，退而论书策，以舒其愤，思垂空文以自见。❶

司马迁认为，古代圣贤都是处在困境时发愤著书来抒发自己的愤懑，希望后来人能够理解自己。这种希望是虚无飘渺的，是不确定的，但毕竟还有，总比默默无闻地死去要有价值。也许，司马迁从那么多以前的圣贤的遭际以及对后世的影响得到启发和鼓舞，而他的做法同样给后人以启发和鼓舞。这便是司马迁的伟大之处。

当然，司马迁对于自己用心血浇铸成的历史巨著《史记》能否流传后世是个未知数，他是带着迷惘和困惑进入坟墓的。他后几年的生活一定非常苦闷寂寞，他并不知道，也绝不会想到自己会在后世受到如此的重视和尊崇，甚至有多少人靠他来吃饭。他的困惑在《悲士不遇赋》最后几句有明确的表示。因这几句比较艰涩，我们姑且翻译出来吧。

我的内心深处，明智的后人已可以揣度；我的言论和著述，后世的智者可能选择刊布。人的肉体离开世界便默默无闻，这将是人生最大的耻辱。早晨能够明白人生的道理，即使晚上就死去也是幸福。逆境和顺境不断循环往复，人的命运好像是水上的物体飘飘忽忽。真理并不可以凭借，智慧也难以依附。不要先去追求福禄，也不要去触动灾祸的机杼。一切都顺天由命吧，因为最终都要归入虚无，那里才是一切的归宿。

笔者1995年在《社会科学辑刊增刊》上发表《<悲士不遇赋>是司马迁绝笔》一文，通过对最后几句的诠释，可以体会出这一点。

2012年10月25日，笔者到韩城参加司马迁传记文学研讨会，上午随着队伍去参拜太史公祠，先祭拜铜像，然后登山参观祠堂。祠堂依山傍水，距离黄河很近，确实是个好地方。即兴作词《西江月》一首道："自古斯文不坠，寰球唯我神州。伏羲大禹到孔丘，华夏灵魂铸就。嬴政焚书坑儒，刘邦偏爱聃周。龙门父子继春秋，史圣光辉宇宙。"确实，司马迁父子是自觉继承孔子撰述《春秋》的微言大义，要传承华夏文明的传统才用心血浇铸成《史记》这部伟大的作品，和孔子前后相承，才使得我们中华民族有五千年不间断的文明。

---

❶王力：《古代汉语》，修订本第三册，中华书局1981年版，第913~914页.

东汉前期两名隐士的生活样态

一、隐士产生的历史必然性

春秋战国时，因各诸侯国都是独立的政治实体，相互之间没有统治与被统治的关系。虽然周天子名存实亡，但在人们的观念中还有一个天子存在，而自己生活的诸侯国只不过是周天子的臣子，故应当忠于的是天子而不必一定是本国的国君。这样，在观念上是一元的，而在现实生活中则又是多元的。这种有趣的政治局面使春秋战国时候的士人在主体人格上有最大的自由，他们可以到最能发挥才能的国家去，不必画地为牢，死守在自己出生的地方。

孔子一生的行为便是最好的说明。因为在鲁国不受重用，孔子曾周游列国，到处去宣传自己的政治主张，也想到别的国家去当官，虽然一直没有当成，但这种欲望始终很强烈。后来看到中原各国的政治局面大同小异，孔子甚至产生到少数民族地区居住的想法，弟子们提出疑问，说那里太落后，孔子非常自信地说："君子居之，何陋之有？"后来唐朝著名诗人刘禹锡在《陋室铭》结尾说："南阳诸葛庐，西蜀子云亭，何陋之有？"便是活用孔子的这句话。

正因为诸侯国之间在政治地位上基本平等，便给士人们施展才能提供了广阔的空间。哪国重用人才，哪个国君礼贤下士，士人们便投奔到哪里去。李斯本是楚国人，学习毕业后看到楚国每况愈下，便直接到秦国寻求发展。早于李斯的风云人物范雎是魏国人，开始时也想在本国效力，可是不但不被重用，而且受了一肚子窝囊气，险些被活活打死。一怒之下，便逃跑到秦国当上丞相。著名的"燕昭王求士"的故事更有力地说明了这一点。

秦朝统一天下之后，政治形式发生根本变化，实行高度统一的中央集权制。到汉朝以后，这一制度更加完善，形成“普天之下，莫非王土，率土之滨，莫非王臣”的局面，由政治上的多元变成一元，皇帝一个人主宰整个天下。然后是每一个地方，每一个部门的最高行政长官主宰本地或本部门的一切，该人便是小型的土皇帝。这样一层一层统治着，除了皇帝一人是主子外，所有的臣民都成了不同层次的奴隶。如果天下太平，人们便可以做稳奴隶，但更经常的情况是天下大乱，群盗如麻，这便是鲁迅先生所说“想做奴隶而不得的时代，暂时做稳了奴隶的时代”。中国历史在这两个时代里循环。士人们只有忠实于皇帝或忠实于直接统治他的顶头上司，否则便没有好果子吃，再也没有其他选择。

中国士人的品格基本上是在春秋时期培养起来的。他们有着积极入世，通过政治活动来实现自我人生价值的愿望，同时也有独立的人格，希望受到当政者的尊重和礼遇。孔子曾向弟子们反复陈述“天下有道，则现；天下无道，则隐”的观点。到孟子时，更具体明确地概括为“穷则独善其身，达则兼善天下”的名言，这几乎成为后世士人们尊奉的信条。

保持自己人格的独立性和完整性，在这个前提下去从事政治活动，这是士之品格的重要特点。如果“吾道不行”，宁可“浮槎于海”，也不为黑暗的政治服务。为了表示自我人格的独立完整和不可凌辱，孔子曾说“三军可夺帅也，匹夫不可以夺志也”的话，三军元帅可以被撤职，因为职务是别人任命的，当然可以罢免，但一个普通士人的意志是不可以被夺取的，是不可以压服的，表示绝不向邪恶势力妥协的决心。孟子说得更坚决具体，就是“贫贱不能移，富贵不能淫，威武不能屈”。

笔者曾到坐落在重庆的渣滓洞、白公馆两地参观，看到当年的革命志士们曾经运用孔子和孟子的话为精神武器，明确写着孟子“贫贱不能移”那三句话，可见儒家这种高度独立，不肯屈服于邪恶势力的精神影响是多么深远和广泛。

可以说，士人的心灵中从一开始时便播下隐居避世、离开世俗斗争漩涡的种子，一旦气候成熟，便立刻会扎根发芽，成长起来。自从进入汉代以来，自己主动退出官场、激流勇退的人主要有留侯张良和疏广、疏受父子，西汉后期则有梅福，东汉前期有严子陵，中前期有梁鸿，中后期有张衡等。

二、高标千古的严子陵

东汉初年，最著名的隐士是严光。严光，字子陵，曾经和东汉光武帝刘秀共同游学，是同窗好友。二人同学之时，相互倾慕，交情很深。后来，刘秀乘绿林、赤眉起义之机起兵经营天下，推翻王莽政权，建立东汉，登基当上皇帝。

听说老同学当上皇帝，严子陵并没有前去投奔，而是隐姓埋名躲起来，很怕刘秀征召他入朝为官。仅此一点，便高出许多势利之徒。

刘秀登基之后，当然要提拔自己的人。他首先想到严子陵，便派人去查找。皇帝要找一个名人岂不是太容易了吗？很快，刘秀便知道了严子陵的住处，立刻派专人用高级舒适的车，带着礼物，以极其隆重的礼节前去聘请他来当官，但都被严子陵谢绝，使臣只好空车返回。刘秀也无可奈何。

严子陵一想，如果自己一再拒绝，于情理上也说不过去，缺乏人情味。于是决定亲自到京城洛阳走一遭，与老同学说个清楚。

严子陵悄悄到达洛阳，悄悄找个旅店住下，想先歇歇乏，消除一下旅途奔波的鞍马劳顿，然后再正式进宫见老同学。可他进京住店的消息很快被人报告给刘秀。刘秀下朝之后，微服出宫，亲自来到旅店。

严子陵一路颠簸，又乏又困，一觉睡到日上三竿。刘秀没有让下人去叫醒他而是直接进入房中。见老同学容颜有些苍老，再也不像当年那样风流倜傥，不觉有些感伤。严子陵此时依然未醒，而且因为翻身把被子掀开大半，肚皮露了出来，与当年睡觉的姿势没有什么两样。刘秀一边轻轻给严子陵盖上被子，一边自言自语地说：“真奇怪，我几次派人请你都不来，难道子陵不想帮助我治理国家吗？”

门外规规矩矩地站着侍卫，屋里拱手侍立着恭恭敬敬的身穿微服的太监。多少只眼睛在看着高高在上的皇帝给一个普普通通的文人盖被子，并坐在床边等候他醒来。

稍过一会儿，严子陵醒来见皇帝坐在自己床边，连忙起来见礼。当刘秀提出请严子陵到朝廷当官时，严子陵婉言谢绝，并以古代先贤许由、巢父不肯接受尧以天下相让的历史故事为例证，语重心长地对刘秀说：“人各有志，你又何必强求？我闲适疏懒惯了，实在不爱过受拘束的生活。何况愿意当官的人太多，你还是让我回乡隐居吧！我这次进京，就是要当面和你说清楚的。”

刘秀一听，长长叹了一口气道：“子陵！我亲自来都请不动你，看来就不能怪那些特使了。既然你如此坚决，我也不好勉强。不过，你这次来，就在长安多住些日子，咱们老同学也好亲近亲近。”严子陵满口应允。

数日里，刘秀早朝后便微服到严子陵住的客馆去。二人回忆往事，思念在太学读书的日子，促膝谈心，饿了便饮酒吃饭，忘记一切荣辱势利，只有纯真的同窗之情，朋友之情。一次，不知不觉间竟到深夜，刘秀干脆不回宫了，留在客馆和严子陵再度同住一床。刘秀的侍卫和太监里里外外布置好保卫，贴身太监在外间小心翼翼地服侍着。

因为二人谈得开心，很困乏，睡得特别香。严子陵睡觉好翻身打把式，睡到得意处一翻身，一条大腿压在光武帝刘秀的肚子上。刘秀在蒙眬之际觉得有点憋气，发现是老同学的大腿压的，但不忍心叫醒酣然大睡的同学，便轻轻将大腿往下挪了挪，放在自己的大腿根上继续睡觉。

次日早朝时，主管天象的司天监很紧张地出班上奏，说是他夜观天象，发现有异常情况出现。说了一大堆术语后，提出问题的严重性：臣发现昨天夜里有一颗客星侵犯御座，恐怕对圣上不利。刘秀听了，一挥手让他下去，告诉群臣不必紧张，说那是老同学严子陵昨天晚上睡觉时大腿压在他身上的缘故。

关于这件事，有些莫名其妙。难道那位司天监真的发现了天象的异常？真有什么帝星和客星？有人推测说是刘秀的贴身内侍看到当时的情景而在暗中告诉司天监的。从情理来看，好像如此。

后来，刘秀再度盛情挽留严子陵，请他作谏议大夫，没有什么具体工作，是个很轻闲而且有相当地位的清要之职。但严子陵还是没有接受，毅然回到富春山下，以耕地读书为主，过起悠哉游哉的隐士生活。富春山下是富春江，江水湾处有一滩头，水流很平稳，是个钓鱼的好去处。

当然，严子陵的物质生活是有保证的。人首先是生存，其次是温饱，最后才能是发展或隐居，才可以选择自己的生活道路。温饱是幸福的基点。如果连这一点都没有保证，还谈什么幸福和快乐？因此，尽管忧国忧民的诗圣杜子美，在茅屋上的三重茅被秋风刮走后，也还是满腹忧伤，没有什么幸福感了。

可以设想，严子陵能够入太学读书，在当地一定是很有地位的，而地位是由经济基础即田园产业决定的。一个生活很富足，又有相当高文化修养的人选择隐居生活是完全可以理解的。人能够去做自己爱做的事才有兴趣，这本身就是一种幸福。其实，严子陵以钓鱼著名，那只是他业余生活的一个小插曲罢了，他是不会终日钓鱼的，那样他可能就要喝西北风了。

严子陵不肯受诏而坚决隐居的事迹对后世文人产生极为深远的影响，成为后代文人雅士不断吟咏的题材。李白曾高唱“严陵高揖汉天子，何必长剑拄颐事玉阶”（《答王十二寒夜独酌有怀》）。毛泽东在请当时著名诗人柳亚子参加新中国建设时，针对柳亚子诗中“分湖便是子陵滩”的牢骚话写道：“莫道昆明池水浅，观鱼胜过富春江。”用的都是严子陵的典故。

元代士人最羡慕的便是严子陵和陶渊明，因为这两人是隐士的典范。在歌咏严子陵的词作中，笔者最喜欢的是徐再思的《黄钟·红锦袍》：

那老子爱清闲主意别，钓桐江江上雪，泛桐江江上月。君王想念者，宣到凤凰阙。想著七里渔滩，将著一钩香饵，望著富春山归去也。

最后三句更幽默有趣。“想著七里渔滩，将著一钩香饵，望著富春山归去也。”三句顺势而下，“将著一钩香饵”尤其有深意，是严子陵把皇帝恩赐的荣光和地位比作香饵，还是把什么比喻为香饵不敢确定，但这个香饵肯定有世俗功名利禄的含义。他用个鱼钩串上就带走了，是多么轻蔑，多么不屑一顾，滑稽得很像漫画。这样，全篇的语言就显得自然跳脱，非常流畅，与严子陵的飘飘然的生活态度十分相称，语言形式与思想内容达到了高度完美的统一。

三、耕织自养的梁鸿

严子陵是刘秀的同学，因此他坚决辞官不当还没有什么妨碍。但如果是一般士人则会有危险，会以不合作而受到皇帝的猜忌，甚至有杀头的危险。我们读一读三国后期李密的《陈情表》就可以体会出这种意味来。

在严子陵之后不久，还有一位志向高洁的士人，这就是梁鸿。

梁鸿，字伯鸾，扶风平陵（今陕西兴平）人。他家境十分贫寒，父亲死了无力送葬，用一领炕席卷起来草草埋葬。因聪明好学，通过层层选拔被保送到太学读书。在太学里夙兴夜寐，成绩优秀，精通经史典籍，学问渊博，为时人所重。但因家世衰微，无人推荐，不能到朝廷当官，便自愿到上林苑中放猪。

尽管放猪是个粗活，但梁鸿也能尽心竭力，起早贪黑，往水草好的地方赶，定时给猪喂盐饮水，把猪侍弄得皮光毛亮。不仅如此，梁鸿是贫苦人出身，与当地的贫苦百姓相处得特别融洽，百姓们都把他当作自己的亲人。但哪里都有个别，梁鸿的邻居就是个别，是个非常吝啬而又不通情理的人。

一天，梁鸿家突然失火，那时多是土坯茅草房，房屋很快便落架了，而且把最不通情理的邻居家也烧了。梁鸿是个宁可身受苦不让脸受热的汉子，便把属于自己的猪和全部财产都赔偿给邻居，可邻居还是不满足。梁鸿不和对方理论，干脆写一张欠条，然后到其他邻居家打短工挣钱来还债。邻居们都很同情他，争着雇用他，而且在工钱上对他也很照顾。从这件事上，人们看出了梁鸿品格的高尚，对他很敬仰。

梁鸿的名字很快被传颂开，一个如此有学问且又如此勤劳刻苦的人无论在什么情况下都可以将日子过得像个样。于是当地许多有钱人都托媒要把女儿嫁给他，梁鸿都婉言谢绝。

但梁鸿也是血肉之躯，也希望能找一名与自己情投意合的伴侣，于是暗中打听谁家的姑娘最有志向，志趣最高洁。后来他打听到一位姑娘，正合自己的心意。

姑娘是亚圣孟子的后代，姓孟名光，是本县有名的大财主的女儿。长得虽然不特别漂亮，但端庄稳重、聪明贤惠、知书达理，在方圆几十里是有名的好姑娘，求婚的人接踵而至，很多是豪门大户的贵族公子，也有秀才孝廉之流，但孟光都不答应。一直到孟光三十多岁，依然没有出嫁。

她的父母特别着急，便问她究竟是怎么回事，为什么迟迟不嫁？她回答说："婚姻乃人生大事，不可不慎重。要嫁只能嫁给像梁鸿那样志趣高洁的人。"父母一听，明白了女儿的心事，而且他们也听说过梁鸿的名字，便托人前去提媒。

梁鸿也听说了孟光的品行和志趣，心想："这才是我心目中的妻子。"当孟家的媒人向梁鸿一提此事时，正中下怀，梁鸿马上答应，并主动请媒人到孟光家求婚。梁鸿和孟光二人都非常欢喜。

孟家是大户，当然要面子，婚礼之日，大摆筵宴，遍请亲朋故旧。孟光也一身绫罗绸缎，涂脂抹粉，描眉涂唇，装饰得珠光宝气，直晃眼睛。梁鸿见孟光如此注重打扮，大失所望，心中不快。但在众目睽睽之下，只好硬着头皮与其成婚，草草举行完仪式。

当天晚上入洞房后，掀去盖头，细端详孟光的相貌，见其端庄秀丽，没有艳冶之容，目光深邃，不似浮华之辈。梁鸿心中略觉安慰，但对孟光很冷淡，连续七天自己独睡，不与孟光同床。

前六天，孟光什么也不说，一切正常，别人也不知道内情。到第七天晚上，孟光和颜悦色地询问梁鸿道："相公，我听说你是个志趣高洁之人，选择妻室非常谨慎，非志趣高洁之人不娶；我也是个志趣高洁之人，选择夫婿也非常谨慎，非志趣高洁之人不嫁。多少高门大户，豪门公子，达官贵人前来求婚，都被我拒绝。我们俩结为夫妻，是两相情愿，谁也没有勉强谁，可您却连续七天不理睬我。这是为什么？我究竟做错了什么？”

梁鸿见问，不冷不热地回答道：“确实像你说的那样，我志趣高洁，想到乡间去耕织而生。可是你如此爱好打扮，仰慕虚荣，穿绸裹缎，怎么能过了乡间那清苦的生活呢？你的行为和你所说的大相径庭，我很失望，你不是我心目中理想的妻子，因此我也不能和你亲近。”孟光一听，不但没有伤心，反而面露喜色道：“这才像我的夫君。你想隐居乡间，我早已做好准备，请稍等片刻。”说罢，孟光一挑门帘，进了内室。

不一会儿，孟光从里面出来，布衣布裙，荆木头钗，俨然一个农妇打扮。梁鸿大喜道：“这才是我的夫人！”二人紧紧拥抱在一起。原来孟光所做的一切都是为了考验梁鸿，看他到底喜欢什么。

梁鸿见孟光与自己的志趣完全吻合，特别高兴，给孟光起字叫“德曜”，并带孟光来到霸陵山隐居起来。白天夫妻二人男耕女织，靠一双勤劳的手维持生活。因为二人勤劳，小日子过得红红火火，属于小康之家。夜晚，读书弹琴自娱自乐，生活极其甜美。

一天，梁鸿出门路过东都洛阳北邙山时，看到巍峨的城墙和辉煌的宫殿，想到百姓的困苦，随口吟道：“陟彼北芒兮，噫！顾览帝京兮，噫！宫室崔嵬兮，噫！民之劬劳兮，噫！辽辽未央兮，噫！”这便是著名的《五噫歌》，讽刺统治者奢侈腐化，大兴土木而不顾百姓死活。章帝听到这首诗，派人寻找梁鸿。梁鸿已经隐姓埋名，迁徙到齐鲁一带隐居起来。

梁鸿的生活虽然清苦，但很充实。孟光对他必恭必敬，洗衣做饭应时应晌，每次吃饭前，孟光都按照当时礼法的要求，将饭菜放在食案上，双手规规矩矩地举着，和自己的眉毛一般高，然后恭恭敬敬放在梁鸿的前面，请他吃饭。日久天长，每天都如此。当地人见此，都特别羡慕梁鸿，钦佩孟光，传为佳话。

夫妻恩爱，情深意笃，二人善始善终。这便是“举案齐眉”成语的来历。

领导学潮的两位大名士

中国历史上有一个现象比较有趣，即李姓和杜姓多次并列，可谓是通家之谊。盛唐时两大诗人李白和杜甫并称为“李杜”，晚唐诗人李商隐和杜牧并称为“小李杜”。东汉后期发生的党锢之祸，士人代表前期是李固和杜乔，后期是李膺和杜密。李膺和杜密在与宦官势力进行的斗争中，表现出很高的气节，成为后世文人效仿的楷模。

东汉政治极度黑暗混乱，从第四位君主和帝起，外戚势力和宦官势力便把持朝政，彼此消长，但前期外戚势力更大。外戚势力的鼎盛期是在顺帝到桓帝时，跋扈将军梁冀是最突出的。他的两个妹妹一个是顺帝皇后，一个是桓帝皇后。顺帝死时，梁冀已经是大将军，掌握大权。他立一个不满2岁的小孩当皇帝，即冲帝。不满2岁的小孩，经不起折腾，几个月就被折腾死了。大臣李固等提出在诸王中选一个稳重有德的成年王爷立为皇帝，梁冀不同意，坚持再立8岁的刘瓒为帝。

梁冀一再立“儿皇帝”，其目的就是要独揽大权。小孩不可能主持朝政，便需要太后临朝，而太后当然要依靠自己的娘家人。这就是外戚掌权者及后世宦官弄权者都愿意立小皇帝或弱智皇帝的原因。

小皇帝刘瓒比较聪明，对于梁冀咄咄逼人的气势有点害怕，在朝廷当着文武百官的面称呼梁冀为“跋扈将军”，梁冀当即满面绯红，如芒刺在背，两天后便把刘瓒毒死，然后立15岁的蠡吾侯刘志为帝，这就是桓帝。梁冀把自己的另一个妹妹立为皇后，桓帝便成了梁冀的妹夫。

桓帝已15岁，多少有些主见，不像前两个皇帝一个2岁，一个8岁，梁冀说的绝对算。梁冀一手遮天二十多年，根本不把桓帝放在眼里，时间一长，二人也产生了矛盾。这次是桓帝先下手，与五名宦官合谋，让他们率领御林军突然包围梁冀府第，梁冀饮药自杀。随着梁冀之死，外戚和宦官共同执掌朝政的局面宣告结束，宦官势力膨胀，外戚势力基本被打下去了。

桓帝封与他合谋的五个宦官单超、左悺、具瑗、徐璜、唐衡为侯，这便是后世常提到“五侯”一词的来源之一。宦官势力开始左右朝政，成为黑暗政治的制造者。

宦官集团在政治上从未起过好作用，虽然不排除个别的宦官品质不错，但总体来看，这一集团成员本来就是社会畸形的产物，生理上的残疾造成了他们心理上的变态，故这批人极其残忍、贪婪。他们利用手里的权力，在地方上安插亲信，州县级官吏中有很多是宦官的爪牙。在梁冀死前，朝官大部分是外戚势力，地方官尤其是县令级的小官多数是宦官势力。梁冀死后，外戚已经没有力量，宦官大有霸占整个天下官员位置的势头。

由于宦官势力比外戚更腐朽，使天下政治黑暗到极端。于是饱读诗书的士人便站出来，为拯救天下而与宦官势力展开艰苦卓绝的斗争。两次党锢之祸都是宦官集团借助皇帝镇压士人的结果。

中国古代士人即知识分子的精神品格基本是儒家奠定的。以天下为己任，积极参政入仕，大济苍生是士人普遍的政治理想。宦官如此倒行逆施，天下汹汹，士人便挺身而出，要担当拯救天下的重任。为了与宦官集团斗争，士人们也需要团结起来，以集体的力量来与邪恶相抗衡。于是：

> 太学诸生三万余人，郭泰及颍川贾彪为其冠，与李膺、陈蕃更相褒重。学中语曰：“天下楷模李元礼，不畏强御陈仲举，天下俊秀王叔茂。”于是中外承风，竞以臧否相尚，自公卿以下，莫不畏其贬议，屣履到门。[1]

这件事发生在桓帝延熹九年（166年），大名士李膺出任司隶校尉。司隶校尉监察宫廷内外，京师百官，兼司京畿七郡行政长官，权势极重。而陈蕃此时是太尉，属于三公之一。李膺和陈蕃都是朝野闻名的中正刚直之士，而

[1]《资治通鉴》，卷五十五，上海古籍出版社，缩印本上册，第374页.

且还有三万多太学生及各地方正直官吏的支持，真理与正义显然在他们这边。他们主导了天下舆论，而如此做法很明显是针对日益增长的宦官势力来的。斗争的白热化是由于张成事件，但前奏曲却早已奏响。我们看几个镜头。

镜头一：大宦官张让的弟弟张朔任野王县（今河南沁阳）令，依仗哥哥势力横行霸道，在街上看见一个妇女漂亮，便令狗腿子将其抢回家中强行非礼，女子拼命反抗，因其怀孕流产，大出血而死。这是光天化日之下的丑行，张朔怕李膺治罪，便跑到哥哥张让家躲藏起来。张让的名字读者诸君可能有印象，就是后来大将军何进要诛杀的十常侍之首，是点燃汉末大乱、引发董卓进京的罪魁祸首。

李膺接到报案，听说罪犯躲藏在张让家，派人在张让家连接两间房的一根掏空的大柱子里将张朔搜出，迅速押回洛阳衙门，迅速审问，迅速判罪，迅速斩首。等张让请来圣旨赦免张朔时，张朔已经身首异处，呜乎哀哉了。朝野震动，百姓欢呼。张让向桓帝哭诉，桓帝觉得自己的圣旨没有起作用，也有些生气，便召李膺上殿，质问他杀人前为何不请示。李膺义正词严，说诛杀死刑犯人在自己的职权之内，没有必要报请皇帝，而圣旨是执行后才收到的，死人不可复生。桓帝无话可说。

镜头二：南阳太守成瑨任命刚正干练的岑晊为功曹，主管司法。南阳是宦官势力的大本营之一，许多地方豪富都与宦官有勾结，在当地胡作非为，无人敢管。当地一个叫张泛的富豪因为擅长雕刻玉器进贡给宦官而谋得官位，为非作歹，罪行累累，人们敢怒不敢言。岑晊上任后，立即依据律条将张泛逮捕，马上突击审问，马上定案。还没执行判决时，朝廷下大赦令，成瑨认为像张泛这样罪大恶极之人，不在赦免之列，顶着压力，将其杀头。

镜头三：晋阳人赵津是一个小宦官，在家乡贪婪残暴，虐害百姓，太原太守刘瓆派郡吏将其收捕，也是在大赦令下达之后将其处死的。

镜头四：大宦官侯览家在山阳境，他依仗势力在家乡霸占良田，花费高昂金银为母亲修建豪华坟茔。山阳太守翟超任用张俭为东部督邮，毁坏侯览母亲的坟茔，并写奏章弹劾侯览。

镜头五：直接参与从梁冀手里夺权的“五侯”之一的徐璜，其侄徐宣为下邳县令，胆大妄为到令人难以置信的程度，竟在光天化日之下抢汝南太守的女儿，拖到府中吊在树上当靶子，自己带着恶奴在浪声谑语中将其活活嬉戏射杀至死。对太守的女儿敢如此，说明这些人已经猖獗到疯狂的程度。东海相黄浮听说此事，义愤填膺，立即派衙役逮捕徐宣全家。有人劝黄浮释放徐宣，以免招来杀身之祸。“浮曰：‘徐宣国贼，今日杀之，明日坐死，足以瞑目矣！’即案宣罪，弃世，暴其尸。”❶

这些案件所涉及的宦官们指使下属告状，他们本人再向桓帝哭诉，桓帝非常恼怒，将这些官员分别治罪。但这些还都是个别的，仿佛大地震前的小震，是个预兆。

河南有位名叫张成的江湖术士，与很多大宦官交往密切，从内部听说最近几天将有大赦令，便指使儿子杀了一个仇家。李膺督促手下将其子逮捕法办。刚刚逮捕尚未判罪，大赦令便下来了，张成之子也在大赦范围内。李膺知道他们这是故意钻空子，便不执行大赦令，按照律令处死了杀人犯。

张成手眼通天，因为占卜术曾经见过桓帝，便组织其弟子广泛联系各种社会关系，并充分利用宦官，从各个角度上书揭发李膺和太学生们搞朋党，藐视诽谤朝廷，败乱风俗。

桓帝对前几个事件本来已经非常生气，便下圣旨，在京畿地区及各州郡逮捕党人，布告天下。圣旨到太尉府时，陈蕃不肯签字，并在圣旨上写道：“今所案者，皆海内人誉忧国忠公之臣。此等犹将十世宥也。岂有罪名不章而致收掠者乎？”❷桓帝一见，怒不可遏，先将陈蕃罢官，然后将李膺等人逮捕押入黄门北寺狱，即宦官专门设置的监狱。

宦官见机会来到，便把他们仇恨的人都写到党人的名单上。这是宦官借助皇帝权力对士人官僚集团一次大规模的镇压。“其辞所连及，太仆颍川杜密，御史中丞陈翔，及陈寔、范滂之徒二百余人。”❸天下有贤德之名的正直官吏被逮捕殆尽。

---

❶《资治通鉴》，卷五十五，上海古籍出版社，缩印本上册，第374页.

❷《资治通鉴》，卷五十五，上海古籍出版社，缩印本上册，第375页.

❸《资治通鉴》，卷五十五，上海古籍出版社，缩印本上册，第375页.

李膺等人被投进宦官的监狱，每人身加“三木”，双手、双脚、脖子各用枷锁扣住，被拷打逼供，追问同党。李膺到底有智慧，便将与他有联系的宦官或宦官亲属供出来一大堆。宦官这次只是试探性的反攻，不敢做得太绝，故李膺、杜密等大多数人都保住了性命。

东汉后期士人的鲜血

桓帝窦皇后的父亲窦武苦于宦官专权，本想借助士人遏制宦官，重新夺回属于外戚的权力，见士人官僚集团受到如此重创，便出面劝说桓帝。桓帝最后答应释放这些人出狱，但要禁锢终身，不能当官，并将这些规定诏告天下。

几个月后，桓帝死，灵帝立，窦武以太后父亲的身份成为大将军，开始接触实权。他推举陈蕃为太傅，参与政事决策。窦太后之立，陈蕃起了决定性作用，因此窦太后对陈蕃感恩戴德，极其器重，这都是有利方面。士人官僚集团势力稍见复苏迹象。

窦武、陈蕃想抓住这一有利时机解决宦官参政乱政的问题，便积极谋划诛除侯览、曹节、王甫、郑飒等宦官头目。窦太后虽然没有反对，但优柔寡断，窦武也缺乏雷厉风行的魄力，结果计划被宦官发觉，在这生死关头，所有知情宦官都联合起来，当夜17名值班宦官歃血为盟，用兵刃胁迫灵帝调动宫中禁军拿着圣旨去逮捕窦武，窦武不受诏，进入驻扎京师北部的步兵营。

由于宦官掌握皇帝，又派人胁迫太后，在政治上就有了绝对的优势，窦武和陈蕃等朝官或自杀或被杀。外戚联合士人官僚集团与宦官集团的大较量以惨痛的失败而告终。

这时，窦太后遭到软禁，朝廷中正直的士人官僚全部被杀掉，灵帝年龄还小，不太懂事。士人官僚集团已经失去了反抗的能力，宦官势力完全掌握了大权，把刀把子紧紧握在手里，随时可以杀人。曹节等人都加官进爵，控制了朝廷的全部大权。他们仿佛是一群恶狼，瞪着凶恶的眼睛看着羊群，在等待适当的时机猛扑过去。经过大约一年的准备，曹节等人拿着拟定好的逮捕肃清党人的圣旨去请示灵帝批准。司马光在《资治通鉴》卷五十五上记下当时的对话：

是时上年十四，问节等曰："何以为钩党？"对曰："钩党者，党人也。"上曰："党人何用为恶，而欲诛之邪？"对曰："皆欲相举群辈，欲为不轨。"上曰："不轨欲如何？"对曰："欲图社稷。"上乃可其奏。[1]

灵帝并不知道党人是怎么回事，在曹节等人的启发和诱导下才勉强同意，而且有没有同意都很难说清楚。随后，便开始了全国范围的逮捕、诛杀所谓党人的行动。李膺、杜密、范滂等众多志士大义凛然，从容赴死，演出了一出出可歌可泣的悲壮故事，下面我们选择几个感人的镜头看一看。

镜头一：第一次党锢之祸后，李膺出狱便回乡教书，闭门不出。乡人听说朝廷将要来逮捕他的消息，劝他赶快找个地方暂避一时。李膺认为人生要光明磊落，不能东躲西藏。在家从容等待，被押入京师，折磨死在狱中，已六十多岁。

镜头二：杜密听说逮捕党人的官差将到，知道自己难逃此劫，而且无处讲理，干脆喝毒药自我了断。这也算明智，少遭不少罪。

镜头三：负责逮捕范滂的督邮到了征羌的驿馆，没有派人立即去逮捕，反而在驿馆中展开诏书，对着大哭。他的本意是让人送信给范滂，让范滂赶快逃跑。范滂听说这种情况，知道督邮的心意，便亲自走到县衙投案。县令也是正直人，一见范滂，大惊道："天下这么大，你哪里不能去，为什么偏偏往这里来？"范滂道："我知道你们都为我好，但我不能连累你们。何况如果能因为我的死而停止杀戮别人，那么我死几遍都没有关系。"督邮和县令含着眼泪将范滂收监。临押走时，县令派人请范滂母亲来与儿子诀别。范滂身披枷锁，对母亲道："二弟孝敬，足以供养，儿今从父亲于地下，生死各得其所。只是母亲难以割舍养育之情，请母亲不要伤心悲戚。"说罢，泪如雨下。范母是深明大义的母亲，对儿子道："你今天能够和李膺、杜密齐名，死有什么遗憾？既有令名，还求寿考，怎么可能呢？"范滂向母亲叩了两个头，起身离去。刚刚走出几步，范滂又回过头来对儿子说："我真不知道怎么教导你了。叫你做恶吧，恶不可为；叫你为善吧，可我并没有为恶啊！"众人听了，皆流泪唏嘘。

---

[1]《资治通鉴》，卷五十五，上海古籍出版社，缩印本上册，第381页.

押到京师监狱后，按照惯例，犯人在入狱前要祭拜皋陶，范滂不肯，说：“皋陶是尧时公正的执法官。我范滂无罪，如果祭拜皋陶，让他怎么向尧汇报？如果有罪，祭拜又有什么用处？”在监狱里，范滂被严刑拷打，血肉模糊也不肯认罪，继续揭露斥责宦官罪恶，狱卒们都感佩他是一条铮铮铁骨的汉子。

镜头四：侍御史景毅的儿子景顺是李膺门徒，但不知为什么李膺学生名册上没有他的名字，因此这次搜捕的李膺党羽里也没有他。景毅愤慨地说：“我本来是仰慕李膺大名，才让儿子拜他为师。尽管名册上没有，但我儿子也是李膺的弟子，怎能苟且偷生？”于是上表说明此事，任凭宦官处理。

这便是第二次党锢之祸，最后株连到六七百人。大批名士遭到杀戮，朝廷几为之空。从此，宦官势力便占了绝对的上风。等到宦官这具政治僵尸被葬入坟墓时，它一顺手把刘汉政权也拉了进去，同时埋入黄土。

东汉党人在与宦官势力做斗争的过程中，表现出中国古代士人最宝贵的精神，其主动担负道义的高度责任心，其与邪恶势力坚决斗争的果敢精神，其昂首挺胸面对屠刀的视死如归的高尚品质，都成为后世士人宝贵的精神财富。苏东坡10岁的时候，他的妈妈便给他讲《后汉书·范滂传》母子诀别时的情景，他终身不忘。他那种高傲伟岸的精神，不也有党人的气质吗？无独有偶，苏东坡也被打成党人，也曾深受政治迫害，但他依然顽强地坚持自我，顽强地生活。当然这是后话，此处不宜多说。

“竹林七贤”名称之由来

一、挂羊头卖狗肉

魏正始十年（249年），司马懿趁魏帝曹芳和大将军曹爽出城祭扫高平陵（魏明帝墓，在洛阳城南）之机，发动军事政变，夺取京城军权，控制京师。后杀掉曹爽，牢牢控制魏国的军政大权。同时杀害曹爽集团中的何晏、邓飏、丁谧等名士，史称“高平陵政变”。朝廷中一时“名士减半”，朝野充满恐怖的政治气氛。

司马懿虽然成功地进行了政变，但要真正篡夺政权，还有一段路要走，不但要牢牢抓住刀把子，还要紧紧抓住笔杆子，故对名士也要收买拉拢或镇压。这样，魏晋易代之际，统治阶级内部两大政治集团的斗争极其激烈。司马氏集团为了笼络人心，强调礼法，提倡忠孝，而他们本人却在利用手中的权力暗暗削弱君权，准备废黜原来的皇帝取而代之。“司马昭之心，路人皆知”，路人都知道司马昭要篡权夺位，何况是士人呢？想要篡夺政权的野心如此明显，却还要装扮什么忠臣，提倡什么忠孝，怎能不造成整个社会道德的虚伪呢？

统治阶级的思想往往就是整个社会意识形态的主流思想，是主旋律。由于统治阶级极力提倡，对于符合其思想行为的人便大加奖赏赞美，而对违背其思想的行为则要加以限制。表面大力提倡的行为准则与统治集团自身的行为基本背离，这就造成了道德虚伪的社会风气。口头上讲的是“仁义道德”，而在暗地里干的是男盗女娼，怎么会服人呢？上行下效，整个社会出现矫情虚伪、矫揉造作的不良风气。我们来看一下当时社会氛围虚伪的程度吧！

梁世谢举，甚有声誉，闻讳必哭，为世所讥。又有臧逢世，臧严之子也，笃学修行，不坠门风，孝元经牧江州，遣往建昌督事。郡县民庶，竞修笺书，朝夕辐辏，几案盈积。书有称严寒者，必对之流涕。不省记取，多废公事，物情怨骇，竟以不办而还。此并过事也。❶

这是颜延之耳闻目睹之事，且南朝萧梁王朝离"竹林七贤"时未远，其社会风俗相近，故可窥测出魏晋之际的状况。谢举属于东晋和南朝最有势力的氏族"王""谢"圈子里的人，在当时颇有名望，即今日之所谓知名度。而他一听到自己避讳的字就哭，所谓避讳的字就是父母的名字。为了获取孝顺的名声，竟然如此，真不知他的那些眼泪是怎么挤出来的。如果是发自内心，那不是缺心眼就是心理变态。而臧逢世的做法则直接影响到政务，因为父亲叫"臧严"，他看到下属公文书信中有"严寒"一词便对之流泪，并不再往下看，耽误许多公事，真是匪夷所思。

在当时，所谓的避讳便是孝顺的最主要表现，因此一些无聊的人便在这方面大做文章。《颜氏家训·风操第六》记载了这样一则材料：

或有讳"云"者，呼"纷纭"为"纷烟"；有讳"桐"者，呼"梧桐树"为"白铁树"，便似戏笑尔。周公名子曰禽，孔子名子曰鲤，止在其身，自可无禁。……凡名之者，当为孙地。吾亲识中，有讳襄讳周讳清讳和讳禹，交疏造次，一座百犯，闻者辛苦，无聊赖焉。❷

有人父母的名字中有"云"，便需要避讳此字，因此遇到"纷纭"时便说成"纷烟"；有人避讳"桐"字，遇到"梧桐树"时便称之为"白铁树"，使听的人莫名其妙，出了许多笑话。因此颜之推便提出一个解决的办法，就是在给儿子起名的时候，一定要替孙子着想，名字要尽量用比较生僻不常用的字，如周公的儿子叫"禽"，孔子的儿子叫"鲤"，都不容易犯讳。

面对这种虚伪矫饰的社会风气，一批有正义感有个性的知识分子开始在舆论及行为上对其进行批判和抵制。这便是"竹林七贤"这批文人出现的历史原因和文化原因。

❶《颜氏家训·风操第六》，中华书局1986年版，《诸子集成》，8册，第7页.

❷《颜氏家训·风操第六》，中华书局1986年版，《诸子集成》，8册，第7页.

二、“竹林七贤”名称的由来

就在司马氏高举屠刀大肆杀戮朝廷名士时，一批头脑清醒的士人远离政治中心，在山野林下，在翠竹掩映之中，啸傲林泉，高谈阔论，企图以不跻身仕途的方式来保全生命，追求精神生活的自由。

陈留阮籍、谯国嵇康、河内山涛，三人年皆相比，康年少亚之。预此契者，沛国刘伶、陈留阮咸、河内向秀，琅邪王戎。七人常集于竹林之下，肆意酣畅，故世谓“竹林七贤”。❶

这便是“竹林七贤”名称的由来。“竹林七贤”是个散漫的群体，没有什么纲领和组织，只是在某一特殊的历史时期，他们在人生态度和追求上大致相同罢了。他们在一起“集于竹林之下，肆意酣畅”的时间并不多，大约就在“高平陵政变”前后的一段时间，他们活动交往比较多一些。我们很难说清楚他们七个人什么时间都在场，也很难说清楚他们当时谈论的话题都是什么。但他们都能清谈，都能饮酒，都蔑视当时虚伪的礼法而追求自然的人生态度，这是没有疑问的。简言之，清谈、饮酒、越名教而任自然是“竹林七贤”政治态度和生活态度的重要特征，下面我们便分别从这三个方面来看一下这些人的精神风貌。

从年龄来看，七人中山涛最大，是205年生人，阮籍生于210年，嵇康当是第三号，生在224年，向秀大约生在227年，阮咸和刘伶生年未详，大约与向秀年纪相仿，而王戎最小，生在234年。嵇康死在263年，而王戎说他与嵇康交往20年，那么在243年左右，王戎便与嵇康相识，肯定是阮籍将小王戎带入“竹林七贤”圈子的。那么我们便以此年为时间座标，来看一下这几人的年龄。

243年时，山涛39岁，阮籍33岁，嵇康20岁，向秀17岁，阮咸和刘伶大约18~20岁，王戎是10岁。“竹林七贤”活动可能以此为起点，到山涛出仕便终结了。山涛出仕大约在司马师执政初，在251~252年之间。这样便可以大体了解“竹林七贤”活动的时段，即从243~251年这段时间。

❶余嘉锡：《世说新语疏笺·任诞》，中华书局1983年版，第729~730页.

“竹林七贤”中最突出的人物是阮籍和嵇康，另外五人也各有特点。我们把主要笔墨集中在阮籍和嵇康身上，为其专设一章，而对另外几人则就其独特之处和一些具体的生活细节来谈一谈。

穷途而哭与青白眼

一、穷途而哭

阮籍和嵇康的名字一直并列，阮籍比嵇康大，我们也按照以往的习惯先写阮籍。阮籍在建安十五年（210年）出生于陈留，是“建安七子”成员阮瑀之子。阮瑀死时阮籍不到3岁，但其遗传因子对阮籍似乎有很大的影响。

据说阮瑀当年便有隐居的愿望，曾为躲避曹操的征辟而把家搬到深山中。曹操很生气，派人去放火烧山，就像当年晋文公放火烧介子推那样，终于把阮瑀从山中逼了出来。阮籍少年时便产生隐逸之志，恐怕与遗传有关。据《魏氏春秋》记载：阮籍年轻时曾经游苏门山，苏门山有位隐者，不知道姓名，只有几斗竹实和臼杵而已。阮籍前去拜访他，与他谈太古无为之道、论五帝三王之义，苏门生萧然不听。阮籍乃对之长啸，清韵响亮。苏门生莞然而笑。阮籍已经下山，苏门生亦开始长啸，好像鸾凤的声音一样。

可见爱好清淡，任性自然是阮籍性情中的一个特点，是与生俱来的。遇到正始年间这种特殊的社会氛围，这种性格便更加凸现出来，引起时人和后人的注意。

阮籍很小便没了父亲，是母亲含辛茹苦将他抚养成人，故对母亲感情特别深厚。当时司马氏又极力提倡孝道，整个社会对丧礼非常重视。父母死，儿子在守丧期间，绝对不准饮酒吃肉，至于娱乐男女之事，更是大忌。但这些对于阮籍都没有任何约束。《世说新语·任诞》篇载：

阮籍遭母丧，在晋文王坐进酒肉。司隶何曾亦在坐，曰："明公方以孝治天下，而阮籍以重丧，显于公坐饮酒食肉，宜流之海外，以正风教。"文王曰："嗣宗毁顿如此，君不能共忧之，何谓此？且有疾而饮酒食肉，固丧礼也！"籍饮噉不辍，神色自若。❶

晋文王是指司马昭，在当时等于"代皇帝"，权力大得很。此人倡导以孝道治天下，守丧期间公开在他的面前饮酒吃肉，是对礼法与权势的极大蔑视，因此才招致一位叫何曾的大臣的谴责。他当着阮籍的面要求司马昭将其贬谪流放，阮籍不动声色，而司马昭居然为阮籍开脱，心胸也够开阔的了。

那么，阮籍是否对母亲感情不深呢？非也。"阮籍当葬母，蒸一肥豚，饮酒二斗，然后临诀，直言'穷矣！'都得一号，因吐血，废顿良久。"❷在妈妈临下葬时，阮籍照旧饮酒吃肉，然后大哭一声，吐血昏迷过去，可见其悲痛到了极点。

内心极其悲痛，却不在表面上表现出来，而且连世俗必须遵守的礼节都不管，纯任自然。《世说新语·任诞》篇还记载这样一件事：

阮步兵丧母，裴令公往吊之。阮方醉，散发坐床，箕踞不哭。裴至，下席于地，哭吊唁毕，便去。或问裴："凡吊，主人哭，客乃为礼。阮既不哭，君何为哭？"裴曰："阮方外之人，故不崇礼制；我辈俗中人，故以仪轨自居。"时人叹为两得其中。❸

阮籍的母亲去世，朋友和同僚们当然要去吊孝。按照礼节，如果有客人

❶余嘉锡：《世说新语疏笺》，中华书局1983年版，第728页.

❷余嘉锡：《世说新语疏笺》，中华书局1983年版，第732页.

❸余嘉锡：《世说新语疏笺》，中华书局1983年版，第734页.

来哭丧吊孝，死者的儿子一定要先哭，客人才能哭泣哀悼。裴令公裴楷前去，阮籍正在醉中，披头散发，伸开两条大腿像个簸箕似的坐在床上，也不起来迎接，更不按照常礼哭泣。而裴楷非常理解他，依旧哭泣吊孝，尽礼而去。有人问，裴楷的回答很精彩，可见其是通脱之人。这件事也可曲折地看出阮籍的不拘礼法是非常有名的，也被社会所认可。

对于虚伪名教礼法的厌恶促使以“竹林七贤”为代表的名士们表现出一些放荡不羁的行为，今天看来有些不好理解，其实是一种变相的抗议。

按照当时名教的规范，男女授受不亲，也就是互相之间不能亲手交接东西，要有中间人转递。这对于男女之间的正常交往无疑是人为的限制。其实，那些淫乱之徒在公开场所道貌岸然，而在背地里干尽偷鸡摸狗、男盗女娼的勾当，越是装模作样的人往往骨子里越肮脏。因此，阮籍等人根本不把这些清规戒律放在眼里。阮籍的嫂子回娘家，阮籍前去道别，有人讥笑他居然特意向暂时回娘家串门的嫂子告别，不符合礼法。阮籍反驳道：“礼法哪里是为我辈设置的？”《世说新语·任诞》篇还记载这样一件事：

阮公邻家妇有美色，当垆酤酒。阮与王安丰常从妇饮酒。阮醉，便卧其妇侧。夫始殊疑之，伺察，终无他意。❶

邻居家是个小酒馆，站柜台的老板娘长得很漂亮，阮籍便和朋友王安丰经常去喝酒。醉了，就躺在老板娘的身边睡觉，也不避讳什么。老板开始时怀疑阮籍有什么不轨之心，偷着观察几次，发现什么也没有。这还算是比较平常的。据《晋书》记载：阮籍邻居有一个姑娘，漂亮而有才学，与阮籍家没有一点瓜葛，二人只是偶然见过面而已。后来姑娘未嫁而死，阮籍听说了，竟到那家去哭吊送丧，非常悲哀。

阮籍饮酒是一种避祸方式，一遇到麻烦他就醉酒。阮籍是陈留士族，又是大名士，在知识阶层中颇有影响力，司马氏集团想利用他的名望来笼络士人，对他很宽容。司马昭以国家实际掌权者之尊曾经想为自己的儿子司马炎向阮籍的女儿求婚。那可是普通人想巴结都巴结不上的最高门第，因一旦结婚，女儿很可能就是将来的皇后，而阮籍则成为当朝国丈。

❶余嘉锡：《世说新语疏笺》，中华书局1983年版，第731页.

阮籍不愿意，又没有办法拒绝，听说这种意向后，他便把酒充分利用起来。给皇帝提亲者不是一般的民间媒婆，而是朝廷大臣。此人一到阮籍家，便看见阮籍酩酊大醉，鼾声如雷。两个月内连续去过多次，每次都如此，来人根本没法向阮籍开口。司马昭也明白阮籍的意思，此事也就不了了之。司马昭心中当然很不愉快。因双方是心照不宣，都没说破，故没伤和气。可见酒的作用。

阮籍有时也利用酒在无形当中和司马氏套一套近乎。司马氏很注重阮籍等名士对他们的态度，希望名士们能够出仕，为他们的政权效命。阮籍当然知道司马氏的这一心理，于是才会发生这样的故事："步兵校尉缺，厨中有贮酒数百斛，阮籍乃求为步兵校尉。"[1]后世"阮步兵"的称谓就是这样来的。为了有酒喝而向当权者要官，既可满足饮酒的欲望，又可迎合司马氏的心理，一举两得，何乐而不为？从这件事来看，阮籍是够圆滑的。

有时，阮籍还利用饮酒装疯卖傻，说些过头或不合时宜的话，发泄一下内心的积愤。据《晋书》本传记载，一次，阮籍参加司马昭举办的宴会，酒酣耳热之时，下属报告说有人杀了母亲。阮籍道："嘻！杀父乃可，至杀母乎！"满座之人都怪他失言，看着司马昭的反应。司马昭很严肃地问："杀父，天下之极恶，而以为可乎？"阮籍应声道："禽兽知母而不知父，杀父，禽兽之类也。杀母，禽兽不若。"司马昭没有说什么。

司马昭说的是名教的要求，而阮籍说的是自然道理，二者不是一回事。但因为是酒酣时所言，司马昭也不好发脾气，只好顺水推舟。这种情况有深层的意义，即可暗示人们，我阮籍与司马昭不是真正意义的同路人，而是迫不得已才参加到这种场合来的。

当然，阮籍等人如此贪杯，更主要的原因还是内心痛苦。《世说新语·栖逸》篇载："阮籍常率意独驾，不由径路，车迹所穷，辄恸哭而反。"可见其何等孤独和痛苦。

一个人，漫无目的，独自驾车出去，也不选择道路，任凭马随便走，走到无路可通的地方，便恸哭一阵往回返。恸哭可能是有些夸张，大概是伤心叹

[1]余嘉锡：《世说新语疏笺》，中华书局1983年版，第730页.

息一阵吧。不管怎么样，诗人内心极其痛苦和孤独是勿庸置疑的。“穷途而哭”便成为后世文人常用的一个典故。

二、青白眼

阮籍很高傲，看不起那些虚伪的假名士。他在年轻的时候经常闭门读书，不与人交往。《晋书·阮籍传》说他“或闭户视书，累月不出，或登临山水，经日忘归”。[1]有人认为他痴，有人认为他狂，他也不在乎。正因为他的刻苦读书，才使他成为当时享誉朝野的大名士。阮籍还有一个本事，即会使用青白眼，对待不同的人采用不同的眼神。《晋书·阮籍传》说：

籍又能为青白眼，见礼俗之士，以白眼对之。及嵇喜来吊，籍作白眼，喜不怿而退；喜弟康闻之，乃赍酒挟琴造焉。籍大悦，乃见青眼。[2]

一般人看人也有用正眼还是不用正眼的情况，但阮籍的青白眼恐怕与此不同，很可能是用白眼时青眼珠基本不出现，否则不会被堂而皇之地写进正史。嵇喜作为嵇康的哥哥也挺倒霉，没有借好光，反而成了嵇康的衬托，并为此受到不少冷落。他去为阮籍的母亲吊唁，连好眼神都没有得到，而其弟弟嵇康一到，阮籍的青眼珠才露出来。

阮籍对待嵇喜之所以如此，可能是嵇喜本人的毛病，他应该是一个俗不可耐的人。嵇康的另一个密友吕安也非常鄙视嵇喜，《世说新语·简傲》记道：

嵇康与吕安善，每一相思，千里命驾。安后来，值康不在，喜出户延之，不入，题门上作“凤”字而去。喜不觉，犹以为欣，故作。“凤”字，凡鸟也。[3]

吕安思念嵇康，前去看望，嵇康不在，嵇喜出门迎接，吕安没有进去，只在门上题写一个“凤”字就离开了。嵇喜还很高兴，觉得“凤”字很好。其实“凤”的繁体字“鳳”，分开是“凡鸟”两个字，吕安是在讽刺嵇喜。刚一出门迎接便给人以如此印象，可能其庸俗得超常，否则，阮籍和吕安即使是看在嵇

[1]《晋书》卷四九，上海书店、上海古籍出版社《二十五史》第二册，第1402页.

[2]余嘉锡：《世说新语疏笺》，中华书局1983年版，第731页.

[3]余嘉锡：《世说新语疏笺》，中华书局1983年版，第769~770页.

康的面子上也不应该如此冷落讽刺他。

正因为阮籍会用青白眼的缘故，后世才会有“垂青”“青睐”等词语，表示受到重视。

阮籍本来有大济苍生的志向，可生不逢时，正当曹魏集团和司马氏集团进行激烈争夺统治权的时候，政治极其凶险，为了避祸，他不得不采取许多措施。这使他的内心极其痛苦，他又不敢将自己的内心世界明白地写进诗中，只好采用非常隐讳的形式，来抒写内心的苦闷。诗也没有题目，一律叫做“咏怀”，心情一不好就咏一怀。这样，他前后共写了82首咏怀诗，基本上都是政治抒情诗，成为特殊形式的组诗。这种形式对后世诗歌产生极其深远的影响。

疾恶如仇的嵇康

嵇康在中国古代士人中属于一种典型，颇受后世文人的器重和景仰，其骨头最硬，一身铮铮铁骨，一腔烈火热肠，如同昆仑山的美玉，可碎而不可污，如同精淬的宝钢，可折而不可弯，是保持独立品格的楷模，是抗争黑暗腐朽的典范。鲁迅先生最敬重的古代文人便有嵇康，二人的性格有相通之处。

一、玉树临风的标准美男

嵇康字叔夜，祖籍会稽，后迁居谯郡铚县。出生于黄初五年(224年)，比阮籍小14岁，比山涛小19岁，但在“竹林七贤”中他却处在核心地位。他思想深刻，艺术天赋极高。他的命也很苦，襁褓中便没了父亲，在母亲和哥哥的抚育下长大成人。嵇康早年以其特有的风采和睿智的辩才而受到上层社会以及名士们的青睐。嵇康身材魁伟，身高1.8米左右，仪表堂堂。《世说新语·容止》篇说：

嵇康身长七尺八寸，风姿特秀。见者叹曰：“萧萧肃肃，爽朗清举。”或云：“肃肃如松下风，高而徐引。”山公曰：“嵇叔夜之为人也，岩岩若孤松之独立；其醉也，傀俄若玉山之将崩。”[1]

据专家考证，古时各朝代的尺长度并不完全一致，但大体接近，每尺约等于现代的23厘米，这样一换算，嵇康的身材便将近1.8米，即使在现代，也

[1]余嘉锡：《世说新语疏笺》，中华书局1983年版，第609页.

是非常标准的男子汉。“竹林七贤”中的酒鬼刘伶则其貌不扬，身材不满六尺，这样一换算，我们也可知道他的身高不到1.4米，简直就是侏儒了。这其中可能会有夸张的成分，但刘伶大约也就是1.5米左右吧。

风度翩翩的外貌，深邃睿智的思想，使嵇康迷倒许多人，更被上层社会看中，于是便被皇室招为东床。据史料记载，嵇康的妻子是魏沛穆王曹林之子曹纬的女儿。曹林是曹操的杜夫人所生，嵇康的夫人是曹林的孙女，也就是曹操的曾孙女，嵇康可谓是地地道道的曹魏宗室的门婿。大名士何晏的妻子也是曹操的杜夫人所生，何晏可算是曹操的驸马。这样，何晏妻子便是嵇康妻子的亲祖姑，嵇康算是何晏的晚辈亲戚。正因为这种社会关系，嵇康得到郎中、中散大夫的闲职。嵇康最大的官职便是中散大夫，所以后世称他为嵇中散。

二、睿智深刻的清谈领袖

可以看出，嵇康的官职是曹魏政权因亲戚关系而恩赐给他的。而且何晏在正始年间曾经是曹爽集团的要人，又是玄坛上的清谈领袖，出尽了风头。顺便说一句，现在传世最早的《论语》版本便是何晏的《论语集解》，可见其是真正的学者。由于这种人际关系和社会地位，可以想象这一时期嵇康是比较轻松的。但他头脑清楚，看出山雨欲来风满楼的政治形势，看出曹爽集团与司马氏集团争夺政权的斗争愈演愈烈。因此，嵇康没有利用裙带关系进入上层统治集团，而是研究当时很盛行的玄学问题。

关于才性论、人格论、养生论和乐论等重要的命题嵇康都发表了自己的看法，在当时即产生很大影响。尤其是养生论和声无哀乐论影响更为巨大和深远。嵇康的这些理论，在思想上更倾向于庄子，追求主体的绝对自由，抨击时弊的感情色彩很强。

“高平陵政变”后，司马氏夺取了实权，曹魏皇帝已成傀儡，而曹爽集团的重要成员都被残酷杀戮，政治气氛极端恐怖。司马氏一手举着屠刀，镇压那些异己分子，一手拎着金钱，招揽那些软骨头的名士。嵇康立即陷入很尴尬的境地。出于对司马氏之虚伪和整个社会道德沦丧的极度反感，嵇康坚决不肯出仕，实际也就是坚决不肯与其合作。这与他是曹氏姻亲有关，更主要的还是性格决定的。

珍爱生命，追求生命时间更长是人类永恒的目标，因此关于养生的问题亦是当时玄学清谈的重要话题。嵇康在这方面也有极其深刻的见解。正是他的《养生论》《答难养生论》两篇论文使他名动士林，誉满京师的。

《养生论》的主要观点是认为神仙不是学习可以得到的，故长生不老也不可能，但人可以通过调养将息延长自然生命，甚至可以延长到几百岁或上千岁。这对于那些祈求长生不老的人是一个打击，但对大多数人来说倒是一种鼓舞。因为当时社会上或玄坛中有两种对立的观点，一种是认为神仙可以通过学习得来，这样便可以长生不老，一种是认为人的最长寿命也就是一百二十岁。嵇康的说法无疑给祈求长生者带来喜悦和希望。

从这一点来看，嵇康是非常珍视生命而讲究养生的。嵇康身体的健康情况我们不得而知，但他却在39岁的美好年华即被专制制度的屠刀所残害。一个重视保养自然生命的人，却被黑暗政治夺去生命，可惜！可悲！

三、《广陵散》于今绝矣

嵇康得罪司马氏，主要有两件事，一是他曾经使兴致勃勃地来拜访他的司马氏大红人钟会在众目睽睽之下丢尽了脸；二是他坚决拒绝山涛对他的推荐，不肯到司马氏统治集团中去当官，而且在回信《与山巨源绝交书》中激烈抨击名教的虚伪，刺痛司马氏的心肝，为其后来被杀埋下祸根。

在违反礼教的表现上嵇康远没有阮籍严重，他只不过是不理来拜访的钟会，不肯答应山涛的推荐出去当官而已。但他太有名了，而不与司马氏合作甚至可以说瞧不起司马氏的倾向太明显。

嵇康为人处世很谨慎，王戎曾说："与嵇康居二十年，未尝见其喜愠之色。"[1]《康别传》说："康性含垢藏瑕，爱恶不争于怀，喜怒不寄于颜。"可见他

---

❶余嘉锡：《世说新语疏笺》，中华书局1983年版，第18页.

也很注意保护自己，但骨子里对虚伪名教礼法的反叛依然是掩藏不住的，而且是那么锐利深刻，故终于被杀。

竹林名士的清谈是继承正始名士的传统，基本话题相差无几。品评人物是当时清谈的一个热门话题，逐渐发展到人物论及人材论方面来。正始年间，年轻的名士钟会对这个话题进行总结性的综述，写成才性《四本论》。南朝时僧虔《戒子书》中的一段话对于我们推测清谈热门话题有重要帮助：

《才性四本》《声无哀乐》，皆言家口实，如客至之设也。汝皆未经拂耳瞥目，岂有庖厨不修，而欲延大宾者哉?(《南齐书·僧虔传》)

可知《四本论》和《声无哀乐》是当时清谈最重要的两个话题，而嵇康对这两方面都有过深入的研究，是当时清谈家们认可的权威人物。何以见得？有这样一件事便足以说明此点。《世说新语·文学》篇载："钟会撰《四本论》，始毕，甚欲使嵇公一见。置怀中，既定，畏其难，怀不敢出，于户外遥掷，便回急走。"[1]

这一小细节很有趣，可以看出几个问题：一是《四本论》是当时最热门话题之一，是清谈家们最重视的；二是年轻的钟会对于这一话题下了很大功夫，撰写《四本论》一文，并想得到嵇康的认可，于此也可知道嵇康在这一问题处在权威地位上；三是嵇康辩锋锐利，思维敏捷深刻，钟会很惧怕他。钟会特别想让嵇康看而又怕嵇康不同意他的观点，怀中揣着《四本论》悄悄走到嵇康门口，将文稿扔进院子转身就急急忙忙走开，这一细节真是生动极了。可见钟会对嵇康充满敬畏心理。《声无哀乐》更是嵇康的长项，此文直到今天也依然很有价值。

嵇康的玄学理论主要倾向于庄子思想，表现出追求主体精神绝对自由的境界，具有很强烈的抨击虚伪名教，愤世嫉俗的特点。还有一点亦应指出，即钟会和嵇康是同辈人，钟会只比嵇康小一岁，那么嵇康在清谈界的地位之高和对钟会地位的威胁也就可想而知了。钟会杀嵇康，肯定有嫉妒的因素在内。

嵇康之死，极其悲壮。《世说新语·雅量》篇载："嵇中散临刑东市，神气不

[1] 余嘉锡：《世说新语疏笺》，中华书局1983年版，第195页.

变，索琴弹之，奏《广陵散》。曲终曰：‘袁孝尼尝请学此散，吾靳固不与，《广陵散》于今绝矣。’太学生三千人上书，请以为师，不许。”从此，《广陵散》这部名曲真的失传。元朝建立前蒙古国时期，著名大臣耶律楚材曾经对于《广陵散》认真研究过，并就这一问题发表了自己的看法，很有参考价值。

清谈、饮酒与放诞

清谈、饮酒与放诞是当时名士的三部曲，更是“竹林七贤”生活的三部曲。清谈是内容，饮酒是媒介，放诞是形式，这三者共同构成名士的特征。

一、清谈与饮酒

清谈是当时名士的资本，如果没有这个本事，便不会被时人认可。王戎便是由于特别能清谈而被阮籍拉入“竹林七贤”的。正始年间，阮籍和王戎的父亲王浑是同僚，都担任尚书郎之职，关系很密切。阮籍时常到王浑家中去，逐渐与王戎熟悉了。二人经常谈论当时玄坛上的一些热门话题。

其后，阮籍每到王浑家，刚刚坐下便对王浑说：“与卿语，不若和阿戎语。”于是便和王戎高谈阔论一番。于此我想到，王戎在“竹林七贤”中年龄最小，比阮籍小24岁，比山涛小29岁，能够跻身其中大概就是因为和阮籍清谈的缘故。而且通过上文可知，王戎在10岁左右便跻身到“竹林七贤”的行列中，是个神童，与前面对于“竹林七贤”形成以及在一起活动的时间相吻合。

饮酒可以助兴，酣畅豪饮不但可以麻醉自己，使烦躁的灵魂得以片刻的休息，同时也可以为清谈创造一种气氛，有的人也用这种方式逃避政治迫害。“竹林七贤”中饮酒最甚者当数阮籍、刘伶和阮咸三人。阮籍在前文已经提到，下面重点讲刘伶和阮咸。

“竹林七贤”里饮酒最著名的是刘伶。《世说新语·任诞》篇载：

刘伶病酒，渴甚，从妇求饮。妇捐酒毁器，涕泣谏曰：“君饮太过，非摄生之道，必宜断之。伶曰：“甚善！我不能自禁，唯当祝鬼神，自誓断之耳！便可具酒肉。”妇曰：“敬闻命。”供酒肉于神前，请刘伶祝誓。伶跪而祝曰：“天生刘伶，以酒为名。一饮一斛，五斗解酲。妇人之言，慎不可听。”便引酒进肉，隗然已醉矣。❶

刘伶妻子的劝告该是多么诚恳而有道理，但刘伶却采取欺骗的方法，还是喝个大醉，而且口中念念有词。正是在这种社会氛围中，才会出现刘伶这样的酒迷及其《酒德颂》这样的作品。

阮籍的侄子阮咸也是“竹林七贤”之一，也嗜酒如命。“诸阮皆能饮酒，仲荣至宗人间共集，不复用常杯斟酌，以大瓮盛酒，围坐，相向大酌。时有群猪来饮，直接去上，便共饮之。”❷

这段文字有一处不太好理解，有的书里说阮咸和猪共同饮酒，这样便不是什么名士，简直是疯子或傻子，而且当着那么多人的面怎么会有与猪共饮的怪事？即使是疯子、傻子，如果没有疯透腔或傻透腔，也不会干这样埋汰的事。

后来查《晋书》本传卷四十九，才搞清楚。本传文字与此大同小异，但显得更合理。“瓮”在本传里是“盆”，“直接去上”四字，本传里是“咸直接去其上”。❸这样便好理解了，阮咸嫌用酒杯饮酒不过瘾，便与兄弟们团团围坐，用大盆装酒，自己舀着喝，非常随意。这时，有猪来偷喝酒。阮咸将其赶跑后，把被猪喝过的那盆酒的上面倒掉一层，然后继续饮。这也够随便的了。

阮籍饮酒时绝对轻松自由，没有任何拘束。而时人对他也特别理解，不按照正常礼数来要求他。

王戎弱冠诣阮籍，时刘公荣在坐。阮谓王曰：“偶有二斗美酒，当与君共饮。彼公荣者，无预焉。”二人交觞酬酢，公荣遂不得一杯。而言语谈戏，三人无异。或有问之者，阮答曰：“胜公荣者，不得不与饮酒，不如公荣者，不可不与饮酒，唯公荣，可不与饮酒。”❹

王戎来访，刘公荣在座，却只与王戎饮酒，二人觥筹交错，而让刘公荣在

❶余嘉锡：《世说新语疏笺》，中华书局1983年版，第729~730页.

❷余嘉锡：《世说新语疏笺》，中华书局1983年版，第734页.

❸上海古籍出版社、上海书店《二十五史》缩印本第2册，第1402页.

❹余嘉锡：《世说新语疏笺》，中华书局1983年版，第766页.

旁边看着。三个人都谈笑自若,没有一个难为情的。真是特殊时代特殊社会氛围下的特殊群体,我们不得不佩服。

当然阮籍的话有针对性。原来刘公荣也是个嗜酒如狂的人,有请必到,无论什么人愿意和他喝酒,他都奉陪。为此他还有一套理论。“刘公荣与人饮酒,杂秽非类。人或讥之。答曰:‘胜公荣者,不可不与饮;不如公荣者,又不可不与饮;是公荣辈者,亦不可不与饮。’故终日共饮而醉。”[1]因此,阮籍才有上述那种说法。

刘伶比阮籍更甚,《晋书》本传说他经常乘坐鹿车出去,带着一壶酒,走到哪儿想喝酒就来一口。并让仆人扛把铁锹跟着,嘱咐道:“死便埋我。”其痛苦到几乎绝望的程度,想来令人鼻酸。

二、任情放诞

“竹林七贤”都很放诞,不受任何礼法约束。阮籍放诞到了朝廷,与司马昭在一起也是什么都不在乎,上文已提到。阮籍侄阮咸的做法更放诞,即使在今天,也算是比较前卫的人。在那个时代则更是特大新闻。

阮仲容先幸姑家鲜卑婢。及居母丧,姑当远移,初云当留婢。既发,定将去。仲容借客驴箸重服自追之,累骑而返,曰:“人种不可失。”即遥集之母也。[2]

他先和姑母家的一个鲜卑族女奴私通,并使对方怀孕。当他为母亲守丧时,姑母要迁移到远方去。开始说要留下鲜卑族婢女,可临走时又变卦将其带走了。阮咸听说,连忙从客人处借一条毛驴,顾不得脱掉孝服,连忙前去追赶。赶上后,他把那女子抱上驴,二人同骑一条毛驴在众目睽睽下返回来,并说道:“人种不可失。”

后来此女果然生下一个男孩,阮咸自然高兴,写信告诉姑母说:“胡婢遂生胡儿。”姑母回信说:“《鲁灵光殿赋》曰:‘胡人遥集于上楹。’可字遥集也。

---

❶上海古籍出版社、上海书店《二十五史》缩印本第2册,第730页.

❷上海古籍出版社、上海书店《二十五史》缩印本第2册,第735页.

故乎字遥集。”看来阮咸的姑母也是个知识女性，从回信内容看，知识水平还不一般。从这一点亦可看出阮家确实是书香门第。

阮咸的行为给他带来许多麻烦，付出了很大代价，因为社会舆论哗然，物议纷纭，他在很长时间里沉沦下层，直到晋咸宁年间才出仕为官。阮咸的自然放诞是多方面的。《世说新语疏笺·任诞》载：

阮仲荣、步兵居道南，诸阮居道北。北阮皆富，南阮贫。七月七日，北阮盛晒衣，皆纱罗锦绮。仲容以竿挂大布犊鼻裈于中庭。人或怪之：答曰："未能免俗，聊复尔耳！"❶

别人晾晒的都是绫罗绸缎，阮咸用竹竿挂个大布裤衩晾晒，而且还振振有辞，你有衣服，我也有。真是滑稽死了。

刘伶除"以酒为名"外，也是一个狂放过分的人。他一喝酒就大醉，醉后全身发热，穿衣服难受，便把衣服全脱光，赤身裸体躺在屋子里。有人讥笑他，他依然还是振振有辞道："我以天地为栋宇，屋宇为裈衣，诸君何为入我裈中？"❷意谓：我是把天地作房屋，用房屋作衣服裤子，你们这些人为什么钻到我的裤裆里来了？如果说他是精神病，肯定有人会信。但刘伶并不是精神病患者，而是一个要冲破一切礼法和约束的人，只不过是做法过头了，过犹不及。

王戎也有放诞的表现，"裴成公妇，王戎女。王戎晨往裴许，不通径前。裴从床南下，女从北下。相对作宾主，了无异色。"❸清早到女儿家去，也不敲门先知会一下，直接走到女儿和女婿的内房，直接走到双人床边。女婿从床的南边下来，女儿从北边下来，都非常自然，没有不好意思的，真可谓"放诞之家"了。

❶上海古籍出版社、上海书店《二十五史》缩印本第2册，第732~733页.

❷上海古籍出版社、上海书店《二十五史》缩印本第2册，第731页.

❸上海古籍出版社、上海书店《二十五史》缩印本第2册，第735页.

奢靡狂与吝啬鬼

士人的骨头再硬也抵挡不住统治者的屠刀，认为人可活到几百年甚至上千年的壮年而健康的养生学大师嵇康被统治者的屠刀无情杀戮。司马氏这一招也有“杀鸡给猴看”的目的，他在向士林发出警告：你们看，谁再不与我合作，嵇康便是下场。另一方面他又大力提倡虚伪的儒教，人们明明知道他是挂羊头卖狗肉，但也没有人敢于公开揭露和反抗。恐怖政治和虚伪道德使社会心理严重失衡，也引起时代风尚的堕落与畸形。既然政治如此危险，那么人们便尽情享受物质生活罢了。于是人们竞相奢侈，比赛豪富和极端吝啬，钻核卖李的情况在士人中也都出现了。

一、奢靡比富的士人

西晋是个极其荒淫无耻的时代，这股风追根溯源还是由朝廷刮起来的，并由士大夫阶层推波助澜而使其弥漫整个社会。司马炎统一天下后立即荒淫起来，他将东吴皇宫中的几千宫女统统拉入自己的后宫。后妃太多，凡够品级的每人一屋，他不知道应当到谁的宫中去，便想出一个高招：自己坐在羊车上，任凭羊信步而行，车停在谁的门口或离谁的门口近就睡在那里。羊拉的车稳当舒适，由羊来选择，谁也别争风吃醋，司马炎真够聪明的。

乖巧的后妃看出了门道，便纷纷想高招，有的在门口插嫩树枝，羊看到树枝停下来，皇帝这天晚上便归她了。有的在门前一些物件上涂抹食盐，羊一舔盐也停下来。五花八门，无奇不有。我国古代的帝王后妃确实有很多人才。司马炎的做法与汉元帝按照美人图招幸宫女的高招有异曲同工之妙。

政治统一而黑暗，逼迫士人们不敢再过问政治，便在物质享受上竞争起来。最高等级的竞争是在石崇、王恺、羊琇之间展开的，但全社会的豪门富户都参与了这种比富赌奢的活动。据《世说新语·汰侈》篇记载：

武帝尝降王武子家。武子供馔，并用瑠璃器。婢子百余人，皆绫罗袴椤，以手擎饮食。烝豘肥美，异于常味。帝怪而问之，答曰："以人乳饮豘。"帝甚不平，食未毕，便去。王、石所未知作。❶

王武子名济，妻子是司马炎的女儿常山公主，因此司马炎才到他家去。侍女竟达一百多人，服饰器皿均是珍宝，更出奇的是蒸的猪肉味道鲜美异常，连皇帝都没有吃过那样的美味。不但没吃过，连怎么做出来的都不知道。一问方知奥妙，原来这是用人的乳汁喂养的猪，真是亘古奇闻，让皇帝都感到心里不平衡。作者在最后发感慨说，王恺和石崇不知道这个发明，因此没有做这种玩艺，使不少哺乳期的下层妇女免于灾难。此处所说的王恺、石崇，便是当时争豪的最大腕儿。

两个人在各个方面都进行攀比，据《世说新语·汰侈》篇记载，王恺家用糖水刷锅然后倒掉，石崇就用蜡烛当柴火烧；王恺用紫丝布做步障四十里，里面衬上绫罗，石崇便用高级锦绫做步障五十里，无论质量数量都超过王恺；石崇用花椒和泥涂墙，王恺便用红色石膏粉抹墙。

石崇家的厕所分内外间，外间有十多个婢女侍奉，服装华丽，浓妆艳抹，香水香料等都摆设齐整，还为上厕所的客人准备新衣服，挂在衣架上，因此一般客人都不好意思去。刘寔到他家作客，要去厕所，有人指给他。他进厕所一看，连忙走回来，对石崇道歉说："真不好意思，误进君家卧室了。"石崇不动声色地微微一笑道："那就是厕所。"

石崇太富了，王恺总是比不过，心中不甘。王恺是司马炎的舅父，司马炎暗中经常帮助王恺。一次，司马炎把外国进贡的稀世珍宝——一株二尺多高的珊瑚树送给王恺，于是才发生下面的故事：

石崇与王恺争豪，并穷绮丽以饰舆服。武帝，恺之甥也，每助恺。尝以一珊瑚树高二尺许赐恺。枝柯扶疏，世罕其匹。恺以示崇。崇视讫，以铁如

❶余嘉锡：《世说新语疏笺》，中华书局1983年版，第878页.

意击之，应手而碎。恺既惋惜，又以为疾己之宝，声色甚厉。崇曰："不足恨，今还卿。"乃命左右悉取珊瑚树，有三尺四尺，条干绝世，光彩溢目者六七枚，如恺许比甚众。恺惘然自失。[1]

皇帝帮助都没有办法超过石崇，可见其财大气粗不可一世的气势。不但如此，这些大富翁们还随意草菅人命来表示自己的豪富。《世说新语·汰侈》篇记载，石崇在请客喝酒时，经常用美人斟酒劝酒，如果客人不干杯，便令下人杀了劝酒的美人。

一次，石崇请丞相王导和大将军王敦饮酒，王导不胜酒量，但怕劝酒的美人被杀，只好硬撑着干杯。王敦的酒量很大，可偏不喝，已杀三个美人，而王敦表情非常自然，就像什么事也没发生一样。王导有些急了，责备王敦，王敦不紧不慢地说："自杀伊家人，何预卿事？"意谓石崇杀他自己家的人，与你有什么关系？都够残忍的了。

二、士人中的守财奴

一部分名士在穷奢极欲，挥金如土，另一部分士人却爱钱如命，成为历史上少见的吝啬鬼，守财奴。"竹林七贤"之一的王戎便属于后者。

王戎能够加入"竹林七贤"的行列，除阮籍的提携外，也与他自身行为有关。据说他父亲王浑死时，其故旧官吏赠钱几百万，王戎都没有接受，享誉朝野和士林。以此为资本，既获取名士的美名，又得到袭父亲爵位而当官的实利。

但王戎当官之后，很快便被铜臭熏迷糊，原有的清廉操守不见了，代之而来的是吝啬小抠，爱钱如命，变成一个令人生厌的守财奴。后来，南朝宋诗人颜延之创作《五君咏》，对"竹林七贤"中的五位君子进行咏叹，而把王戎和山涛排除在外，与这一点也有关系。我们来看一下他吝啬到什么程度吧。"王戎俭啬，其从子婚，与一单衣。后更责之。"[2]侄子结婚，大富翁王戎只

[1] 余嘉锡：《世说新语疏笺》，中华书局1983年版，第882~883页.

[2] 余嘉锡：《世说新语疏笺·俭啬》，中华书局1983年版，第873页.

送一件单衣服做礼物，已经够抠门的，过后还要回来。这样的叔父真是难找。

司徒王戎，既贵且富，区宅童牧，膏田水碓之属，洛下无比。契疏鞅掌，每与夫人烛下散筹算计。[1]

此条后注解引王隐《晋书》本传：“戎好治生，园田周遍天下。翁妪二人，常以象牙筹昼夜算计家资。”“翁妪”说明是晚年的事了，一对白发夫妻白天黑夜地用象牙筹码计算财产，也不怕辛苦。

更有意思的是这条资料：“戎有好李，卖之，恐人得其种，恒钻其核。”[2]因为家中李子的品种好，怕被别人家种植，便把要卖的李子核全都钻上小眼，使其失去发芽的功能。这也是王戎的一大发明，真不知那眼是怎么钻的。对别人这样，对自己的儿女也不例外，“王戎女适裴頠，贷钱数万。女归，戎色不说。女遽还钱，乃释然。”[3]给女儿送嫁的钱过后还要回来，当初何必给呢？那可能是为了要面子，可再要回来不一样丢面子吗？

西晋太康年间最著名的清谈大师王衍夫妇也是这类人，只不过是表现形式不同罢了。先看王衍的妻子郭氏，《世说新语·规箴》篇载：

王平子年十四五，见王夷甫妻郭氏贪欲，令婢路上担粪。平子谏之，并言不可。郭大怒，谓平子曰：“昔夫人临终，以小郎嘱新妇，不以新妇嘱小郎！”急捉衣裾，将与杖。平子饶力，争得脱，逾窗而走。[4]

王平子是王澄，是王衍的弟弟，也是清谈家。十四五岁的时候，看见嫂子郭氏走路时总带着一个婢女，背个粪筐拣粪，这么大个门庭，这么有钱的人家，这样做有点丢面子，便劝嫂子不要这样。嫂子郭氏大怒道：“婆婆临死的时候，把小叔子托付给我，没有把我托付给小叔子，你敢说我！”急忙拽住王澄的衣襟，要拿象征家法的大杖打王澄。王澄有力气，挣脱后跳窗户就跑了。

王衍和他妻子的表现正好相反，王衍是一辈子不管钱，也不说钱，从来

---

❶余嘉锡：《世说新语疏笺·俭啬》，中华书局1983年版，第873页.
❷余嘉锡：《世说新语疏笺·俭啬》，中华书局1983年版，第873页.
❸余嘉锡：《世说新语疏笺·俭啬》，中华书局1983年版，第874页.
❹余嘉锡：《世说新语疏笺·俭啬》，中华书局1983年版，第559页.

也没有人听他说过"钱"这个字。

王夷甫雅尚玄远,常疾其妇贪浊。口未尝言"钱"字。妇欲试之,令婢以钱绕床,不得行。夷甫早起,见钱阂行,呼婢道:'举却阿堵物。[1]

那么,是否能说王衍清高呢?也不能如此说。因为他太有钱了,而且还有走路都带着婢女拣粪的管家婆,钱财的问题当然不用他操心。从此,"阿堵物"就成了钱的别名。

豪奢者和守财奴是迥然对立的生活态度,两者如果是亲戚关系,有时也发生冲突。同时代另一位名士和峤的政治品格倒挺高尚,深受晋武帝司马炎器重,委以要职,由黄门侍郎迁中书令。

按照朝廷规定,中书令和中书监同乘入朝。当时的中书监是著名佞臣荀勖。和峤瞧不起荀勖,不愿意同乘一辆车。车来时他便先上去,坐在正中间,不给荀勖留位置,荀勖只好另外找一辆车坐。从此,中书令与监令都各自有专车了。[2]

在晋惠帝被立为太子的过程中,和峤的态度一直很明朗公允,也很负责任,故在朝野很有名。但此人却是个财迷,吝啬得非常有名,乃至于一代名臣杜预当着晋武帝的面便说自己有"左传癖",而和峤有"钱癖"。他被列在《世说新语·俭啬》篇首条,可见其在吝啬方面被公认为天下第一。

和峤性至俭,家有好李,王武子求之,与不过数十。王武子因其上直,率将少年能食之者,持斧诣园,饱共啖毕,伐之,送一车枝与和公。问曰:"何如君李?"和既得,唯笑而已。[3]

这简直是恶作剧。和峤家的李子好吃,王武子跟他要,他只给几十个。王武子不愿意了,便趁他上朝值班不在家的时候,带领一帮特别能吃李子的小青年,拿着斧子到和峤家的李子园,一顿大吃大嚼,把成熟的李子吃个精光,还不解恨,居然下令把树都砍了,然后把一车新砍下的树枝送给和峤,还要问:"你看看你的李子怎么样了?"而和峤的反应却只是微笑而已。

这又是为什么?原来和峤与王武子的关系不一般,和峤妻子是王武子的

[1] 余嘉锡:《世说新语疏笺·俭啬》,中华书局1983年版,第557~558页.

[2]《世说新语·方正》,中华书局1983年版,第294页.

[3] 余嘉锡:《世说新语疏笺·俭啬》,中华书局1983年版,第873页.

姐姐，二人是姐夫和郎舅的关系。而且王武子性格刚烈，为人豪爽，敢作敢为。那么，跟人家要李子吃，嫌给的少就砍树也太过分了。如果单从这件事看，似乎王武子不对。但王武子这样做，还有一层原因，就是和峤吝啬得实在过分。《语林》对这件事的前因后果有所记载："峤诸弟往园中食李，而皆计核责钱，故峤妇弟王济伐之也。"自己的弟弟到果园吃李子，还要按照李子核计算着要钱，确实过分。

怕老婆的士人

魏晋之际，门阀士族的观念最强，官僚和士人的婚姻都与这一观念有直接关系。婚姻与政治和门第结合，便出现许多畸形。由于女性家族的势力大，门第高，她们的身后站着强大无比的政治要人或高贵的家族势力，得罪她们便等于得罪了她们身后的人，于是便出现一些士人怕老婆的怪现象，而且这种现象在当时还有一定的普遍性。下面我们便从几个个案来看。

一、贾充

贾充是西晋大名士，据《世说新语》所引《晋诸公赞》说，贾充颇有才识，精通法律，曾当过法官，判案为时人所称道。他与裴楷共同制定律令，《晋律》即是他参与修订的。可知他不仅仅是个杀害曹魏皇帝的刽子手，也确实是个人才，算是当时名士。他就是个怕老婆的人。

他的第一个妻子是正始年间与夏侯玄并称的大名士李丰的女儿。魏明帝时，时人认为“夏侯太初朗朗如日月之入怀，李安国颓唐如玉山之将崩”。一次，明帝得到一个来自东吴的降者，问江东人听说的中原名士都有谁，来人说是李安国。李安国即李丰，可见李丰在当时的确是大名鼎鼎。魏嘉平六年(254年)，李丰和夏侯玄以谋逆大罪被司马氏同时杀害。贾充是政治变色龙，见岳父犯的是谋逆罪，连忙与妻子离婚表明态度，然后娶郭氏为妻。后来李丰案件平反，晋武帝特意批准贾充置左右二夫人，让他迎回李氏。但因郭氏坚决反对，贾充只好上表谦让。

郭氏极其嫉妒，时刻提防贾充。一个乳母带贾充3周岁的儿子贾黎民在庭院玩，贾充从外归来，亲吻一下乳母怀中的孩子，郭氏离得远看不清，以为是亲乳母，就把那位乳母杀了。贾黎民因思念乳母和受惊吓而死。后来又生男孩，再请一乳母，贾充又曾亲昵地用手抚摸一下乳母抱在怀中的孩子，又被郭氏看见，以为贾充抚摸乳母的什么部位，把这个乳母也杀了。这个男孩同样因思念乳母和受惊吓而死。这才造成贾充没有子嗣，不得不让女儿的儿子姓贾来接替贾氏香火的结局，才会有后文将要写到的贾谧。

二、王衍、王戎与王导

正始年间的玄学大师，清谈界的领袖人物王衍也惧内。《世说新语·规箴》篇载：

王夷甫妇郭泰宁女，才拙而性刚，聚敛无厌，干豫人事，夷甫患之而不能禁。时其乡人幽州刺史李阳，京都大侠，犹汉之楼护，郭氏惮之。夷甫骤谏之，乃曰："非但我言卿不可，李阳亦谓卿不可。"郭氏小为之损。❶

赫赫有名的朝廷高官，清谈名士，居然要用别人来吓唬老婆，也够可怜的。那么，王衍为什么会如此惧怕夫人呢？这就是前文提到的原因，郭氏与皇后贾南风是表亲。有贾南风这样的后台，王衍怎能不有所顾忌呢？

王衍的堂兄王戎后期曾经位至三公，又是清谈界的老资格，是士林的精神领袖，但在家中也一样不受重视。他妻子经常当着别人的面称呼他为"卿"。"卿"字在当时是君对臣，或长辈对下辈的爱称，因此王戎提醒妻子说："妻子叫老公为卿，不符合礼法，以后不要这样叫了。"他妻子一听，不服地说："亲卿爱卿，是以卿卿，我不卿卿，谁当卿卿。"王戎不再说什么。于是以后便留下"卿卿我我"这一惯用语，而"卿卿"也成了夫妻间亲昵的称谓。

---

❶余嘉锡：《世说新语疏笺》，中华书局1983年版，第556页.

东晋第一名相王导也怕老婆。据《妒记》说，王导夫人曹氏非常善妒忌，禁止王导纳妾，乃至于对王导身边的丫鬟婢女都经常进行检查，发现有姿色的，一律辞退，并经常警告王导。

时间长了，王导难以忍受，便在府外另外购置一套房宅，纳了几名美妾。数年后，儿女成行。后元节之日，曹氏登上一个高台观览风景，远远看见两三个小孩儿骑羊在街上玩，小模样很可爱，而且文质彬彬，很讨人喜欢。曹氏让丫鬟出去问一下是谁家的儿郎。陪伴小孩的奴仆不知道内情，便实话实说："是第四王等诸郎。"王导排行第四，故称其为"第四王"。

曹氏一听，这才明白王导近几年经常不回家的缘故，大怒，立刻吆喝家丁，带领二十名贴身婢女，操持菜刀等物，曹氏亲自带队，到刚才小孩玩的方向来寻找。

有人及时报告王导。王导连忙从相府弄了一套牛车，风风火火往别馆去。牛跑得本来很快，王导还是嫌慢，一个劲儿用拂尘（即俗语说的蝇甩子）柄打牛屁股，终于赶在曹氏之前，将妾和儿子全部安全转移。

一位姓蔡的司徒听说后，去拜访王导，调侃道："听说朝廷欲加公九锡，公知否？""九锡"是皇帝赐给大臣的最高待遇。王导以为是真的，便连忙谦让。蔡司徒道："没听说别的东西，只听说一辆短辕牛车，一条长柄尘尾。"王导羞愧得满脸通红。[1]

[1] 参见《世说新语·轻诋》，"王丞相轻蔡公"条下注，中华书局1983年版，第829页.

贾谧与“二十四友”

所谓的“二十四友”是西晋后期元康年间出现的一个以权贵贾谧为核心，以文学名士为主的士人团体。从现存资料看，这二十四人并没有什么集体性的文学创作活动，因此虽然他们给人的感觉仿佛是文学社团，但政治色彩更浓一些。这一集团的出现，有着深刻的政治背景。这要先看其盟主贾谧是何许人也。围绕花朵的不是蝴蝶就是蜜蜂，围绕臭肉的则一定是苍蝇。

一、贾谧其人

从血缘关系上看，按照中国传统，贾谧可以说姓韩而不姓贾。要说他的根底，需要先从贾充说起。

贾充是曹魏政权最凶恶的罪人，却是司马晋政权最大的功臣。在魏甘露五年(260年)，曹魏最后一位有点血性的皇帝曹髦受不了司马昭专权的窝囊气，率领殿中宿卫苍头官僮讨伐司马昭。身为中护军的贾充此时已经成为司马昭的走狗，便命手下人成济杀了曹髦，实际杀曹髦的总后台是司马昭，前台总指挥是贾充。因此，贾充是杀害曹魏政权的操刀人。这样，他便为司马氏篡夺皇位扫清了障碍。

正因为这层关系，司马氏对他十分感激，始终宠爱信任。由于皇帝的信任，贾充的势力与日俱增，到司马炎登基之后，更加炙手可热。晋武帝司马炎不顾一些大臣的反对，为太子司马衷娶了贾充的大女儿贾南风，并立为皇后。司马衷痴茶呆傻，是中国历史上有名的傻皇帝，而贾南风阴险狠毒。正是这一对难得的夫妻，把刚刚稳定二十几年的西晋王朝弄得乌烟瘴气，很快爆发了“八王之乱”，将西晋王朝送入了坟墓。

贾充的小女儿叫贾午，从花窗的缝隙中偷看经常出入自己家的年轻官员。在来来往往的许多人中，她相中一个叫韩寿的人，便派人私下去通知。韩寿此时是贾充府中的司空掾，属于文职官员，人长得非常漂亮又有风度，而且身体健壮灵敏。韩寿听说贾充的千金看中了自己，并听来人说贾小姐很美丽，有见识和文才，心中暗喜。更令他动心的是贾充的地位，如果能攀上这门亲戚，前途无量。但韩寿知道，如果正面求婚，自己的门第根本无法与之匹配，不但不可能成就好事，而且容易引起贾充的注意，加强防范，反而没有机会，于是便决定先造成既成事实再说。

因为他经常出入于贾充府邸，对地理位置非常熟悉，便私下与小姐约好，在深更半夜时爬过一丈多高的墙头到小姐卧室去与之幽会。色胆本来可以包天，色胆更有助于翻墙，而且韩寿身手敏捷，如轻车熟路一般。一段时间里，贾充毫无察觉。

一日，贾充召集属下开会，韩寿身上的一股香味引起贾充的注意，因为这种香味贾充太熟悉了。这是外国献给皇帝的贡品，只要一沾在身上便一个多月不散。皇帝只赏赐给贾充一些，贾充都给他的宝贝女儿贾午了。贾充一闻到香味，马上联想到女儿贾午最近特别爱打扮，每天都浓妆艳抹，而且笑口常开。此时，贾充心中有点怀疑，但引而不发。

次日早晨，贾充以家中失盗为名，令管家把宅院的围墙仔细检查一遍，看有没有破损之处。管家报告说完好无损，只是在东北角有狐狸爬过的痕迹。贾充见那个位置正是去女儿住房的地方，心中更明白了，便把贾午身边的婢女叫来几个拷问。有胆小的就坦白了，贾充见木已成舟，女儿脾气倔犟，只好顺水推舟把女儿正式许配给韩寿。

贾充虽然在外面胆大凶狠，连皇帝都敢杀，但与当时的许多士人一样，在家里却是个惧内的人。如前文所述，他的夫人郭氏嫉妒狠毒，对贾充看管甚紧，不准他另外娶妻纳妾，这样贾充便人丁不旺，有两个儿子还被郭氏折磨死了。而郭氏只生两个女儿，即贾南风和贾午，没有男孩，贾充便没有了后代香火。这样大的贵族怎能不把香火传下去？郭氏又不允许过继堂侄，那样万贯家产便会落到他人手里。于是便把贾午和韩寿生的孩子算作贾氏的，起名曰贾谧。

按照宗法制度，没有嫡子立庶子，没有庶子立从子，也不能将家业和世系传给别的姓氏，绝没有传给外孙的道理。但贾充不同于别人，因为他敢于弑旧君，因此新君便对他格外优待，更主要的是皇帝是他门婿，皇后是他女儿，所以他的这个请求还真的被批准了。而且圣旨上明确写道“他人不得比照”，可见贾充办事的力度相当大。

经过皇帝批准，专门发了圣旨，贾谧算是贾充死的那个大儿子贾黎民的儿子，正式继承贾氏的全部家业和爵位。

这样，贾充在血缘上是贾谧的外祖父，而在名义上则是贾谧的祖父。贾谧成了贾充家的宝贝疙瘩。皇后贾南风是他的姨娘，对他也特别喜欢。据史书记载，贾谧的形象很帅。这样，财富、势力、美貌都集中在他一个人身上，这便是当下流行的“高富帅”，很快成为众人仰慕的对象。一些趋炎附势急功近利的人便象苍蝇发现一块臭肉一样围到他的身边。这便是“二十四友”形成的核心。

二、“二十四友”的成员

“二十四友”的全部名单见于《晋书·贾充传》所附《贾谧传》，为了搞清楚这一集团的全部阵营及形成大体过程，我们将原文录出一段：

谧好学有才思，既为充嗣，继佐命之后，又贾后专恣，谧权过人主。至乃锁系黄门侍郎，其为威福如此。负其骄宠，奢侈逾度。室宇宠僭，器服珍丽。歌童舞女，选极一时。开阁延宾，海内辐凑。贵游豪戚及浮竞之徒，莫不尽礼事之，或著文章称美谧以方贾谊。渤海石崇、欧阳建、荥阳潘岳、吴国陆机、陆云、兰陵缪征、京兆杜斌、挚虞、琅邪诸葛诠、弘农王粹、襄城杜育、南阳邹捷、齐国左思、清河崔基、沛国刘瑰、汝南和郁、周恢、安平牵秀、颍川陈聆、太原郭彰、高阳许猛、彭城刘讷、中山刘舆、刘琨，皆附会于谧，号二十四友，其余不得预焉。❶

❶《晋书·贾充传附》卷四十，上海古籍出版社、上海书店《二十五史》缩印本第2册，第1379页.

通过这段话可以知道如下四点：第一，贾谧在被批准成为贾充继承人后，又有贾后为之撑腰，权势很大，乃至于敢公开锁扣捆绑黄门侍郎。黄门侍郎是部长级大官，可见其权势之大。第二，贾谧利用职权，奢侈腐化，为装璜门面，附庸风雅而公开向天下招揽贤才。这一集团的形成是以贾谧招募人才为起始的。第三，“贵游”“豪戚”“浮竞之徒”这三部分人构成这一集团。贵游，指贵族身份而好交游者；豪戚，指豪门亲朋戚旧；浮竞之徒，指轻浮奔竞而带有政治投机之人。用这三种人来概括“二十四友”是比较准确的。第四，这二十四人都附会于贾谧，即有主奴关系，与文人自由结成的团体，如“竹林七贤”性质完全不一样。其他还有许多投靠者因为资格不够或名额有限而被拒之门外。

鉴于以上几点，这一集团的形成，双方以政治的相互依靠为目的，都带有政治投机的性质。文士以贾谧为靠山，以便在仕途上爬得更快更高，而贾谧则以这些文士装璜门面，提高自己的社会知名度，两方面都有好处。这样，这一集团的盟主与成员之间便是主奴关系。可以说，“二十四友”确实都是当时的名士，但找不到一个正直、清白而有节操的名士。客气点说，他们是政治投机者，是急功近利之徒；不客气地说，他们其中的绝大部分是高级的文化奴才，完全丧失了士人独立的人格，成为权势者的附庸品和应声虫。我们看一下几位代表人物的表现便可以看清楚这一点。

这些人中，石崇是最富的，潘岳是文名最高的。据《晋书》本传载：

岳性轻躁，趋世利，与石崇等谄事贾谧，每候其出，与崇辄望尘而拜。构愍怀太子之文，岳之辞也。谧二十四友，岳为其首。谧《晋书限断》，亦岳之辞也。其母数诮之曰：“尔当知足，而乾没不已乎?”而岳终不能改。[1]

潘岳，字安仁，荥阳中牟人，祖父两代都是朝廷官员，出身仕宦之家，且书香门第，虽非氏族，门第也不低微。他非常有才，在当时文坛地位甚高。陆机兄弟此时刚刚从东吴来到洛阳，属于亡国之臣，中原文士对其多采取排斥态度，在当时文坛上的地位与潘岳无法相比。而石崇也可以混迹于文士中，因为他确实也有多半瓶的墨水。这样两个人物居然等候在贾谧的门口，

[1]《晋书·贾充传附》卷四十，上海古籍出版社、上海书店《二十五史》缩印本第2册，第1419页.

望见贾谧的影子便叩头，可见其奴颜婢膝的可怜相。这一集团成员与贾谧的关系也就可以想象了。

“二十四友”存在的时间不长，其上限时间最早在皇后贾南风专权的元康元年（291年）之时，下限是贾南风被诛杀之日，即永康元年（300年）四月，故存在的时间最多是九年。这期间，元康六年（296年），因为石崇将要出使，而征西大将军王诩将往长安，石崇便在自己别墅金谷园举行一次盛大的饯行酒宴，同时也是一次大型的诗歌笔会。石崇的《金谷诗序》较为详细地记叙了当时的盛况：

余以元康六年，从太仆卿出为使，持节监青、徐诸军事。有别墅在河南金谷涧中，或高或下，有清泉茂林，众果竹柏、药草之属，莫不毕备。又有水碓、鱼池、土窑，其为娱目欢心之物备矣。时征西大将军祭酒王诩当还长安，余与众贤共送往涧中，昼夜游宴，屡迁其坐。或登高临下，或列坐水滨。时琴瑟笙筑，合载车中，道路并作。及住，令与鼓吹递奏。遂各赋诗，以叙中怀，或不能者，罚酒三斗。感性命之不永，惧凋落之无期。故具列时人官号、姓名、年纪，又写诗著后。后之好事者，其览之焉！凡三十人，吴王师、议郎、关中侯、始平武功苏绍字世嗣，年五十，为首。❶

从此序来看，这次诗会规模很大，时间很长，宴会档次很高，而且有诗作结集。但遗憾的是诗集失传，石崇的序也残缺，故不知道这三十人的准确姓名，估计“二十四友”大部分能出席。诗作绝大部分失传，只保留两个残句。

另外，从潘岳《为贾谧作赠陆机诗》和《于贾谧坐讲汉书诗》（均见逯钦立《先秦汉魏晋南北朝诗》上册晋诗卷四），可知潘岳、陆机等人曾被贾谧邀请，共同从事文学或学术活动。潘岳为贾谧解答汉书中的一些问题。石崇是一个双重性格的人，从其《思归引并序》中可知他也曾有过大志，要超越流俗，50岁后产生退隐的思想，可见他也有高雅的一面，并不全是俗不可耐。极其奢靡，在世俗中尽情享乐，而在诗文琴书等高雅文化中也有一席之位，这便是太康、元康士人比较普遍的性格。

❶转引自《世说新语·品藻》注，见余嘉锡笺注本，中华书局版，第530页.

三、潘岳、陆机、左思

“二十四友”中，对后世文学产生影响者主要有潘岳、陆机、左思和刘琨四人，文学史上论述西晋前期文学时常用“三张二陆两潘一左”来概括。“二陆”便指陆机、陆云兄弟，“两潘”指潘岳、潘尼兄弟，“一左”即左思。下面，我们便将这三人的生活际遇作一大体扫描。

潘岳（247~300年），在前文对其生平有过大致介绍，此处不再浪费笔墨。潘岳在政治品格上很不足取，属于浮竞之士。但若从文学方面看，他倒有一定的才气。潘岳是美男子，《世说新语·容止》篇说：

潘岳有姿容，好神情。少时挟弹出洛阳道，妇人遇者，莫不连手共萦之。左太冲绝丑，亦复效岳遨游，于是群妪齐共乱唾之，委顿而返。

潘岳的悼亡诗写得最好，对后世影响颇大。其《悼亡诗三首》其一说：“望庐思其人，入室想所历。帏屏无仿佛，翰墨有遗迹。流芳未及歇，遗挂犹在壁。怅恍如或存，回遑忡惊惕。如彼翰林鸟，双栖一朝只。如彼游川鱼，比目中路析。”[1]感情很真挚。

陆机是东吴士族，出身显贵，《晋书·陆机传》曰：

陆机字士衡，吴郡人也。祖逊，吴丞相，父抗，吴大司马。机身长七尺，其声如雷。少有异才，文章冠世。服膺儒术，非礼不动。抗卒，领父兵为牙门将。年二十而吴灭。退居旧里，闭门勤学积有十年。[2]

他正当弱冠之时，东吴被灭，政治前途黯淡，于是便回乡隐居，苦读诗书，是个儒雅君子。为了实现大志，便和弟弟陆云共同来到洛阳，先拜见名士张华，张华对他极其重视，大加赞美。但在整个名士圈子里，他们兄弟依然不被重视，有时甚至受到奚落或挑衅。陆机本传记载：

范阳卢志于众中问机曰：“陆逊、陆抗，于君近远？”机曰：“如君于卢毓、卢珽。”志默然。既起，云曰：“殊邦遐远，容不相悉，何至于此？”机曰：“我父祖名播四海，宁不知也？”[3]

---

[1] 均见逯钦立：《先秦汉魏晋南北朝诗》上册晋诗卷四中华书局版，第635页.

[2]《晋书·陆机传》卷五四，上海古籍出版社、上海书店《二十五史》缩印本第2册，第1414页.

[3]《晋书·陆机传》卷五四，上海古籍出版社、上海书店《二十五史》缩印本第2册，第1415页.

当着陆机兄弟的面，点名道姓问祖父和父亲与本人的关系，如果真不知道，情有可原，不知者不怪，如果明明知道尚且如此，等于骂人。陆机是以其人之道还治其人之身，用问者的祖父和父亲的名讳答复对方，使对方哑口无言。此事可见陆机兄弟初到中原时不为人所重视的情况。俗话说“黄土地的蝲蝲蛄到黑土地拱不动”，便是说一种动物只适应自己生活过的环境，换个环境便会带来许多麻烦。黑土地本来没有黄土地硬，但适应黄土地的蝲蝲蛄到黑土地一样吃不开。陆机兄弟在江南是赫赫有名的大氏族，但到中原则没有那种社会地位了。

一段时间里，陆机感到很寂寞，又经常没有家书，于是便发生了下面的故事：

初，机有骏犬，名曰黄耳，甚爱之。既而羁寓京师，久无家问，笑与犬曰：“我家绝无书信，汝能赍书取消息不？”犬摇尾作声。机乃为书以竹筒盛之而系于其颈，犬寻路南走，遂至其家，得报还洛。其后因以为常。时中国多难，顾荣、戴若思咸劝机还吴，机负其才望，而志匡世难，故不从。[1]

其实，如果如此寂寞思乡，顾荣等江南老朋友又劝他早点抽身退出是非场，陆机本该激流勇退，早点出局。但他因自负有才能，想要象祖父那样匡救时艰，故迟迟不能退出混乱至极的政局。由于张华的推荐，陆机被杨骏提拔，后来，杨骏被贾南风杀害，他又投靠贾谧，成为贾谧的座上宾。而在赵王司马伦要除掉贾谧的时候，陆机背叛贾谧，成为司马伦的人。很快，司马伦被杀，陆机被捕，险些被杀，后遇赦出狱。

从陆机投靠的几个人来说，张华倒是正人君子，但提拔他的杨骏、重视他的贾谧、器重他的司马伦都是目光短浅的小人，陆机只是为了往上爬，便不择人，这无论如何也是不可取的，颇有政治投机的嫌疑。当他从监狱的大铁门中走出来，应该清醒了。但名令智昏，他转身就投靠成都王司马颖。

在“八王之乱”的过程中，陆机不顾谗言四起，还率兵参战，结果兄弟同时被冤杀。临死才明白，自己不该淌这股浑水，叹息道：“欲闻华亭鹤唳，可复得乎？”华亭是陆氏在吴国由拳县的一处别墅，其间景致优美，吴国灭亡之

---

[1]《晋书·陆机传》卷五四，上海古籍出版社、上海书店《二十五史》缩印本第2册，第1415页.

后，陆机兄弟二人在此生活十多年。“华亭鹤唳”也成为后世流传的成语。

陆机文才很好，最著名而且流传最久远的《文赋》，是他弱冠时所作，描述了文学创作构思到完成的全过程，是最早出现的创作论，而且用骈文写成，文笔精致，妙不可言。

左思出身低微，才华横溢。门阀士族制度和“九品中正制”的选官制度使他难以升迁。他的容貌比较丑陋，前文介绍潘岳时，左思是作为陪衬出现的。在重门第、重外表的时代，左思的怀才不遇是一种必然。这使他内心产生极其强烈的痛楚，对于这种不合理的社会现实，他表现了强烈的愤怒，前后写了八首咏史诗，在咏史诗领域有重要地位。

中国诗歌史上，写作第一首咏史诗的是班固，是咏缇萦救父的，但质木无文，且只咏史事。而左思的咏史诗中有强烈的抒情色彩，有对历史事件的评价，实际是利用历史抒发情怀，于是便开创“借史讽今”一途。他的咏史诗都很有名，今录下其一以供欣赏。

郁郁涧底松，离离山上苗。以彼径寸茎，荫此百尺条。世胄蹑高位，英俊沉下僚。地势使之然，由来非一朝。金张藉旧业，七叶珥汉貂。冯公岂不伟，白首不见招。❶

对黑暗的现实进行深刻的批判，蕴涵着愤懑不平之气。以后的咏史诗多取法于此。

❶逯钦立:《先秦汉魏晋南北朝诗》上册晋诗卷七，中华书局版，第733页.

“心远地自偏”的诗化人生

陶渊明在中国文学史上有突出的地位，成为后世文人最推崇的隐逸楷模。这不仅是由于他的诗文精彩，也不仅仅是由于他的隐士身份。诗文精彩的大有人在，隐士亦不乏其人，但没有一个人可以和他相提并论。更主要的原因是，他为后世文人提供了一种新的生活方式，成为一种崭新的人格范型。换言之，陶渊明经过痛苦的抉择，找到了自己在社会、自然中的合理位置，在出仕与归隐的两难选择中找到一条崭新的生活道路，并将这条道路诗意化了。人们在他的诗文中看到了大彻大悟后的人生真谛，看到了发自内心的愉悦。但我们必须看到，陶渊明的这种人生境界，是通过许多磨难历练出来的。

一、门第衰微的贵族

社会存在决定社会意识形态，社会意识形态决定生活在那个时代的社会成员的心理。陶渊明生活在门阀士族观念极强的时代，这对其性格的形成及人生道路的选定都产生了极为深刻的影响。

由于过分讲究门第，陶渊明既自豪而又自卑，造成一种复杂的双重性格。如果没有陶侃这样光彩的曾祖，陶渊明恐怕便只有自卑而没有自豪了；如果陶氏家族是王、谢那样的门阀贵族，陶渊明恐怕就不会有自卑而只是自豪了。这不得不追溯陶侃的历史功绩。

陶侃是庐江浔阳（今湖北黄梅西南）人，是东晋政权初建时的中流砥柱。陶侃字士行，少年好读书，有志节，但家境贫寒，父亲早亡，与寡母湛氏相依为命，以砍柴打猎捕鱼为生，十分拮据。母亲湛氏是位深明大义的女性，当一位地方官员听说陶侃才学人品出众而来他家作客时，湛氏剪掉自己长长的秀发换得几个大钱为之酤酒，杀掉唯一的一只母鸡为之做菜，烧掉床席和门叉做柴火，把客人招待得非常高兴。客心大悦，尤其是看到陶侃如此的家境，听说这顿饭菜的来历，更是大为感动。于是此人便极力推荐，使陶侃步入仕途。

晋和帝咸平三年(328年)，苏峻、祖约发动叛乱，形势万分危急。陶侃应朝廷之约，身为主帅，率领其他军队共同平定战乱。仗打得非常漂亮，使摇摇欲坠的东晋政权得以保全。其后出任太尉、侍中等职，都督荆、交八州军事，是有职有权，尤其是掌握重兵的实力派人物。后来被封为长沙公，并世袭其职，以表示对国家功臣的奖赏。一直到陶渊明在世时，这种世袭还在进行着。

这是陶氏家族的荣耀，也是陶渊明引以自豪的本钱。但陶侃的母亲是少数民族，父亲和祖上也不是什么名门望族，没几个读书的，也没有几个当大官的。与那些在中原时就是名门望族的门阀士族不同，人家都是多少代传递下来的。陶侃是凭他自己真刀真枪拼杀出来的地位，用我们现代时髦的话说，他属于政治暴发户，那些旧贵族很瞧不起他。

他的社会地位越高，那些旧贵族对他越瞧不起。但他有权，有兵权，那些王、谢、卫等大姓的人只能在背后说他是什么"溪狗"，只因为他母亲湛氏是溪族。这与今天骂人"杂种"类似，够挖苦人的，也挺无聊。但到陶侃后人的时候，人们便可以公开奚落了。《世说新语·文学》篇中记载道：

袁宏始作《东征赋》，都不道陶公。胡奴诱之狭室中，临以白刃，曰："先公勋业如是，君作《东征赋》，云：何相忽略？"宏窘蹙无计，便答："我大道公，何以云无？"因诵曰："精金百炼，在割能断。功则治人，职思靖乱。长沙之勋,为史所赞。”[1]

胡奴是陶侃的第十个儿子陶范的乳名。袁宏作《东征赋》而一个字不提陶侃,实在不正常,可见其对陶侃的轻蔑。陶侃的儿子陶范将袁宏引诱到一个狭小的屋子里,用刀逼着袁宏斥问为何这样做。袁宏见事情紧迫,才急中生智补充了那几句。一个功高盖世的前辈元勋,要依靠自己的儿子用刀逼着才被写进赋中,真够滑稽的了。

还有一件同样滑稽的事,更能说明时人顽固的门阀士族观念和对陶氏家族的轻视,也更伤人的自尊心。王胡之在东山居住时很穷,当时任乌程县令的陶范派人送去一船米。王胡之坚决不肯收,而且非常直白地对来人说:“王修龄如果饥饿,自当去向谢仁祖索要粮米,不需要陶胡奴的米!”[2]据史料载,陶范是个品行很好的人,王胡之这样对待他,恐怕还是轻视其出身的缘故。主动雪中送炭都被拒,太没有面子了。可以设想,陶范在当时一定是很尴尬的。

对于这两件事,余嘉锡先生分析说:“观《方正篇》载王胡之却陶胡奴送米,厌恶之情可见。非必胡奴之为人得罪于清议也。直以其家,出自寒门,摈之必以为气类,以示流品之严而已。宏之不道陶公,亦犹是耳。”[3]

陶范是陶渊明的爷爷辈,距离陶侃在世的时间很近,尚且如此,到陶渊明时代可能更甚了。陶渊明是否被人骂过“溪狗”,是否给别人东西遭到拒绝不得而知,但陶氏家族在当时被社会轻视则是可以想象出来的。

这样,陶渊明有个辉煌一时的曾祖,可以使他扬眉吐气,使他有自豪的资本,也促使他要干一番大事业。但当时根深蒂固的门阀士族观念及大氏族对他家族的轻视,又使他产生一定的自卑心理。正是这种双重复杂的心理作用,才使他在仕途上瞻前顾后,徘徊犹豫,三进三退。

---

[1]余嘉锡:《世说新语疏笺》,中华书局1983年版,第274页.

[2]余嘉锡:《世说新语疏笺》,中华书局1983年版,第327页.

[3]余嘉锡:《世说新语疏笺》,中华书局1983年版,第275页.

二、出仕与归隐之间

义熙元年(405年)八月,陶渊明第三次出仕,任离浔阳不远的彭泽县令。但不到三个月时间,也就是在同年十一月,陶渊明便毅然决然地退出了官场,从此再也不肯踏入官场半步。他这次辞官,到底是因为什么?这是值得我们深思的。

陶渊明最后一次坚决辞职究竟是因为什么,大有探讨的必要。关于此事,沈约《宋书隐逸传》说:"郡遣督邮至,县吏白:'应束带见之'。潜叹曰:'我不能为五斗米折腰向乡里小人!'即日解印绶去职。"[1]萧统《陶渊明传》说:"岁终,会郡遣督邮至县,吏请曰:'应束带见之。'渊明叹曰:'我岂能为五斗米折腰向乡里小儿!'即日解绶去职。"[2]

按照陶渊明自己在《归去来兮辞》的说法,是因为嫁给程家的同父异母妹妹死才弃职归乡的。那么到底是哪种说法可信呢?我们不要拘泥于作者自己的话。仔细分析,他的这几句话只是托词,是写给当时人看的,以免于迫害。我们把上面的两种情况稍作分析,便可得出接近于实际的推论。

沈约的《隐逸传》和萧统的本传所记大同小异。最起码有如下两点完全一样:第一,郡里的督邮到县里来视察或检查政务,是造成陶渊明此次辞职的直接原因;第二,属下提醒陶渊明要衣冠严整出去接待,陶渊明不愿意接待,而且还说了那句流传千古的话,当时便坚决辞职了。因此,陶渊明的辞职与督邮前来有直接的关系。

陶渊明说的那句话有两点必须注意:一是"五斗米",县令俸禄是20石,每石10斗,共2000斗,每年365天,平均每天5斗多米,实际就相当于我们现代所说的每天工资;二是"乡里小人"或"乡间小儿",均是轻蔑语气,从全句语气和意思看,这个"乡里小人"指的就是督邮。

这样一分析,我们便可理清当时的情况和陶渊明的心理。来的督邮是顶头上司,如果这名督邮是个不认识的人不会有什么问题,如果认识而且是个品行较好的人也不会有什么问题,但这个督邮恰恰是陶渊明的熟人,而且是

---

❶转引自王质等撰,许逸民校辑:《陶渊明年谱》,中华书局1986年版,第246页.

❷余嘉锡:《世说新语疏笺》,中华书局1983年版,第251页.

他最瞧不起的卑鄙龌龊的小人,很可能是个非常熟悉的同乡。于是陶渊明便处在非常尴尬的境地。如果不接待可能被撤职或受到其他处罚,如果接待就要施礼参拜。向一个自己最鄙视的小人施礼,以陶渊明那样高傲的性格怎么可能呢!从属下提醒的话来推测,陶渊明可能有过不想亲自接待的想法,但被否定了。向自己最鄙视的人低头,不要说陶渊明的性格,一般稍有骨气的人恐怕也不会这样做,那太损害自我人格了。而且通过这件事,陶渊明把官场的黑暗污浊和俗不可耐看透了。这样卑鄙龌龊的小人都能进入官场,而且还能爬到那么高的位置,官场岂不是太肮脏了吗?与其为伍都会感到耻辱,何况还要向其低头折腰!陶渊明当时一定感到官场肮脏、龌龊,因此才坚决离开,从此不再进入其中。这恐怕是陶渊明此次辞职和与官场彻底决裂的原因。

笔者曾经推测,这位督邮大概就是对着陶渊明来的,你不是瞧不起我吗?可是我官比你大,你就得向我敬礼。忽然想到当年宋国人曹商发达后乘坐豪华马车带着众多随从专门到原来的陋巷去奚落庄子,在庄子面前炫耀显摆,结果被庄子极其犀利地嘲讽一阵,讨个没趣灰溜溜走了。曹商便有点像那个督邮,而陶渊明则有点像当年的庄子。陶渊明干脆连面都没有见就潇洒地辞职归隐了。

至于程氏妹妹之事,只能是个借口。何以言之?仔细读《归去来兮辞》正文即可体会出这层意思来。该文抒发作者回归自然的愉悦情怀,情调欢快,没有丝毫悲伤,一个字也没有提到妹妹。而且如果是因为妹妹死急于奔丧的话,他应当直接去武昌而不应当回家。因此,可以很肯定地说,陶渊明的辞职,是因为前者而非后者。

三、种豆南山下

陶渊明归隐之后的生活境况如何呢?从《归园田居》"田宅几十亩,草屋八九间"的诗句看,只是个稍微富裕一点的农民。有人说他是小地主,恐怕未必。以如此微薄的家产,不必说奢侈,恐怕连比较体面的生活都无法维持。这样，陶渊明便不得不亲自参加一些生产劳动，有诗为证：

种豆南山下，草盛豆苗稀。晨兴理荒秽，带月荷锄归。路狭草木长，夕露沾我衣。衣沾不足惜，但愿誓无违。(《归园田居》之三)

陶渊明擅长读书，但不会种地。笔者从事农业生产多年，对此诗有特殊的感受。豆地是最难铲的，因为豆苗很嫩，尤其是根部，锄头稍微一碰就断了。因此铲豆地时，经常要弯腰用手来拔豆苗之间的草。陶渊明的这块豆地居然草茂盛而豆苗稀少，就更增加了难度。可以想象，当时的劳动强度是相当大的，早晨起来，一直干到夜晚下露水后才回家。去农田的小路一般都很窄，仲夏时路边的草木都已很茂盛，把路封上。当夜晚露水下来后，从其间走过，则会一直湿到大腿根。而如果露水已如此浓重，时间恐怕最早也是晚上八点以后了。一天下来，肯定腰酸腿乏，极其疲倦。一个读书人，还有机会出去当官，却偏要干这种活，而且还表示“但愿誓无违”，真够可以的了。

光是累还可以克服，但贫穷的困扰更令人难以忍受。陶渊明44岁时，家中着了一场大火。火势很猛，《戊申岁六月中遇火》诗写到当时的情形是：

草庐寄穷巷，甘以辞华轩。正夏长风急，林室顿烧燔。一宅无遗宇，舫舟荫门前。

俗语说：“火烧当时穷。”古时普通民居都是草木结构，最怕火灾。大火烧毁了陶渊明的全部家当，全家暂时住到一条船上，窘迫之情可以想象。笔者年轻很贫穷时也曾遭遇过火灾，那种情形和心境真是难以言表。但即使这样，依然没有动摇诗人隐居的信念。

50岁以后的陶渊明生活日益贫穷，已经到衣食不充的程度。他在《怨诗楚调示庞主簿邓治中》诗中倾诉了自己的苦难：

天道幽且远，鬼神茫昧然。结发念善事，僶俛六九年。弱冠逢事阻，始室丧其偏。炎火屡焚如，螟蜮肆中田。风雨纵横至，收敛不盈廛。夏日长抱饥，寒夜无被眠。造夕思鸡鸣，及晨愿乌迁。❶

自然灾害严重，旱、涝、虫等各种灾害经常疟害庄田，收成很少。生活陷入贫困的境地。夏日天长，怕挨饿；冬季夜长而寒冷，又怕挨冻。而这两种

❶逯钦立：《先秦汉魏晋南北朝诗》中册晋诗卷十六，中华书局版，第976页.

苦难都被诗人深深体会到了。到晚上盼望天快点亮，因为夜长少柴被薄而寒冷；刚刚熬到天亮，又盼望天快点黑，因为白天时间长，饥饿的感觉太煎熬人。白天黑夜均如此，可见诗人的困苦忧愁是全天候的，其窘迫饥寒的境况令人鼻酸。

《乞食》诗写得更生动真切：

饥来驱我去，不知竟何之。行行至斯里，叩门拙言辞。主人解余意，遗赠岂虚来。谈谐终日夕，觞至辄倾杯。情欣新知欢，言咏遂赋诗。感子漂母惠，愧我非韩才。衔戢知何谢，冥报以相贻。❶

饿得难以忍受，便出去想要点饭吃，但非常为难，不知道往哪里去。敲门时更不好意思，可以想象当时的尴尬与羞愧之情。

四、支撑精神的三股力量

如此困苦，陶渊明依然没有动摇隐居的决心，没有向世俗妥协，没有重回官场的念头，是什么力量支撑着他呢？从诗文中可以推测出来，共有三种精神力量支撑着他的精神世界，使他牢固地守卫着自己的精神家园。

首先，是邻居淳朴真诚的友情使他感受到一些人间的温暖。陶渊明虽然在官场不得意，但与农民相处却颇为融洽。他在诗中多次抒写这种情感。《移居》二首写道：

昔欲居南村，非为卜其宅。闻多素心人，乐与数晨夕。怀此颇有年，今日从兹役。弊庐何必广，取足蔽床席。邻曲时时来，抗言谈在昔。奇文共欣赏，疑义相与析。

春秋多佳日，登高赋新诗。过门更相呼，有酒斟酌之。农务各自归，闲暇辄相思。相思则披衣，言笑无厌时。衣食当须纪，力耕不吾欺。❷

选择住处便是因为邻居好。看来这些邻居不但人品好，可以以诚相处，而且都有一定的文化修养，因为和文盲是无法“奇文共欣赏，疑义相与析”

❶逯钦立：《先秦汉魏晋南北朝诗》中册晋诗卷十七，中华书局版，第992~993页.

❷逯钦立：《先秦汉魏晋南北朝诗》中册晋诗卷十七，中华书局版，第993~994页.

的，这不能不说是一种幸福。这使我想到苏东坡在48岁时去金陵半山园拜访已经退休多年的老宰相王安石时，便想买块地皮盖个茅屋和王安石为邻居，虽然最后没有成功，但其热切的心理是很感人的。陶渊明的两首诗作充满了欢欣和愉悦，完全可以减轻他由贫困带来的忧伤。

其次，是从古代安贫乐道的贤人那里汲取安慰，以此来减缓贫穷的痛苦。陶渊明暮年所作的《咏贫士》七首便属于这种心理的折射。其二中“何以慰我怀，赖古多此贤”明确地表达了这种情怀。其三说：

荣叟老带索，欣然方弹琴。原生纳决履，清歌畅商音。重华去我久，贫士世相寻。弊襟不掩肘，藜羹常乏斟。岂忘袭轻裘，苟得非所钦。赐也徒能辨，乃不见吾心。❶

以孔子弟子原宪为楷模，表示虽然也希望富贵，但苟且得到的财富不是自己所钦佩的。另外几首诗中把卧雪的袁安，死后连遮蔽身体的被都没有的黔娄、仲蔚、黄子廉等名士都请出来，说明古来圣贤多贫贱的道理。古人都如此，自己贫穷点又有什么呢？虽然诗人有过激烈的思想斗争，“贫富常交战”，但“道胜无戚颜”，是儒家之道使他在精神上战胜了贫穷。而“朝与仁义生，夕死复何求”简直就是孔子“朝闻道，夕死可矣”的诗歌化。因此我们有理由说，陶渊明思想中，儒家的成分还是主要的。

再次，陶渊明通过联想，以自然界中高洁的事物来自我暗喻，从而达到自我肯定的目的。陶渊明特别喜欢青松和秋菊，诗中多次吟咏到松和菊的意象。“青松在东园，众草没其姿，凝霜殄异类，卓然见高枝。”（《饮酒》）“芳菊开林耀，青松冠岩列。怀此贞秀姿，卓为霜下杰。”（《和郭主簿》）这两句都是赞美松菊能够在极其恶劣的环境下傲然生长的顽强坚韧。

❶逯钦立:《先秦汉魏晋南北朝诗》中册晋诗卷十七，中华书局版，第1008页.

隋代大儒王通与他的弟弟

太原王家一直是魏晋南北朝时的大士族，到唐代依然被列为“五大姓”之一。确实，太原王家出现过许多杰出人物，隋唐相交之际的王通、王绩便在各自领域取得了非凡的成就。

一、隋代大儒王通

北周武帝建德六年，北周军队攻破北齐的首都——邺城。首先入城的诸将都争先恐后地去抢夺皇宫里的奇珍异宝，但其中一位要人并没有去，而是到图书馆和其他藏书之所挑选了许多书籍用车拉回来。此人姓王名一，当时被封为安康献公，是前驱大总管。这种做法尽管招到一些“近视眼”者的白眼，但王一却心满意足。仅从这一点来看，便可知道此人是个眼光远大的智者。

果然，在数十年后，这些书中的丰富营养便哺育出两个文化精英——王一的两个孙子，隋代大儒王通和初唐大诗人王绩。

王通是隋代最大的儒家学者，在中国儒学发展史上有重要地位。他不但是个了不起的大学者，而且是位洞察时局、具有先见之明的智者。“初唐四杰”中年寿最短，只活了27岁，但文学成就却很高的王勃便是王通的孙子。

王通，字仲淹，绛州龙门（今山西河津）人。隋文帝杨坚执政时，因刚刚结束几百年南北分裂的局面，国家重新统一，没有了大规模的战争，经济迅速发展，出现欣欣向荣的景象。许多人被表面的太平盛世所迷惑，沾沾自喜。王通刚过弱冠之年，西游长安，在京师逗留一段时间，发现朝廷政治的许多弊端，于是满怀忠心向朝廷献《太平十二策》，所言均是当时政治要务，都是应当及早解决的大问题。

书上之后，如泥牛入海，毫无声息。因为他的奏疏切中时弊，为当政者所忌，所以根本不可能被采纳。王通深深察觉到政治上存在危机，国家虽然表面上太平强大，但骨子里已经出现致命的病兆，当政者讳病忌医，天下不会长治久安，不出20年必定大乱。参与这样的政权建设，不会有好结果。于是便回到故乡，采取孔子的办法：开馆授徒，招收学生，培养人才。一旦天下大乱，这些精英便会承担起拯救黎民，重整山河的历史重担。

王通确实有学问，而且能够理论联系实际，不是空头理论家，故天下英才纷纷投奔到他的门下。他名声大振，成为蜚声南北的大学者。隋炀帝谋得帝位后，也想笼络人心，装潢门面，几次以高官厚禄请他出山，都被他以种种理由婉言拒绝。他专心治学授徒，仿《春秋》而作《玄经》，仿《论语》而作《中说》。门下高徒云集，初唐最著名的几位政治家房玄龄、杜如晦、魏征都出自他的门下。可以这样说，王通预料到隋朝不会久长，便罄尽心血为之准备好掘墓之人。

王通传授的是儒家之道，自己奉行的也是儒家之道，他要求弟子积极入世，以天下为己任。但亲弟弟王绩却不听他那一套，走的人生道路与他迥然不同。关于王通的性格和具体的生活状态，因为史料匮乏而难以考知。但王绩的材料却足以使我们看清他的面貌。

二、初唐重要诗人王绩

俗语云“一母生九子，九子还个别”，是说同一个母亲生的儿子人品性格也不一样，王通和王绩兄弟俩便可说明这一点。同样是爷爷拿回的书，同样是一对父母所生，同样是一个老师所教，但两个人的爱好性情都不一样。王通喜欢《论语》《孟子》《左传》等儒家经典和《史记》等历史著作，而王绩则喜欢《老子》《庄子》《列子》《周易》等书。

喜欢阅读不同的书籍，使兄弟二人在人生理想方面产生很大差异。王绩受道家思想影响较深，对于纷乱至极的社会很失望，于是便产生消极回避的人生态度，对于政治很冷漠。庄子《逍遥游》中有“神人无功”的话，王绩便给自己的字定为“无功”。

王通是大学者，当然知道“无功”二字的来历和含义，便对王绩道：“字，朋友之职也，‘神人无功，非尔所宜也’。”（《中说·礼乐篇》）王绩当时的反应如何今日不得而知，但没有采纳王通的意见是可以肯定的，因为王绩最后还是以“无功”为其字。

王绩没有采纳兄长的意见，坚持自己的人生道路，而且越走越远。后来，他仿造陶渊明的《五柳先生传》创作一篇《五斗先生传》，极力赞美酒的功德而不提仁义二字。文中写道：“生何为养，而嵇康著论；途何为穷，而阮籍恸哭？故昏昏默，圣人之所居也。”意谓：人的生命是没有办法保养而使之久长的，那么嵇康何必研究什么养生术，写作什么《养生论》的书？而道路怎么会穷尽呢，阮籍又何必恸哭？这些都是人自己找的痛苦，如果整天在酒乡里晕晕乎乎，迷迷糊糊，悠悠忽忽，对待世间之事马马虎虎，还会有什么痛苦？

这种人生态度与王通大力宣传儒道，弘扬仁义道德以拯救民生的主张背道而驰，因此王通对他的这篇文章非常不满意，曾很严肃地批评王绩道：“汝忘天下乎？纵心败矩，吾不与也。”（《中说·事君篇》）意思是说：“你忘记天下了吗？放纵自己的心志而败坏规矩，我不赞成你的这种提法，也不同意你的这种做法。”

王绩当时的反应我们依然不得而知，但有一点是肯定的，即王绩并没有采纳兄长的意见，而是我行我素。你教你的书，我喝我的酒；你宣传你的仁义道德，我实行我的自然无为。那么，王绩真的就那么飘飘然而遗忘世情吗？真的没有精神痛苦吗？非也。他与兄长王通的差异只是所选择的人生道路不同，而对于纷乱如麻的世道深恶痛绝却是相同的。

三、相逢一醉饱

对于到处是机关陷阱的官场，王绩厌烦极了；对于人际关系中的尔虞我诈，王绩讨厌极了，于是他首先找到了酒。我们看他对酒是怎样的钟情吧。

唐朝建立之初，王绩以隋代旧官六合丞的身份在门下省待诏，当时叫做“待诏门下”。有人问他做待诏有什么乐趣，他回答道：“只有那三升好酒让我割舍不下。可惜少一点，不够我喝。”于是有司便特意批准给他增加到一斗酒。很快，他便以“斗酒学士”的雅号而名满京师。

王绩不仅好喝酒，而且有喝酒的天赋，酒量很大。《东皋子集序》说他“饮酒至数斗不醉”，他还经常说“恨不逢刘伶，与闭户轰饮”。他是初唐著名诗人，如此好酒，对于饮酒自然有独特的感受，因此酒便成为他诗歌中经常出现的意象。从他的诗中，我们确实可以感受到王绩的酒有时喝得很轻松、很幸福、很有诗意。

《春晚园林》诗中说：“老妻能劝酒，少子解弹琴。落花随处下，春鸟自须吟。兀然成一醉，谁知怀抱深？”[1]

花香鸟语中，妻子在旁边欣赏，劝他饮酒，而小儿子已经学会弹琴，在旁边弹琴助兴，酒香中包含着妻子的理解，包含着儿子的尊敬，这种洋溢着亲情的美酒怎不令人心醉？

但王绩的饮酒并不都这么富有诗意，他传世的诗歌中几乎有一半写到酒，从诗中可以看到他嗜酒的程度，下面几首诗便可作证明：

阮籍生涯懒，嵇康意气疏。相逢一醉饱，独坐数行书。（《田家三首》其一）

浮生知几日，无状逐空名。不如多酿酒，时向竹林倾。（《独酌》）

此日长昏饮，非关养性灵。眼看人尽醉，何忍独为醒？（《过酒家五首》其二）

对酒但知饮，逢人莫强牵。倚垆便得睡，横瓮足堪眠。（《过酒家五首》其四）

阮籍醒时少，陶潜醉日多。百年何足度，乘兴且长歌。（《醉后》）

昨夜瓶始尽，今朝瓮即开。梦中占梦罢，还向酒家来。（《酒店题壁》）

旦逐刘伶去，宵随毕卓眠。不应长卖卜，须得杖头钱。（《题酒店壁》）

平生唯酒乐，作性不能无。朝朝访乡里，夜夜遣人酤。家贫留客久，不暇道精粗。抽帘持益炬，拔箦更燃炉。恒闻饮不足，何见有残壶。（《田家乐》其三）

可见王绩几乎每天都喝酒，阮籍、陶渊明、刘伶、毕卓，只要是古代喝酒

---

[1]《增订注释全唐诗》卷二四，文化艺术出版社2000年版，以下所引王绩诗均出此书卷二四，二五，只注篇名.

喝出点名堂的人都被他拉来作他喝酒的理由。“眼看人尽醉，何忍独为醒？”两句理由更充分，全天下的人都醉了，自己怎么忍心独自清醒？这里的醉指的不是狭义上的酒醉，而是指心醉，指人们对于政治黑暗，道德虚伪的麻木不仁，熟视无睹。举世尽醉我独醒，可能是最痛苦的，这便是屈原投江的原因。王绩不愿意像屈原那样投江，所以来个以毒攻毒的办法，既然举世尽醉，我也醉吧！其内心深刻的隐痛可以感知。这种感受上接战国的屈原，下开盛唐的李白，在诗酒文化历史上当作如是观。

四、田园与琴

在酒之外，王绩寻找到的另一处精神家园便是自然。社会政治昏暗混乱，官场腐败透顶，人情虚伪不堪，只有大自然的山山水水是真实的。于是王绩作为一个诗人便把自己的目光投向了这片净土，在山清水绿，鸟语花香中来使自己疲惫的心灵获得暂时的喘息的机会，为在人世间焦躁不安的灵魂找到一个临时休憩的家园。如果我们仔细阅读品味王绩的诗作，便可知道他最欣赏的古代诗人是阮籍和陶渊明二人。

王绩之所以特别欣赏阮籍和陶渊明，当然有酒的因素，但更主要的是在人生道路的选择以及个人际遇与性格的相近上。阮籍以醉酒的方式来逃避现实，王绩未尝不如此；陶渊明以隐居田园的方式来对抗龌龊的官场，王绩也如此。陶渊明以高傲的眼神向官场投去轻蔑的一瞥，挂冠归隐，高吟归去来兮，何其潇洒；而王绩在隋代时曾任六合县丞，因为饮酒经常受到批评弹劾，于是也毅然辞职。其实都是因为官场黑暗、卑鄙、龌龊、庸俗而感到厌烦，并不是二人的能力不够。回到田园之后，王绩也写下多首田园诗，最著名的便是诸多选本都录的《野望》：

东皋薄暮望，徙倚欲何依。树树皆秋色，山山唯落晖。牧人驱犊返，猎马带禽归。相顾无相识，长歌怀采薇。[1]

---

[1]《增订注释全唐诗》卷二四，文化艺术出版社2000年版，以下所引王绩诗均出此书卷二四，二五，只注篇名，第202页.

东皋是王绩隐居之地的地名，他以此作为自己的号“东皋子”。诗中描绘出乡村生活的恬静和谐，一切都在自生自长，没有机关陷阱，没有坑蒙拐骗，人与自然一片和谐。在这种环境中，诗人依旧感到寂寞，因为没有知心朋友可以相互交流，抵掌而谈，共同探讨人生的意义与宇宙的奥秘。缺少知音是王绩内心深处痛苦的根源。

王绩也很爱好音乐，喜欢弹琴，诗中写到弹琴的地方很多。《古意六首》(其一)中说：“幽人在何所，紫岩有仙躅。月下横宝琴，此外将安欲？……世无钟子期，谁知心所属？”《山中叙志》说：“风鸣静夜琴，月照芳春酒。”《北山》说：“幽兰独夜清琴曲，桂树凌云浊酒杯。”《山夜调琴》说：“促轸乘明月，抽弦对白云。从来山水韵，不使俗人闻。”《郊园》诗说：“汾川胜地，姑射名辰。月照山客，风吹俗人。琴声送冷，酒气迎春。闭门常乐，何须四邻？”[1]

可以看出，王绩诗中第二多的意象就是琴，而且经常与酒对举，是他排遣愁肠的两种妙物。他弹琴的水平很高，对音乐意境的领悟也很高明。这恐怕也是他钟情于阮籍和陶渊明的另一原因。

阮籍的业余生活也是一酒二琴，而且在寂寞或忧伤时也经常独奏一曲。“夜中不能寐，起坐弹鸣琴。”陶渊明的弹琴技巧可能是最高的，是任何琴师都无法比拟的，因为他的琴上不设置琴弦，没有弦当然也就不可能弹奏出自然的声音。而他老先生会弹，在弹奏的时候，常常是双手抚琴，感情极其投入，仰望飞鸿，那美妙的韵律在他的心中荡漾，而其他人却什么也听不到，当然也无法演奏欣赏他的琴曲。

虽然水平或欣赏的角度不同，但三人都爱琴是一致的。阮籍的琴声太忧伤，陶渊明的琴声太玄远，而王绩的琴声则是以世俗生活为其底蕴而高于世俗生活的高雅之音。因为他的晚年已经赶上了大唐盛世的开端，感受到人类春天的气息。当我们用心灵深处来聆听这三位古代文人的琴声时，便会领悟到时代与人文的密切关系。

---

[1]以上诸诗均见《增订注释全唐诗》卷二四、二五.

盛唐三大诗人王维、李白、杜甫比较谈

盛唐是我国封建社会的黄金时期，是漫长封建社会发展的最顶峰。这一时期，政治清平、经济繁荣、国富民强、斗米五钱。从京师长安出发，到广州去，行程八千里，即使没有盘缠，不带兵刃，也可顺利安全到达。在国际上，李唐王朝也处在政治核心位置，八方来拜，万国来朝。思想文化方面，极其自由，文人们可以自由歌唱，不必担心发生什么“文字狱”。正因为这样的社会环境，才使生活在这一时代的诗人们放开喉咙引吭高歌，诗坛上出现了“百花齐放，百家争鸣”的繁荣局面。群星璀璨，高手云集，在数以百计的歌手中，脱颖而出高标千古者是盛唐三大诗人——“诗佛”王维、“诗仙”李白和“诗圣”杜甫。

就三人而言，王维是最早登上盛唐诗坛的。他在开元初期便崭露头角，出入于王公贵族之门，以自己杰出的艺术才能挤进上流社会的圈子。京师及宫中到处传唱他的诗歌。李白是在开元十四年才从四川出来，走向中原，而其诗歌产生影响是在开元十七八年以后。杜甫因为比他们二人年龄小十多岁，则是在天宝初期才开始在诗坛上出现身影，在当时影响并不大。因此，我们便以三大诗人出场顺序来写。

一、“诗佛”王维

王维不到十岁便死了父亲，振兴家庭支撑门面的担子过早地压在肩上，促使他早熟。据两唐书本传和《唐才子传》载，王维在15岁时便带着大弟弟王缙到两京游历，结交权门，深受诸王和公主的欢迎与器重。王维的艺术天赋非常全面，他不但是诗坛高手，而且是画国巨匠，乐苑大师。他便是凭借这三方面的艺术才能打入上层社会的。

先说音乐。开元八年秋，在参加京兆府试之前，王维遇到点麻烦。他听说有位贵公主已经推荐别人为“解头”，即府试第一名。解头考中进士的概率几乎是百分之百，中状元的机会也很高。王维这一年22岁，年轻气盛，本来想要考取此年解头，没有想到会出现这种情况，便去找非常器重他的岐王李隆范商量。李隆范给他出了个主意，王维遵计而行。

这一天，岐王将王维打扮成一位乐师，随着乐队来到那位贵公主家。因为岐王猜到贵公主是谁，知道其爱好音乐，特别痴迷琵琶，于是便提议由王维为这位公主独奏一支新创作的琵琶曲。

王维出神入化的演奏，使贵公主大为惊奇，问是何曲。王维回答是自己创作的《郁轮袍》。此时岐王趁机向公主推荐王维的诗。王维从怀中拿出事前准备好的书写工整的一卷诗奉上。公主尚未看完，便吃惊地说：“这些诗都是我经常背诵品味的，原来以为出自前人之手，或是老诗人所作，真没想到是这么年轻诗人的作品。如此大才，怎么可以与伶人在一起，赶快请上贵宾席。”

谈话间，贵公主知道了岐王和王维的来意，明确告诉他们，另外的人不是她推荐的，她愿意和岐王一起推荐王维为解头。

皇帝的弟弟和贵公主同时推荐一个人，什么主考官也要给面子，于是这年王维便以解头荣登府试榜首。在来年的进士考试中蟾宫折桂，成为状元。这一年是开元九年，王维23岁。正是他精湛的琵琶绝技，才给他带来如此好运。

这位贵公主的身份历来说法不一。共有三种，一是天平公主，二是玉真公主，三是睿宗皇帝宠爱的九仙媛，在玄宗朝颇受尊重，有权有势。笔者以前认为是玉真公主，但看过李剑国先生的考证文章后，觉得是九仙媛才最为合适。但绝对不是天平公主，因为这时天平公主已经去世多年了。

王维的画在当世也是首屈一指，只从一件事便可看出这一点。李林甫在其权势极盛之时，修建一个厅堂，其中有三面墙壁，请当时三位国手画壁画。两边请的分别是郑虔和吴道子，而中间请的便是王维。李林甫也算是个画家，虽然进不了一流，可起码也是入流的。由此可见王维在当时画坛的突出地位。

王维进士及第后，被任命为大乐丞，仕途比较顺利。可天有不测风云，几个月后，即开元九年秋天，王维便因为"伶人舞黄狮子"之事被贬出朝廷，到遥远的济州去当司仓参军。至于王维这次遭受打击的原因，并不是他本人的过错，主要是受宫廷内部斗争的牵连，"城门失火，殃及池鱼"，是唐明皇李隆基开始猜忌防备他的哥哥和弟弟，而王维与诸王关系都很密切，便借故将王维赶出了京师。

王维在济州任职约五年时间，大约在开元十四年秋天离开那里。直到开元二十一年张九龄当丞相后才把他提拔起来。三年后，李林甫排挤掉张九龄并取而代之，唐朝政治由开明转向黑暗。王维从此便开始消极起来，采取"无可无不可"的处世哲学，万事不关心，既不与邪恶势力同流合污，也不与之作坚决的斗争。李林甫、杨国忠之流对王维也采取"无可无不可"的态度，既不提拔重用，也不打击，双方是井水不犯河水。

"安史之乱"中王维遭受到第二次打击，他被叛军投入大牢，蹲了十个月的小号，后来由于极特殊的情况而被迫受伪职。"安史之乱"平定后，王维虽未像其他出任伪职官员那样受到严厉的处罚，但他内心也常常产生愧疚之情，一直到死。王维在政治上没有什么作为，但在艺术领域却取得了极其辉煌的成就。

王维的诗歌大家都很熟悉，此处不多介绍。我曾经说过，如果我们遴选10首传唱最广泛，流传最久远的唐诗的话，王维最起码有三首入围。抒发亲情的《九月九日忆山东兄弟》，"每逢佳节倍思亲"的真情超越时空，引发古今中外所有人的共鸣，以至于"在庆祝1990年法国国庆节的日子里，巴黎又推出了一个独特的节目，即在市中心的多幢高楼大厦的外墙上，用激光投影出多首中国古典诗歌，其中惹人注目的便是王维的名作："独在异乡为异客，每逢佳节倍思亲。遥知兄弟登高处，遍插茱萸少一人。"❶

表现爱情的《相思》同样获得人们的喜爱，直到今天，还经常出现在影视作品或年轻人的情书中。而表达友情的《送元二使安西》自从诞生以来，便开始被人传唱，成为送别时必有的节目，唐诗宋词中经常可以听到《阳关三叠》的美妙乐曲。

王维的画是第一流的，音乐是第一流的，他将这两种修养都潜移默化地融入诗作之中，使其诗充满诗情画意，音韵和谐流畅，而他参禅悟道的佛学修养又妙和无垠地融入诗歌的意境当中，使他的诗艺术上炉火纯青，意境上玲珑剔透、精美纯熟、一片化机，给人以极高的审美享受，与李白、杜甫共同为后世提供了宝贵的创作范型。

唐代诗人中，唐诗意境最符合佛教所追求的最高境界者莫过于王维，因此人们便送给他"诗佛"的雅号。

二、"诗仙"李白

李白是具有传奇色彩的神秘人物，首先他的身世便令人猜测不已。他到底是在哪里出生的，身世到底如何，直到今天还有许多疑问。有文章将李白身世列出九说，我们当然没有必要参与这种考证。只是从大的方面把这位蔑视千古的大诗人描画一下。

李白的生活道路与其他唐代诗人都不一样，他不屑于按部就班，从不参加任何形式的考试，更不参加科举。因此他没有及第的光荣，当然也就没有落第的痛苦。他又不想通过参军而出仕，也没有先人的余荫，要想步入仕途便非常困难。但李白依然想当官，而且欲望很迫切，也非常自信。他以昂扬的精神状态从四川出来，走向中原，走向长安，走向最高权力的中枢。

李白要通过自己的诗歌创造知名度，使天下人都知道他是个超一流的大

❶王丽娜：《王维诗歌在海外》，引自《王维研究》第一辑，中国工人出版社1992年版，第362页.

诗人，而且是诸葛亮、张良、谢安那样的宰相之器。直到连皇帝都知道，并将自己招到朝廷，委以重任。于是自己施展才能，使天下大治，海县清一，成为万民拥戴的功臣，深受皇帝的器重。这时候，便激流勇退，像范蠡和张良那样飘泊五湖。那该是多么充实而又浪漫的人生。这是李白为自己设计的理想的人生道路。李白真有本事，他的第一个愿望真的实现了。

天宝元年秋天，唐玄宗专门发特诏召李白进京。李白当时42岁，依然是个白身。但皇帝居然知道他的诗名，而且还真的专门发文件请他，可见其影响绝非一般。因此，李白特别兴奋，“仰天大笑出门去，我辈岂是蓬蒿人。”（《南陵别儿童入京》）我李白本来就不是沦落草莽的凡夫俗子吗！看，天子亲自请我了。

到长安后，开始时李白很受宠爱，唐玄宗曾亲自用羹匙给李白往饭碗里舀了一羹匙菜，那可是御赐的菜，其他大臣很难有这种待遇。李白也确实很兴奋。走到半路遇到朋友就说：“逢君奏明主，他日共翻飞。”（《温泉侍从归逢故人》）想推荐朋友也到朝廷来做官。

但李白想得太简单了。过了一段时间，他发现皇帝对自己并不器重，自己的官职是翰林供奉，并没有任何实权，只是花瓶、摆设，是供皇帝消愁解闷的杂耍。皇帝出游了，接待外宾了，把他叫去，作一首诗装潢门面。这些他还没有感到什么。有时皇帝带着杨贵妃去玩，高兴了也把他叫去作诗，而且还必须随叫随到。

有一次，唐玄宗陪同杨贵妃到兴庆池东沉香亭前去欣赏红、紫、浅红、通白四种绝品牡丹，花正盛开，月光皎洁，明月之下，美人赏美花，双美并至，唐玄宗兴致大发，传令李白前来写诗助兴。

李白刚刚喝完闷酒休息，听说传唤，心里老大不高兴，也不敢不来。当即即兴创作三首《清平调》，“云想衣裳花想容”便是这时写出来的名句。李白对于自己的这种地位颇为不满，工作态度也不积极了，有时还发一发牢骚。

李白本来是个很高傲的人，平交王侯，傲视权贵，也不屑于巴结唐玄宗身旁的人，如李林甫、杨国忠、高力士等人。因此遭到这些人的谗毁，唐玄宗开始冷淡他。李白感觉到了这种变化，深深感受到“高处不胜寒”的气候，于是便主动上表请求退隐。唐玄宗毫不犹豫地马上批准。李白就这样被体面地赶出朝廷。他怀着愤懑、忧伤、迷茫、恼怒的复杂心情离开了曾经寄托理想的巍峨的皇城和金碧辉煌的宫殿。

通常说，李白在长安三年，实际上只不过是一年半而已。他是天宝元年秋天进长安，而在天宝三年春天便离开了。时间虽短，对李白的影响却是极其深远的。朝廷的神秘感没有了，国君的神秘感没有了，辅弼大臣的神秘感没有了。他看到的是灯下黑的现实，越是权力集中的地方越是黑暗和腐败的渊薮。在一段时间里，他感到失望、迷茫和痛苦。“大道如青天，吾独不得出”（《行路难》其二），“欲度黄河冰塞川，将登太行雪满山”（《行路难》其一）都抒发了这种心情。但盛唐就是盛唐，李白就是李白，他很快便从消沉中解脱出来，又高唱起“长风破浪会有时，直挂云帆济沧海”的高调。

现实是残酷的。李白从长安出来后，政治便一天天黑暗下去，直到“安史之乱”的爆发。大乱中，一个偶然的机会使李白对自己的政治前途似乎又看到了希望。唐玄宗的第十一子永王李璘奉命统率江南军队抗击叛军，成为一路兵马大元帅，请已经上庐山躲避战乱的李白下山入幕，参与平叛。李白遂成为李璘幕府的幕僚。

这是李白一生第二次当官。他的政治热情再度高涨，雄心勃勃。但好景不长，不久，肃宗和永王内讧，永王兵败被杀，李白被投入大牢，险些被杀头。虽经朋友尽力营救，也只是保住了性命，被判长流夜郎。

李白悲悲切切踏上流放的途程。他沿江而上，当走到白帝城的时候，突然传来大赦的喜讯，李白免于流放，他重新恢复了自由。

李白太兴奋了，他雇了一条快船，当即离开夔州，顺江而下。当船行至夔门的时候，李白向后方一望，只见刚刚离开的白帝城，正在一片朝霞掩映之中，快乐的心情看到美丽的景色便是诗，想到自己很快就会回到第二故乡，尽管江边两岸上不时传来猿猴清亮的叫声，但李白一点感伤的味道也没有。他即兴写下千古名篇，诗曰："朝辞白帝彩云间，千里江陵一日还。两岸猿声啼不住，轻舟已过万重山。"飘逸明快的诗句恰如其分地表达了飘逸明快的心情，今天读来依旧那么令人神清气爽。

李白的晚年是孤独的，他带着迷惘和痛苦离开了人间。关于他的死，也有不同说法。有人说他太喜欢月亮，于是在一个月明星稀的夜晚，独自到江上荡舟，投向江心中那轮美好的明月，去"抱明月而长终"了；有人说他酒喝多了，不小心掉到江水里淹死了；有人说他对于日益腐败的政治和混乱的世道完全绝望，无法忍受内心的痛苦而投江自尽。不管是哪种说法，李白死在长江水中是一致的。如果从人生从现实角度来思考，倒是投江自尽更合乎实际。但这样我们最伟大的诗人李白不也太惨了吗？故也可从诗人浪漫的角度姑且相信第一说，即李白是投向长江去拥抱明月，至于抱到没抱到就不必去管了。

可以说，李白是一直到死也没有放弃对于理想世界的追求，仿佛求仙者那样执着，因此人们便把"诗仙"的桂冠许给了他。

三、"诗圣"杜甫

李白被体面地赶出长安，向东方走来，到达汴梁（今河南开封）时，遇到了自东西进的杜甫。二人一见钟情，成为终身朋友。杜甫正要进长安寻找政治出路，而李白则是刚刚被人堵住出路的人。笔者认为，李白不会不向杜甫介绍朝廷及最高领导层的腐朽，但经过一段共同游历后，杜甫还是满怀信心地走进长安的城门。

中国古代大多数著名文人似乎有一个共同的规律，即他们都抱着经世济民的鸿图大志到达政治的中心，或进入高层统治集团，或只是在京师逗留一段时间，然后以政治的失意而退出。他们亲自体验了政治是多么复杂，多么可怕，多么不可思议，于是便对人生和社会产生一次认识上的质的飞跃，文学创作也开始产生质的飞跃。

杜甫也是这样，他到长安是为了出仕，是为实现“致君尧舜上，再使风俗淳”的愿望，但皇帝根本不理睬他。李白和杜甫都很不幸，当他们踌躇满志地登上历史舞台的时候，唐王朝的开明政治已经过去，奸臣李林甫已左右朝纲，杨国忠也开始出现在朝廷的大事小情中。杜甫在这个时候进入长安，难以实现理想也就在情理之中了。

杜甫在长安困守十年，参加过几次考试，可怎么也考不中。尽管他的《三大礼赋》已经受到皇帝的青睐，但依然逃脱不了下第的厄运。因为李林甫把持朝纲，其最大的“本事”就是非常识人，能够看出谁有真本事，然后设置重重障碍将其挡在朝廷之外。这也是一切奸人的共同特征，即忌贤妒能。杜甫忙忙碌碌，起早贪黑，在长安奔波了十年。用他自己的诗说，就是“朝叩富儿门，暮随肥马尘。残羹与冷炙，到处潜悲辛”。吃尽苦头，遭尽白眼，总算弄个芝麻大的毫无权力的小官——右卫率府胄曹参军。

板凳还没坐热乎，杜甫便请假回家。刚到家便赶上“安史之乱”，带领全家逃跑一段路程后，安排人照顾家小，他一个人独自去投奔正在今陕北一带抵抗叛军的肃宗皇帝。也不知他怎么走的，居然被叛军捉住，带回长安。多亏杜甫当时的名气太小又没穿官服，叛军根本不认识他。故他在长安还有自由，可以到街上到处溜达，可以去“春望”，还可以到曲江池去“哀江头”。后来想方设法从长安逃出来，找到蒙尘在外的皇帝。

皇帝见风尘仆仆而来的杜甫，着实感动了几天，对杜甫也重视了几天，可不久就因为房琯之事而疏远杜甫。杜甫感到没有意思，或请假或敷衍一段时间便彻底辞职不干。虽然比不上陶渊明先生潇洒，可也算干脆。

在蜀中居住十年左右，虽然这期间也曾颠沛流离，但基本还算稳定。后来因为想家，便离开在蜀中最后一个居住地——白帝城，顺流而下，到长江中游一带漂泊，最后死在一条船上。随着杜甫的停止歌唱，宣告了盛唐之音的结束。

杜甫的生活道路是唐代士人最典型也是最普遍的。他恪守科举当官一途。虽然没有受到重用，但杜甫对于国家和人民的关注是始终如一的。正是这种精神，使人们想到了以天下为己任的古代圣人，给他冠以“诗圣”的大名。

四、盛唐三大诗人比较谈

建国后一直有唐代三大诗人李白、杜甫、白居易的提法，但这种提法并不科学，因为三人不生活在一个时代。而如果说王维、李白和杜甫是盛唐三大诗人，则无论从哪个角度来看，都是有道理的。

三人的生活道路、入仕途径、思想倾向、诗歌风格、审美取向各有特点，相互之间不能替代，不能包容，对后世影响亦各有千秋。

生活道路上，王维是解脱型，面对黑暗政治，采取“无可无不可”的态度，明哲保身；李白是理想型，对于社会弊端进行痛快淋漓的诅咒和批判；杜甫是现实型，能够直面惨淡的人生，进行苦口婆心的劝说。再概括说，面对同样黑暗的社会现实，王维的态度是因为我管不了，所以我不管；李白是恨、是骂，这些混蛋，怎么可以这样；杜甫是劝，当权的，你们不应当这样，赶快改正吧！

入仕途径上，王维是科举道路，李白是“终南捷径”，杜甫是干谒请托，通过人举荐。从学历上看，王维是进士，而且是状元，文凭最高；李白从来也不参加考试，当然什么文凭也没有，只能算自学成才；杜甫参加过科举和制举考试，可是没有及第，但既然有资格参加，说明他已经通过府试，起码相当于明清时代的举人，相当今天的本科毕业吧。从文凭看，王维是最高的，他能够被当时的上流社会所接纳，与这一点也有直接的关系。

思想倾向上，只能说主导倾向，因为三人的思想都不单一。王维受佛教影响更大一些，尤其是晚年，诗歌中所体现的佛教趣味和境界更精彩；李白受道教的影响更明显，那种随任自然的诗风及追求仙界的意境都充满道教色彩；而杜甫的儒家思想影响最显著，那种对国计民生深切关注，积极入仕的精神都是地地道道的儒者情怀。因此三人分别得到“诗佛”“诗仙”“诗圣”的桂冠。

从诗歌风格及审美趋向上也是如此。王维诗和谐宁静，给人以安详平和的感觉，往往容易引起一种对于自然宇宙的认同，身心俱寂，宠辱皆忘；李白诗飘逸奔放，给人以热烈和激情，往往容易引起读者的愤怒，激发人积极追求探索；杜甫诗沉郁顿挫，给人以郁闷和忧伤，但往往容易引起人对于现实的深入思考和深切的关注。

对于三人的评价，古人已有将三人并称的说法。清代唐诗学者徐增在《而庵说唐诗》中说：“诗总不离乎才也。有天才，有地才，有人才。吾于天才得李太白，于地才得杜子美，于人才得王摩诘。太白以气韵胜，子美以格律胜，摩诘以理趣胜。”❶

很有趣的是，外国人也把他们三人并列，王丽娜《王维诗歌在国外》一文说：“1862年，法国著名汉学家、唐诗翻译和研究家埃尔韦·圣·德尼侯爵在他的权威性译注《唐诗》的导言中写道：‘孔夫子故土的诗人们像凯撒帝国的诗人一样，也有自己伟大的时代……这就是唐朝，就是王维、李白和杜甫生活的时代。这几位诗人享有的盛名远远超过古罗马大诗人贺拉斯和维吉尔。他们的诗是汉语这一活话语的瑰宝，就是在这个古老国家里的山村乡野都名声赫赫。’”“唐朝完善的诗歌语言至今仍被中国人看作无法超越的典范……王维、李白和杜甫一直坚定地执掌着最高名望的权杖。没有一个新的流派出来能够把他们赶下宝座。”❷同文还说，“1985年7月，在巴黎市长的倡导下，巴黎举行了一场别开生面的中国诗歌表演会，演员们对王

❶转引自赵殿成：《王右丞集笺注》卷之末附录《诗评》，上海古籍出版社，1984年版.

❷见《王维研究》第一辑，中国工人出版社1992年版，第362页.

维、李白、杜甫诗歌的生动表演，都受到观众的特别欢迎。”

中国当代著名学者，北京大学教授陈贻焮先生祝贺“中国王维研究会”成立的贺诗说：“盛唐独步诗琴画，文苑三分李杜王。”[1]

[1]《王维研究》第一辑，中国工人出版社1992年版，同样将三人并列。

唐代士人的道教情缘

士人首先是文化人，宗教也是一种文化，故士人便与宗教结下不解之缘。唐代儒、道、释三教并行，思想文化政策极其宽松，儒家思想虽然一直是占主导地位的统治思想，但佛、道两教也非常兴盛，对社会生活有很大影响。唐代士人都与这两教发生种种不同的联系，与其不相关的一个也找不出来。中唐韩愈是对两教都说“不”的人，但他却与一些僧人和道士有交往。下面，我们便分别将唐代士人与两教的关系作一大体的描述。先说道教。

爱惜生命，希望长寿是所有人的共同愿望，追求长生不老更成为一些人的梦想。士人在这方面的意识更强烈，“人生不满百，常怀千岁忧”；“对酒当歌，人生几何，譬如朝露，去日苦多”；“人生代代无穷已，江月年年照相似”；“年年岁岁花相似，岁岁年年人不同”；“白发催人老，青阳逼岁除”；“人生七十古来稀”等都是出自士人发自肺腑的呼喊，可见其对于生命的珍视。李贺的诗在这方面表现的最强烈，读一读他写的《官街鼓》，便会使人产生强烈的珍惜生命的意识。

道教的宗旨正是追求长生，追求成仙，以便免除红尘的烦恼，获得永久的生命形态。尽管经过一千多年的努力也没有一个成功的真正例证，但依然有人相信。这便是道教流行的一个原因，也是许多士人参与其中的一个原因。

当然，士人们加入或者倾向于道教，有多种原因，有的是追求长生，有的是为了治病，有的是仕途坎坷，人生不幸。大体来说，不出这几种情况。提到与道教关系密切的唐代士人，我们肯定会想到贺知章、李白、顾况、施肩吾、李商隐等人，他们的诗名都很响亮，而且是直接进入道观当过道士的士人。

贺知章的入道是因为奇遇。《太平广记》卷四十二记载了这样一个故事：

贺知章，西京宣平坊有宅，对门有小板门，常见一老人乘驴出入其间。视老人颜色衣服如故，亦不见家属，询问里巷，皆云是西市卖钱贯王老，更无他业。察其非凡也，常因暇日造之，老人迎接甚恭谨，唯有童子为所使耳。贺则问其业。老人随意问答，因与往来，渐加礼敬，言论渐密，遂云善黄白之术。贺素信重，愿接事之。后与夫人持一明珠，自云在乡日得此珠，保惜多时，特上老人，求说道法。老人即以明珠付童子，令市饼来，童子以珠易得三十余胡饼，遂延贺。贺私念宝珠特以轻用，意甚不快。老人曰："夫道者可以心得，岂在力争。悭惜未止，术无由成。当须深山穷谷，勤求致之。非市朝所授也。"贺意颇悟，谢之而去，数日失老人所在。贺因求致仕，儒道还乡。❶

顾名思义，"钱贯"是专门用来贯串铜钱的东西，可见其经营规模之小。京师多奇人，多高人。这位卖钱贯的王老头可能是位看破红尘的世外高人，最使贺知章动心的恐怕就是他拿贺知章赠送的宝珠去换了三十多张胡饼，反过来招待贺知章的举动。那种视珠玉如粪土的精神确实需要相当高的人生境界方可。此人的出现及行为对贺知章的心灵可能产生了很强烈的震颤，但促使他下决心致仕归隐遁入道门的恐怕还是由于一场病。

天宝二年冬，已经85岁高龄的贺知章得了一场大病。因为他一向身体健康、精神开朗，从未得过较重的病，顶多是有点伤风感冒什么的。越是总不生病的人一旦生病就非常重，贺知章也是如此，他居然昏迷过去。恍恍惚惚中他彷佛来到金碧辉煌的天庭宫殿，看见了玉皇大帝的玉宇琼楼，他感到困惑，以为自己上了天堂，进入仙界了……

忽然间，他彷佛听见自己凡间儿子的抽抽搭搭的哭声，待微微睁开眼一看，才知道自己还在人间，是儿子在床边哭泣，并告诉他昏睡过去已经五天了。贺知章如大梦初醒，想到王老头说的那些话，便决心退隐。于是上疏请求致仕，并要求允许他出家，度为道士，把自己在乡间的宅院用作道观，在家修行。玄宗批准，给他的宅院赐名为"千秋观"，并亲自写诗相送，又要求满朝文武大臣都参加欢送的仪式。于是，贺知章风风光光地离开长安。

❶《太平广记》卷四十二，中华书局1961年版第1册，第263页.

在欢送贺知章的队伍中，有正任翰林供奉的诗人李白，他写《送贺监归四明应制》诗曰：“久辞荣禄遂初衣，曾向长生说息机。真诀自从茅氏得，恩波应阻洞庭归。”据广西师范大学教授李乃龙先生考证，李白诗说的是内行话，贺知章所信奉的是茅山宗，而茅山宗的修炼方法正适合贺知章这样的年事已高者。

唐代道教修炼的方式和手段主要有符箓、内丹、金丹三种。金丹也称外丹。符箓是道士用来治病驱邪的一种手段，由符咒和道箓构成。道箓上写有天官功曹的姓名，通过念诵一些咒语便可请来这些神仙驱除病魔。我们经常看到的画符念咒基本上属于这种方式。内丹是锻炼自己身体内的丹田，讲究吐纳服气，基本道理略似现代人们熟悉的气功。金丹顾名思义是冶炼金属而成的丹药，因为是提炼外部丹药，故也称炼外丹。

李白对这三种方式都进行过尝试。他真正受过道箓，举行过正规的仪式，《访道安陵遇盖寰为予造真箓临别留赠》诗记录了安陵道士为他造真箓的情形："学道北海仙，传书蕊珠宫。丹田了玉阙，白日思云空。为我草真箓，天人惭妙工。七元洞豁落，八角辉星虹。"[1]看来盖寰给李白画的符箓还非常好看，似乎有彩虹缭绕着神仙洞府的形象。他还在齐州接受过一位叫高如贵道士传授的道箓，《奉饯高尊师如贵道士传道箓毕归北海》诗写道："道隐不可见，灵书藏洞天。吾师四万劫，历世递相传。"[2]受道箓的过程很复杂，有许多繁琐的仪式。郭沫若在《李白与杜甫》中对于受道箓过程有一段精彩的描绘，引录如下：

受道箓的人要像罪人一样，把自己的双手背剪起来。一个七天七夜，乃至两个七天七夜，鱼贯而行，环绕坛坫，不断地口中念念有词，向神祉忏悔。用不用饮食呢？没有提到。既是洁斋，又昼夜不息，恐怕是不用饮食的吧？这样残酷的疲劳轰炸，身体衰弱的人等不到七天七夜就会搞垮。不能坚持到底的人，便成为落伍者，不能得道。能够坚持到底的人，自然会搞得肉体和精神都疲惫不堪。在这时就会产生幻觉、幻听等精神异常现象，他会听到神人宣示或者所谓天上的音乐。

李白身体好，当时又年轻，故可以坚持下来。既然受过道箓，李白就算是真正当过道士，是拿过"证书"的人，与其他普通向往者不同。

李白也曾有过炼内丹的经历。唐代道教教派很多，但占统治地位的一直是茅山派。茅山派以修炼内丹为主，以修炼人体内部的精气神为追求成仙的手段。李白道友吴筠便是茅山派道士，对于吐纳服气，调养精神有许多精辟的论述。李白在《题随州紫阳先生壁》诗中说："喘息餐妙气，步虚吟真声。道与古仙合，心将元化并。"所写的就是关于调息养气的情形。但李白是个热情奔放的人，而吐纳服气非得心静不可，故李白在这方面不可能实践太多。

李白最热心的是金丹术。晋朝的葛洪对于炼丹有突出的贡献，他有长期的实践经验，并认为服食金丹可以长生不老。他在《抱朴子·金丹》中说："夫金丹之为物，烧之愈久，变化愈妙。黄金入火，百炼不消，埋之，毕天不朽。

[1]安旗：《李白全集编年注释》，巴蜀书社1990年版上册，第690~691页.

[2]安旗：《李白全集编年注释》，巴蜀书社1990年版上册，第265页.

服此二物，炼人身体，故能令人不老不死。”[1]并说只有服食金丹才能飞升，不服食者无法离开地面。葛洪还说金丹也有分别，一转之丹服之，三年可以成仙，九转之丹服之，三天就可以成仙。这太有诱惑力了，许多人都做起飞升成仙的梦来。

李白本来就充满浪漫气息，是个好幻想的人，对此更深信不疑。他在《灵墟山》中说：“伏炼九丹成，方随五云去。”《登敬亭山南望怀古赠窦主簿》说：“愿随夫子去，烧火炼金丹。”这还只是一种愿望，但从“闭剑琉璃匣，炼丹紫翠房”（《留别曹南群官之江南》），“倾家事金鼎，年貌可长新”（《避地司空言怀》），“拙妻好乘鸾，娇女爱飞鹤。提携访神仙，从此炼金骨”（《题嵩山逸人元丹丘隐居》）这些诗句可以看出，李白曾经炼过丹，而且还想动员全家参加其中。李白的金丹可能没有炼成，他似乎也没有服食过金丹，或者服食甚少。否则，他那种执着热烈的人恐怕早就“成仙”了，不会在凡间活到60多岁，多遭那么多罪。

盛唐士人李颀也有炼丹服丹的经历，王维在《赠李颀》诗中说：“闻君饵丹砂，甚有好颜色。不知从今去，几时生羽翼。”

中唐前期著名诗人顾况因为耿直不肯附和权贵，而且好调侃诙谐，经常使人下不来台，故与同僚不谐，受到排挤，晚年入茅山履行正式手续当了道士。其后出山，曾经遇到元稹的岳父韦夏卿，韦夏卿也正式入道，但级别比顾况低很多。据韦夏卿《送顾况归茅山》诗中注说顾况“已受上清毕法”，而他自己是“初受正一”。《隋书》卷三十五《经籍志·道经》说：“其受道之法，初受《五千文箓》，次受《三洞箓》，次受《洞玄箓》，次受《上清箓》。箓皆素书，纪诸天曹官属佐吏之名有多少。又有诸符，错在其间，文字诡怪，世所不识。”根据这段话可知顾况已经受过的“上清毕法”是道教学位中的最高层次，大概相当于现代的“博士后”吧！而韦夏卿刚刚入门，“正一”是指最初等的，与顾况级别差多了。接受法箓也是非常繁琐非常痛苦的过程，可见顾况等人对道教的热衷。

稍晚于顾况的施肩吾及晚唐的李商隐也都有学仙求道的经历。

---

[1]《诸子集成》第8册《抱朴子》，上海书店1987年版，第12页.

施肩吾于元和十年进士及第,不等授官便到洪州(今江西南昌)西山求仙访道。他著有《西山群仙会真记》,用阴阳五行学说阐释调养精气神的方法,特别强调上中下三丹田对于养气炼气的作用,可见其是茅山派的传人,确实有一定的修炼实践。他可能也会符箓之法,据《鉴戒录》卷八载:施肩吾及第后,南游楚地,其地经常出现所谓的山魈为患,当地人称其为"圣者",遇到则慌忙躲避。施肩吾登山,山魈又出来骚扰,他迎风口占一诗道:"山魈本是吾家奴,何事今为圣者呼?小鬼不须乖去就,国家才子号肩吾。"山魈马上不见,从此绝迹。此事的真实程度尚可怀疑,但施肩吾自觉运用诗歌这种特殊的符箓驱邪倒是真的。施肩吾学仙并有一定道行,在当时便得到社会的承认。张籍《送施肩吾东归》诗云:"知君本是烟霞客,被荐因来城阙间。世业偏临七里濑,仙游多在四明山。早闻诗句传人遍,新得科名到处闲。惆怅灞亭相送去,云中琪树不同攀。"

李商隐年轻时在玉阳学仙期间曾与一女道士宋华阳发生恋情,很多缠绵悱恻的无题诗便是写给宋华阳的,而且他们恋爱还有了结果。李商隐在《樊南文集》中《祭小侄女寄寄文》中痛彻心扉哭祭的小寄寄当是二人的私生女。

总的来看,唐代许多士人与道教关系密切,而士人走进或留连于道观大门的原因也各种各样,大体有人生不顺,官场失意,身体多病,追求仙界等类型,然而真正皈依道教忘却凡俗的一个也没有。如果那样的话,他便是道人而不是士人,也不在我们的视野之内了。

唐代士人的佛教情缘

唐代是中国佛教的鼎盛时期，唐代帝王大多宠信佛教，因此僧人在社会上的地位较高，许多高僧可以出入宫廷，王公大臣多礼敬之。佛教精致的哲学思辨及对人生死关系的深切参悟，对于世界及宇宙本质的透彻理解，更能引起善于思考的士人的注意和倾心，因此，相对来说，唐代士人对于佛教的热情比道教还要高。

另外，佛教徒队伍中有各种人才，有一些德行或文化艺术方面修养极高的人。与僧人交往，被认为是高雅时髦的事情，因此寺庙禅林经常可以看到士人活动的身影。唐代稍有名气的诗人没有不与僧人交往的，就连排斥佛教最坚决，为遏制佛教影响勇上《论佛骨表》，险些丢掉性命的韩文公，在诗集中与僧人交往的作品也将近20首，其他士人更是可想而知。

唐代士人走向佛教，有人生失意的因素，也有时代氛围影响的关系。一提到诗人而信佛者，恐怕很多人都会想到有“诗佛”之称的王维。确实，王维从名字的组合上便可看出其与佛教的密切关系。因为在前文已经涉及一些，此处再补写几笔。

王维与佛教的渊源较深，他的母亲崔氏和弟弟王缙都信佛，家庭环境对他产生很深的影响。他在现实中又屡受打击，开元九年刚刚进入官场便遭到贬谪，几年后爱妻亡故，开元后期直到“安史之乱”的爆发，先后是李林甫和杨国忠执政，黑暗透顶，使正直士人透不过气来。这些挫折将王维一步步推向佛门，用他自己的诗句说，就是："一生几许伤心事，不向佛门何处消？"（《叹白发》）。王维信仰佛教，大体经历这样一个过程：早年因为家庭环境的影响，对佛教产生兴趣；中年因为爱妻亡故及对现实的失望而开始学习佛教，并写了许多有关佛事的碑铭赞等；晚年特别是上《责躬荐弟表》而退出官场后，每天都焚香独坐，或斋僧施舍，最后将自己苦心经营大半生的"辋川别业"也施舍出去成为寺院，俨然是一名虔诚的佛教徒了。但仔细阅读王维的诗文，可以体会出他信仰佛教更主要的目的是抚慰在黑暗现实中饱受伤害的灵魂，并不是追求进入佛国得到永生。他的佛学理论，他对于佛教教义理解的深度都是有限的。

王维佛教信仰的实践活动主要是诵习佛经和禅定。《饭覆釜山僧》云："藉草饭松屑，焚香看道书。燃灯书欲尽，鸣磬夜方初。"香烟缭绕，专心致志阅读佛经的情形如在目前。禅定则是静坐安禅，排除万念，求得心境的平和安定，即在黄昏时节到丛竹中或松树下没有任何尘嚣的地方独自静坐，在山水田园中去体会宇宙意识的宁静和谐。

如果我们将王维的山水田园诗创作时间进行归纳统计，那么其中写于黄昏和晚上的起码占半数以上。这种情况，便与王维的这种生活习惯和其禅定的修炼方式有直接的关系。其佛教是否修成正果无法确定，但对其诗歌创作却产生了无法估量的作用，使其这方面的诗歌成就达到了后人难以企及的高峰。

中唐著名士人柳宗元与佛教关系也极其紧密。他10岁左右便向往佛教，而他对于佛教的钟爱与其他人不同，他不是宗教信仰，不是要涅槃禅定，不是要等同生死，而是要从思想方面吸取精华，与中国本土影响最大的儒家思想相结合，统合儒释，从而创造出一种新的思想。正因为如此，柳宗元曾经对于佛教理论进行过比较深入的探讨和研究。

柳宗元《送巽上人赴中丞叔父召序》说："吾自幼好佛，求其道，积三十年。世之言者罕能通其说，于零陵，吾独有得焉。且佛之言，吾不可得而闻之矣。其存于世者，独遗其书。不于其书而求之，则无以得其言。"[1]此文中

[1]《柳宗元集》，中华书局1979年版第2册，第671页.

的叔父是指柳公绰。据考证，柳宗元写作此文时39岁，他追求佛道已经30年，可见其不到10岁已经开始注意学习研求佛经。他还不无自负地说，社会上讲说佛教的人很少有通晓佛理的，而他有独特的体会。他对当代佛教理论水平最高的几位高僧都提及过，可见其对于佛教理论确实下过一番功夫。

对于韩愈批评他不排斥佛教，他也有自己的理由，《送僧浩初序》说：

儒者韩退之与余善，尝病余嗜浮屠言，訾余与浮屠游。近陇西李生础自东都来，退之又寓书罪予，且曰："见《送元生序》，不斥浮屠。"浮屠诚有不可斥者，往往与《易》、《论语》合，诚乐之，其于性情奭然，不与孔子异道。退之好儒，未能过扬子，扬子之书，于庄、墨、申、韩皆有取焉。浮屠者，反不及庄、墨、申、韩之怪僻险贼耶？曰："以其夷也。"果不信道而斥焉以夷，则将友恶来、盗跖，而贱季札、由余乎？非所谓去名求实者矣。吾之所取者与《易》、《论语》合，虽圣人复生不可得而斥也。

退之所罪者其迹也，曰："髡而缁，无夫妇父子，不为耕农蚕桑而活乎人。"若是，虽吾亦不乐也。退之忿其外而遗其中，是知石而不知韫玉也。吾之所以嗜浮屠之言以此。与其人游者，未必能通其言也。且凡为其道者，不爱官，不争能，乐山水而嗜闲安者为多。吾病世之逐逐然唯印组为务以相轧也，则舍是其谁从？❶

这段话将柳宗元佛教信仰的实质阐释得清清楚楚，他从佛教中所吸取的是"与《易》、《论语》合"的部分，而对于韩愈反对佛教与儒家思想相背谬的部分，不参加生产的寄生生活，柳宗元也是不喜欢的。而佛教徒不爱官，不争能，闲适淡漠的情怀对于在官场中深受重伤的柳宗元来说，也是一种向往的人生态度。因此柳宗元与僧人的关系颇融洽友好。柳宗元只是在佛教理论上进行过探讨，与僧人的关系也很好，但从他诗文中，看不出他有佛教实践的迹象。

白居易是将佛教作为认识世界，看待社会及生命的人生指南来用的。开始时，他是佛道双修，大和年间从地方回到京师后才专修佛教。他在诗中写过"无烦寻道士，不要学仙方。自有延年术，心闲岁月长"（《北窗闲坐》），"君

❶《柳宗元集》，中华书局1979年版第2册，第673~674页.

歌仙氏真，我歌慈氏真。”（《和微之诗廿三首·和晨露》）在其自传性质的《醉吟先生传》中说：“栖心释氏，通学小、中、大乘法。”专门修习佛学的主张说得再清楚不过了。《在家出家》一诗最简明地概括了其习禅的生活情境：

衣食支分婚嫁毕，从今家事不相仍。夜眠身是投林鸟，朝饭心同乞食僧。清唳数声松下鹤，寒光一点竹间灯。中宵入定跏趺坐，女唤妻呼多不应。

儿女婚嫁已经结束，家中没有迫切需要办理的事情了，从此摆脱家庭琐事，可以安心修炼禅学。松下竹间，灯前月下，静坐默思，安禅打坐，心静如水，毫无挂碍，这便是白居易晚年的生活写照。与王维相似，白居易也是在家出家，最后也把自己在洛阳香山的住宅施舍为香山寺，并终老于斯。

晚唐的贾岛早年曾经出家为僧，后来因为仰慕韩愈的大名千里相投，在韩愈的劝说下脱去袈裟穿上儒服，并参加了进士考试，及第后又当官。但他早年佛教徒生活对其诗歌影响太深了，因此，他的诗中充满了禅机野趣，情调凄苦寂寞，对晚唐诗坛影响甚大。

唐代士人与僧人的密切接触为唐诗增加了一道靓丽的风景，许多表现禅林寺庙生活的诗篇都是艺术精品。王维《过香积寺》的“古木无人径，深山何处钟，泉声咽危石，日色冷青松”，常建《题破山寺后禅院》的“曲径通幽处，禅房花木深”等诗句都成为脍炙人口的千古名句。

从柳宗元的婚姻状态看唐代士人的婚恋观

婚姻是人生的大问题，一直受到重视。从现代观点来看，婚姻和爱情的完美重合是最理想的状态，可以说这种情况是所有人的美好愿望，但真正能实现的并不多见。正因如此，王实甫在《西厢记》最后高唱的“愿天下有情人终成眷属”的唱词便引起人们的高度共鸣，但这只是美好的理想和愿望而已，张生和崔莺莺的大团圆结局也只能在王实甫的戏剧中实现，而唐代真实的历史情况是张生（据传为中唐诗人元稹）进士及第后便毫不留情地将曾经海誓山盟的初恋情人崔莺莺彻底抛弃而另攀高枝，娶了正在要位的韦夏卿的女儿韦丛为妻子。诗人不但对自己与崔莺莺的这段情缘毫不隐讳，还写成《会真记》（又名《莺莺传》）对自己果断抛弃恋人的行为大加表扬。这种做法不但没有引起人们的反感，反而得到社会的普遍认同，可见这不是个别现象，而有相当的普遍性，这就不能不引起我们对于当时士人阶层婚恋观的思索。

中国人的婚姻，特别讲究门当户对，无论是当事人还是父母、媒人都自觉或不自觉地将此作为准则。如今俗语中说“鲇鱼找鲇鱼，嘎鱼找嘎鱼”，其实也有门当户对的因素在内。柳宗元和妻子杨氏便是门当户对的范例。

柳宗元的婚姻纯粹是父母包办的，更主要是他父亲柳镇包办的。柳镇和杨氏三兄弟关系非常密切，于是杨凭便把自己的女儿许配给柳镇的儿子柳宗元。杨氏是弘农望族，在唐代是大氏族，柳氏也是大姓望族，门当户对。何以见得？我们从史料中便可得知。

到唐代时，魏晋南北朝九品中正制的门阀制度的余习还很重。《新唐书·柳冲传》引柳芳论氏族说："过江则为侨姓，王、谢、袁、萧为大；东南则为吴姓，朱、张、顾、陆为大；山东则为郡姓，王、崔、卢、李、郑为大；关中亦号郡姓，韦、裴、柳、薛、杨、杜首之；代北则为虏姓，元、长孙、宇文、于、陆、源、窦首之。"(《新唐书·儒学传中》卷一百九十九)可见各地方所尊奉的高门大姓有所不同，各种大姓形成的原因也有区别。但当时被整个社会所尊崇的最高门第还是所谓的"五姓七族"，即博陵崔、清河崔、范阳卢、陇西李、赵郡李、荥阳郑、太原王。而这"五姓七族"所分布的正是中原地区，于此也可看出中原文化在中国历史上的中心位置。

如前文所示，柳、杨均属于关中大姓，在同一等级上。关于柳宗元与妻子杨氏的婚姻历程，我们通过他《亡妻弘农杨氏志》中简略的记载可以推知大概：

郎中娶于陇西李氏，生夫人。夫人生三年而皇妣即世……及许嫁于我，柔日既卜，乃归于柳氏。恭惟先府君重崇友道，于郎中最深。髫稚好言，始于善谑。虽间在他国，终无异辞。凡十有三岁，而二姓克合，奉初言也。……然以素被足疾，不能良行。未三岁，孕而不育，厥疾增甚。明年，以谒医救药之便，来归女氏永宁里之私第，八月一日甲子，至于大疾，年始二十三岁。[1]

通过这段话，我们对于柳宗元的婚姻概况可以有一个大致的了解：郎中是指杨凭，杨凭妻子为陇西李氏，生了柳宗元夫人。夫人3岁时母亲就死了。后来许配给柳宗元，经过占卜合婚，与柳宗元结婚。他们俩的订婚是在13年前的事，柳宗元的父亲柳镇与杨凭关系最密切，开始是带有戏谑之意的话，后来便都认真对待。虽然经常分离，但双方始终没有改口。于是二人便结婚了。杨氏是在23岁死的，死时结婚刚刚四年，那么结婚时便是19岁。

---

[1]《柳宗元集》，中华书局1979年版第2册，第339－340页.

而此时订婚已经13年，订婚时杨氏便是6岁。柳宗元比妻子杨氏大4岁，那么他订婚的年龄便是10岁。一个10岁的小男孩与一个6岁的小女孩订婚，当然不会有什么自己的意见。

看来杨氏的腿脚有毛病，都影响了走路，病得不轻。但这却丝毫没有影响二人的感情，从志文中可以看出柳宗元对其情深意笃，于此也可知道柳宗元是很重感情的人。当然，杨氏教养好，品德很高，与柳宗元的所有家庭成员相处得都特别融洽。婚后三年，杨氏怀孕生了个男孩，但孩子没有活满一天就死了，身体和心理的双重折磨，使杨氏病情加重，第二年死去。当年柳宗元27岁。这便是柳宗元短暂的婚姻生活。

杨氏死后，开始几年柳宗元仕途比较顺利，也比较忙碌，故未续娶。后来因为"永贞变法"失败，柳宗元被贬到当时还很荒凉的永州，政治上深受迫害，受到严格监视，大姓女子或士人女子当然不会嫁给他，而他本人又不肯娶普通百姓的女子，因此一直没有结婚，但为了延续后代，又应当尽快解决婚姻问题，为此他写信给京兆尹许孟容请求得到帮助，其主要理由之一便是回到京师容易找到门当户对的妻子。信中说：

宗元于众党人中，罪状最甚，神理降罚，又不能即死。犹对人言语，求食自活，迷不知耻，日复一日。然亦有大故。自以得姓来，二千五百年，代为冢嗣。今抱非常之罪，居夷獠之乡，卑湿昏雾，恐一日填委沟壑，旷坠先绪。以是惧然痛恨，心肠沸热。茕茕独立，未有子息。荒隅中少士人女子，无与为婚。世亦不肯与罪大者亲昵，以是嗣续之重，不绝如缕。❶

就因为没有门当户对的女子或知识分子的女子，便无法结婚，不结婚当然无法生养子嗣，于是便不能有继承家族香火的人。以这种理由来向当政者求情，在当时肯定是很充分的。于此亦可看出唐代士人婚姻观念之一斑。

注重门第是唐代士人婚姻的一个特点。太宗朝宰相薛元超位极人臣，但临死时尚说其有三大遗憾。他的原话是："吾不才，富贵过分，然平生有三恨：始不以进士擢第，不得娶五姓女，不得修国史。"（见《隋唐嘉话》）可见能否娶到五大姓的女子为妻对于士人的心灵是多么大的冲击。

---

❶《寄京兆许孟容书》，见《柳宗元集》中华书局1979年版第3册，第780~781页.

从体现创作主体理想的传奇小说作品中亦可以委婉地窥测出士人的婚姻观念。在我们熟悉的作品中，男女主人公往往都向往高门大姓。《游仙窟》中的女主角琼英姓崔，并在文中极力夸赞博陵崔、清河崔家世的荣耀；元稹《莺莺传》中的莺莺姓崔，老夫人姓郑，而且是荥阳郑；《柳毅传》中的龙女化身为范阳卢姓女子；《霍小玉》中男主角李益遗弃霍小玉后所娶的妻子是范阳卢氏；《枕中记》中做"黄粱一梦"的卢生梦里所娶的妻子是清河崔氏。这些虽然只是一种理想，一份期冀，但却曲折表现了士人们的内心世界。

上文提到的柳宗元的信似乎没有起到什么作用，他在永州一呆就是十年，后来回到朝廷，不久又被派往更荒凉遥远的柳州，婚姻问题依然无法解决，因此柳宗元便始终也没有结婚。大约是到柳州后，他虽没有正式结婚，也没有纳妾，但却有女人，并为他生了两个儿子。大儿子叫周六，柳宗元死时才四岁，小儿子叫周七，柳宗元死后出生。可知他虽然没有娶妻，却留下子嗣，使柳家世系的接力棒在他的手里没有脱落。

唐代士人与妓女

“男人的一半是女人”,不但现实生活中如此,在理论上亦当如是观。因为天地万物皆有阴阳,一阴一阳,互动互补,相互交合,方生万物,这是宇宙的意识。当我们仰视苍穹,眺望太阳和月亮的时候,就会产生很多联想:地球离不开太阳,同样也离不开月亮。因为离开月亮,地球上海水的潮汐变化,四季更替,自转的速度都会受到极大的改变。地球的产生和形成今天的状态,便是太阳和月亮交互作用的结果。这是最新研究成果所认同的。与此同理,人类发展到今天,也是男人和女人交互作用的结果。因此,我们中国的古人便最早地提出阴阳观念,并用这一原理推演出八卦,著成《易经》,真是了不起。

男人和女人的关系多种多样,可以写成一套厚厚的书。我们这里把范围缩小,只谈唐代士人和妓女的关系。

唐代娼伎很繁荣,除经济繁荣外,礼教松弛,思想比较开放也是一个重要的原因。需要特别指出的是,“伎”和“妓”不是一个概念,两者的区别在于前者是出卖技艺而不出卖肉体,即通常说的卖艺不卖身,而妓女则是以卖淫为职业来赢利的。

如果从归属性质划分,唐代妓女分为官妓和私妓两大类。官妓中又有地方妓和营妓等区别,私妓又分家蓄妓和娼僚妓。唐代士人与妓女的关系,大体上可分为欣赏歌舞技艺和逞一时之色欲两种情况。下面我们分别来看一看。

唐代士人一旦金榜题名,在狎妓方面也有特权,从朝廷到民间,一直到专门从事娼妓活动的行业组织,对于新进士都有许多优待。

当时妓院最集中,层次最高的地方是长安的平康里。平康里在长安城区

偏北的地方，故当时也称其为北里。《北里志序》说：

诸妓皆居平康里，举子新及第，进士三司幕府，但未通朝籍，未直馆殿者，咸可就诣。如不吝所费，则下车水陆备矣。其中诸妓多能谈吐，颇有知书言话者。自公卿以降，皆以表德呼之。其分别品流，衡尺人物，应对非次，良不可及。

《开元天宝遗事》卷上说：“长安有平康坊，妓女所居之地，京都侠少萃集于此，兼每年新进士以红笺名纸游谒其中，时人谓此坊为风流渊薮。”可知平康里是进京举子及新进士们经常光顾的地方。

据《北里志序》载，按照当时的惯例，长安娼妓行业完全归教坊管辖，所有职业妓女在教坊都有登记，也叫入籍。各个妓院当然直接归教坊领导。平康里的妓女一般不离开妓院，不从事登门服务的业务。如果是几名朝廷官员聚会宴饮娱乐，需要妓女助兴，则必须要有相关部门的“牒”（即公文）方可以前去。唯独新科进士有活动，妓女则可随叫随到，教坊对此大开绿灯。而新科进士刚刚金榜题名，可以收到很多来自各方面的馈赠。兴高采烈之时，出手大方，赏赐丰厚，因此妓女们都争先恐后接待之。从金榜公布开始，到四月末曲江大会新进士集体活动结束这两个月多时间里，是妓院生意最兴旺时期。而平康里的一些名妓也大出风头，大发花财。请看《北里志》记载的这几则材料：

刘覃登第，年十六七，自广陵入举，辎重数十车，时同年先辈郑宾扇之，极嗜欲于长安中。颇喜绛真。

孙龙光为状元，见郑举，颇惑之。

莱儿，进士赵光远一见即溺之，终不能舍。莱儿亦以光远聪悟俊少，尤谄附之。

小润、小天，崔垂休（及第时年二十）溺惑之，所费甚广。

颜令宾见举人尽礼祗奉，多乞歌诗以为留赠，五彩笺常满箱箧……因教小童曰："为我持此（令宾自题诗），出宣阳、亲仁以来，逢见新第郎君及举人，即呈之，云曲中颜家娘子将来扶病奉候郎君。"[1]

刘覃十六七岁便金榜题名，自然欢喜异常，他又是从当时最富庶的扬州去的长安，带去几十车钱物，可见是大富翁之子。少年高第，家资千万，又有年岁大的同榜扇风鼓动，于是便大把花钱。他喜欢的妓女是绛真，绛真从他的兜不知掏出去多少金银。其后三则材料中的郑举、莱儿、小润、小天都是妓女名，均曾经得到过进士的垂青。最后一则材料记载妓女主动招揽进士的情况，很生动，亦可看出有的妓女的文化水准很高。莱儿谄附进士赵光远，可以看出当时的大部分妓女是非常愿意为新进士服务的。

在观赏乐舞表演的同时还能欣赏美色，这是许多士人都乐于参加的活动。唐诗中有许多表现这种生活的作品，也留下一些生动的故事。

中唐诗人王建有一首《观蛮妓》诗道："欲说昭君敛翠蛾，清声委曲怨于歌。谁家少年春风里，抛与金钱唱好多。"写的便是一个少年为卖唱歌伎喝彩并扔金钱的情形。那个少年当是诗人自己。

晚唐大才子罗隐在往京师赴举途中，"过锺陵，见营妓云英有才思。后一纪，下第过之。英曰：'罗秀才尚未脱白？'隐赠诗曰：'锺陵醉别十余春，重见云英掌上身。我未成名君未嫁，可能俱是不如人。'"（《唐才子传》卷九）看来云英是个舞女，而且水平很高。"醉别"一词说明当年二人曾经两情相悦，互有好感。

云英的舞姿很美，而罗隐的文才很高，按照正常情况，二人都应当有一个好的归宿。但12年过去了，罗隐是

[1]王书奴：《中国娼妓史》，三联书店上海分店1988年版，第81页.

天下公认的大才子，可就是屡进考场屡下第，而云英依旧还在跳舞，还在当营妓。因此当罗隐下第路过锺陵与云英重逢时，才会产生同病相怜，惺惺惜惺惺的感伤。

云英是营妓。营妓是有籍册的，入籍之后，没有一定的条件不能脱籍，即不能离开这种职业。如果能被掌握一定权势的要人看中，便可运用权力使其脱籍，成为自由人。晚唐诗人李商隐在梓州幕府时，节度使柳仲郢曾经将一名色艺双绝的营妓张懿仙以公文的形式正式赐配给李商隐。这样张懿仙便可以脱籍了，但李商隐并没有接受。

可以想象，许多妓女有很高的歌舞艺术修养和表演水平，唐代士人多是能文善诗的才子。歌舞和诗文本来都属于艺术的范畴，因此这两类人相互羡慕爱恋的情况就在情理之中了。因此，唐代士人与妓女恋爱的故事很多，有悲剧也有喜剧。

中唐有位士人叫张又新，曾经在广陵当过从事，与一位经常陪酒的官妓相好。后来他进京考中进士，娶杨虞卿女为妻。杨氏有德无色，不漂亮，他终日忿忿不平，夫妻感情很平淡。20年后因事路过广陵，当时镇守广陵的是著名大臣李绅。李绅设宴招待张又新，在酒席上正巧又遇到那位妓女陪酒。虽然过了20年，那位妓女依然颇有姿色，就是不化妆也比张又新的妻子杨氏强上好几倍，简直就是乌鸦比黄鹂。张又新百感交集，喝了几杯闷酒，便用手指头蘸酒在盘子上写道："云雨分飞二十年，当时求梦不曾眠。今来头白重相见，还上襄王玳瑁簪。"李绅知道事情的原委后，马上把那位妓女赠送给张又新。

有的士人与妓女的恋情故事令人回肠荡气，有的甚至付出了生命。韩愈同窗好友，中唐著名诗人欧阳詹就是这样钟情的人。欧阳詹与韩愈同榜进士，及第后到太原游览，在一位将军的宴席上，与一位乐伎相识。二人一见钟情，两情相悦，流连一个多月，恩爱无比。欧阳詹要回长安等候安排职务，不得不离开太原。女子提出要随欧阳詹前往。欧阳詹以为这样一同回到京师有很多麻烦，等自己有了工作，一定马上派人来接她，海誓山盟，咬牙切齿。女子只能如此，二人洒泪而别。欧阳詹出城不久便写了一首感情真挚的诗相赠。诗中说:“驱马渐觉远,回头长路尘。高城已不见,况复城中人。”

回到长安后不久,欧阳詹出任国子四门助教。但不知为何,没有马上派人去接。太原乐伎日思夜想,望眼欲穿,也知道欧阳詹当了官,可并没有及时来迎接她。但她坚信欧阳詹肯定不会负心,只不过是无法忍受相思的痛苦,连续的失眠使她迅速消瘦,病情日重。后来知道自己不久于人世,便把一缕青丝剪下来,装在一个精制的小匣里,并写了一首诗放在里面,交给姐妹们说:“欧阳生肯定会派人来,到时候就将这个小匣交给他。”说完便溘然长逝,将美好的生命献给了爱情。

欧阳詹见派去的人带回一个小匣,已经预感到不好,急忙打开一看,见一绺头发下压着一张彩笺,上面是熟悉的笔迹,写着一首诗道:“自从别后减容光,半是思郎半恨郎。欲识旧时云髻样,为奴开取镂金箱。”太原乐伎的模样立即浮现在欧阳詹的眼前,他抑制不住自己的感情,恸哭流涕,哽咽吞声不已。因为懊悔悲伤过度,欧阳詹不到一个月也告别人世,到另一个世界与恋人相会去了。这是士人为妓女徇情,也有妓女为士人徇情的,薛宜僚和段东美便是这样的例子。

唐武宗会昌年间,薛宜僚任左庶子,充新罗(今朝鲜)册封使。从青州入海,当船行至登州时,遇到狂风恶浪无法前行而退回到青州,于是在青州长期滞留,节度使乌汉贞对其大加礼遇。在一次酒宴中,一位叫段东美的妓女相陪,薛宜僚心旌摇荡,段东美分外动情,乌汉贞看出其中的奥妙,便把段东美赐给薛宜僚。二人在驿馆中过起了日子,甚是恩爱。

风浪过后,海面恢复平静,薛宜僚还得航海到新罗去,二人已如胶似漆,难舍难分,薛宜僚领略了前次船在大风浪中的危险情形,想到此次与恋人分手不知能否再会,内心感伤,竟抽抽搭搭哭起来。段东美见状,也泣不成声。薛宜僚当即写下《别青州妓段东美》二诗道:“经年邮驿许安栖,此会他乡别恨迷。今日海帆漂万里,不堪肠断对含啼。”“阿母桃芳方似锦,王孙曹长正如烟。不须更向苍溟望,惆怅欢情却一年。”[1]

---

[1]《增订注释全唐诗》卷540,文化艺术出版社2000年版第3册,第1591页.

到新罗后，薛宜僚心神不定，总是思念段东美。还未举行册封礼，他忽然听到自己所带的旌节发出声音，更生不祥之感，当日患病。迷迷糊糊，一会儿睡一会儿醒，对判官苗甲说：“东美不会有什么意外吧？我怎么总在梦中见着她呢？”几日后，薛宜僚病死新罗，苗甲代理他进行册封典礼。当薛宜僚的棺椁运回青州时，段东美穿上斩衰的丧服到驿馆迎接灵车，灵车一停稳，段东美扑上去恸哭，悲伤至极，周围的人都站不住脚，跟着淌眼泪。后来众人觉得哭声渐渐停止了，一看，东美已经哭死在薛宜僚的灵柩前。有如此痴心钟情的恋人，薛宜僚应当瞑目了。❶

士人和妓女也不全是你恩我爱的缠绵曲，也有你怨我恨的不和谐的音符。但这些不和谐音却与诗联系在一起，故依旧显得高雅。唐人都喜欢诗，诗的流传速度特别快，因此妓女很怕诗人的那枝笔，因为诗的赞美或嘲讽会产生难以想象的广告效应，会捧红一个人，也会贬损甚或毁掉一个人。

《云溪友议》卷中记载这样一个故事：士人崔涯是个狂生，与张祜齐名。崔涯经常在妓院中题诗，而且很快便在城中流传开。赞美者则顾客盈门，贬毁者门庭冷落。一位叫李端端的妓女不知怎么得罪了崔涯，他题诗一首嘲笑李端端说：“黄昏不语不知行，鼻似烟囱耳似铛。独把象牙梳插鬓，昆仑山上月初生。”❷鼻子象烟囱耳朵象烙饼的锅，不但形状难看得出奇，而且颜色也黑得出奇，稀疏的头发上插了一把象牙发梳，近视眼的人离二里地就能看见，好象是昆仑山上刚刚冒出来的月牙。凡是去妓院者都是寻欢取乐的，谁能找一个长得如此丑陋不堪的妓女？于是李端端非常苦恼，便在崔涯路过的道旁等候，哀求道：“端端在这里等候六郎多时，只请求您可怜可怜我。”表情极其忧伤诚恳。于是崔涯重新题写一首诗道：“觅得黄骝被绣鞍，善和坊里取端端。扬州今日浑成差，一朵能行白牡丹。”❸李端端的门口一下子便拥挤起来。有人戏谑李端端道：“李娘子才出墨池，便登

❶参见计有功撰：《唐诗纪事》卷四十八，上海古籍出版社1987年新一版下册，第734页.

❷陈贻焮：《增订注释全唐诗》，文化艺术出版社2000年版第5册，第896页.

❸陈贻焮：《增订注释全唐诗》，文化艺术出版社2000年版第5册，第896页.

雪岭。”

妓女中有许多诗才很高的人，因此，也不全是被动的，有时也同样拿起笔来以牙还牙，保护自己的尊严。晚唐懿宗咸通年间，便发生这样一件事。

长安北里南曲有一名乐伎叫王苏苏，为人机警灵敏，善于戏谑，诗人们都喜欢到她那里听音乐，吃花酒。有个进士叫李标，随朋友王致君到王苏苏处饮酒取乐。借着酒兴，故作多情，在窗户上题诗一首曰：“春暮花枝绕树飞，王孙寻胜引尘衣。洞中仙子多情态，留住刘郎不放归。”

原来王苏苏根本不认识李标，而是与带领李标前来的王致君要好，见了李标的诗，很不服气，说：“阿谁留郎君，莫乱道！”于是提笔用原韵和诗道：“怪得犬惊鸡乱飞，羸童瘦马老麻衣。阿谁乱引闲人到，留住青蚨热赶归。”[1]大意是说，怪不得鸡飞狗跳，原来是来了一个骑瘦马，带着瘦弱书童，穿着一件旧麻衣的穷酸举子，是谁领这么个人进来，留下铜钱赶快将他赶走吧！青蚨是神话传说中能引来铜钱的一种小虫，后世经常用其指代铜钱。此后，李标便有个“热赶归”的绰号，时常被人嘲笑。

还有这样一位进士，更丢人。此人叫夏侯泽，字表中。他父亲是宰相夏侯孜，据《北里志》记载：

夏侯表中泽，相国少子，及第中甲科，皆流品之闻者，宴集犹盛。而表中性疏猛，不拘言语，为牙娘批颊，伤其面颇甚。翌日朝集于师门，同年多窃视之。表中因厉声曰：“昨日子女牙娘抓破泽额。”同年皆骇然。裴公俛首而哂。注曰：“裴公瓒，其年主司。”[2]

裴瓒主考是在僖宗咸通十五年（874年），可知此故事发生的年代。牙娘当是妓院里的鸨母，可能是夏侯表中的话太出格，看来也不是一般的打嘴巴，而是动手抓挠了，否则不会被人看出来。

唐代士人多数是诗人，在与妓女的交往中，当然少不了诗歌这种高雅的调料。很多诗人都有赠妓诗，一些聪明能诗的妓女也有唱和之作。这方面

[1]陈贻焮：《增订注释全唐诗》，文化艺术出版社2000年版第5册，第352页.

[2]转引自清·徐松撰《登科记考》卷二十三，中华书局1984年版中册，第868页.

的材料太多,不再举例。

总之,唐代士人与妓女的关系是多方面的,交往非常密切。他们之间发生过林林总总的或喜或悲的故事,共同成为丰富绚丽的唐代文化百花园的一个景观。

唐代士人的饮酒与赌博

唐代士人的生活情趣非常浓烈,他们既高雅而又世俗。离开充满人情味的俗世,任何人都难以正常生活。因此在世俗生活的各种场合都有士人活动的身影。

一、饮酒

唐代是个朝气蓬勃的社会,整个社会充满了活力,在全体社会成员中都洋溢着一种蓬勃向上的朝气。在这朝气和活力中,饮酒便成为酿造这种社会氛围的催化剂,高歌猛进的人是需要美酒助兴的。因此,唐代人皆好酒,而以士人为甚。

唐代士人几乎都爱好饮酒,唐诗中写到饮酒的作品起码有数千首。当我们翻开《全唐诗》进行阅读时,一股酒香扑鼻而来,使我们陶醉。

初唐的王绩便是饮酒的天才和高手,前文已写到,此不赘言。盛唐时期的士人们也都嗜酒如命,当我们欣赏杜甫《饮中八仙歌》时便可深切感受到那种氛围:

知章骑马似乘船,眼花落井井底眠。汝阳三斗始朝天,道逢曲车口流涎,恨不移封向酒泉。左相日兴费万钱,饮如长鲸吸百川,衔杯乐圣称避贤。宗之潇洒美少年,举觞白眼望青天,皎如玉树临风前。苏晋长斋绣佛前,醉中往往爱逃禅。李白一斗诗百篇,长安市上酒家眠,天子来呼不上船,自称臣是酒中仙。张旭三杯草圣传,脱帽露顶王公前,挥毫落笔如云烟。焦遂五斗方卓然,高谈雄辩惊四筵。❶

---

❶《杜诗镜铨》卷一,上海古籍出版社1980年新1版,第16页.

八人身份不同，各呈异态。其中一王爷，三官员，三文化名人，一布衣。除王爷外，另外七人都是士人。从本诗看，杜甫是局外人，好像他不怎么饮酒，在清醒地看着这些酒徒，这样认为可就错了。我们先看杜甫本人是怎么说的。《曲江二首》其二云："朝回日日典春衣，每日江头尽醉归。酒债寻常行处有，人生七十古来稀。"[1]上朝回来天天典当衣服换酒喝，每天都要喝醉。其理由是人生苦短，"七十古来稀"，何不痛痛快快畅饮一番，哪怕到处都是酒债也在所不辞，这种劲头确实不在李白之下。

王维在唐代诗人中似乎淡泊一点，给人的印象好像不怎么喝酒，其实酒瘾也不小，只不过是没在诗中过多表现罢了。如何知道王维也好喝酒呢？盛唐著名画马大师韩干，在儿童时很穷，为一酒家打工，曾经到王维家中去讨要拖欠的酒债，等待王维取钱的时候他在地上画马玩，王维发现这个小孩有画画的天才，免费教他画画，教出一代大画家，可算是文坛佳话。喝酒都到了欠债的份，酒瘾还能小吗？白居易、刘禹锡、元稹、韩愈、李贺等诗人都留下许多饮酒的诗篇和典故。

普通人喝酒就是喝酒，喝完一睡万事大吉，故也就缺乏高雅的情趣。而诗人喝酒还要寻找出天经地义的理由来。李白在《月下独酌》第二首说："天若不爱酒，酒星不在天；地若不爱酒，地应无酒泉。天地既爱酒，爱酒不愧天。已闻清比圣，复道浊如贤。贤圣既已饮，何必求神仙。三杯通大道，一斗合自然。但得酒中趣，勿为醒者传。"喝出了高品位。他的《将进酒》更有名，居然要将"五花马，千金裘"都豁出来换酒喝，而喝酒的最终目的是"与君同销万古愁"，可见其愁的深远与悠久，而这正是中国古代文人怀才不遇情结的典型表现，因而情调显得慷慨忧愤而不颓废。《开元天宝遗事》说："李白嗜酒，不拘小节，然酣中所撰文章，未尝错误，而与不醉之人相对，议事皆不出太白所见，时人号为'醉圣'。"李白在酒酣时诗歌的灵感特别好，为杨贵妃所创作的《清平调》三首，"云想衣裳花想容"这样精彩的诗句就是在醉酒的情况下写出来的。酒使唐诗的情味更加浓烈，唐诗使酒的醇香流传更久远。酒和诗结下不解之缘，这方面的话题实在太多，我们就此打住。

---

[1]《杜诗镜铨》卷四，上海古籍出版社1980年新1版，第181页.

二、游戏与赌博

唐代社会充满活力和情趣，社会各个阶层都积极组织参加各种文化体育活动，如斗鸡、百戏、杂耍、打马球、蹴鞠、樗蒲、双陆等。在这些活动中，如果其输赢双方有金钱的参与，则是赌博了。尤其是后两种，更是一种以赌博为主的活动。

在这些活动中，经常晃动着唐代士人的身影，他们或直接参与其间，或作为一个旁观者，用欣赏或批判的眼光来看待。李白在《答王十二寒夜独酌有怀》诗中说："君不能狸膏金钜学斗鸡，坐令鼻息吹虹霓。""狸膏金钜"便是专业术语，如果对斗鸡不知情者是无法写出的。而韩愈和孟郊所写的《斗鸡联句》更足以说明二人对于此道都非常熟悉，曾经仔细观察欣赏过斗鸡，否则写不出那么精彩逼真的画面：

大鸡昂然来，小鸡竦而待(愈)。峥嵘颠盛气，洗刷凝鲜彩(郊)。高行若矜豪，侧睨如伺殆(愈)。精光目相射，剑戟心独在(郊)。[1]

两只鸡一大一小，大鸡高傲昂然，小鸡紧张而严肃地做好被攻击准备的精神状态写得活灵活现。

樗蒲是唐代比较流行的游戏，多伴有赌博活动。杜甫是位"奉儒守官"的典型，恪守儒家之道，但他也曾玩过樗蒲，而且很投入，请看《今夕行》：

今夕何夕岁云徂，更长烛明不可孤。咸阳客舍一事无，相与博塞为欢娱。凭陵大叫呼五白，袒跣不肯成枭卢。英雄有时亦如此，邂逅岂即非良图。君莫笑，刘毅从来布衣愿，家无儋石输百万。"[2]

敞开衣襟，甩掉袜子，够投入的。这里涉及许多樗蒲游戏的常识，搞不清楚便读不明白这首诗，因此我们就先简单交待一下樗蒲。

樗蒲又作"摴蒱"，也叫"五木""呼卢"，这两个名称与赌具和赌法有关。程大昌的《演繁露》和李肇《唐国史补》卷下的一条记载为我们理解樗蒲这一古代游戏提供了一把钥匙。因较繁琐，此处不具引。棋盘和马是怎样的形式，苦于没有资料，故不敢妄说，但棋盘上有格有道，有山川关口是可以肯定

[1] 钱仲联集释：《韩昌黎诗系年集释》，上海古籍出版社1994年版上册，第594页.

[2] 《杜诗镜铨》卷一，上海古籍出版社1980年新1版，第18页.

的。而决定马怎样行走，走几步，或是退几步，能否过关，取决于玩家所掷五木出现的“点子”。这样，此种游戏之输赢便完全靠运气了，这才叫真正意义的赌博。那么我们就集中笔墨于此。

在我的视野中，现在还未发现五木的出土实物，故只能猜测。笔者想，这种东西应该是扁圆形的，类似今天的硬币。只有这样，才有上下两面，而且非此即彼，每次投掷肯定会出一个结果。如果像今天色子似的六面体，则无法分上下，勉强分的话，则必须三面对三面。因此，五木的形状即使不像今天硬币这样薄，可能会是中间凸出而周围薄的形状，当为扁圆形。

形状大体如此，那么便可分上下面了。上面涂黑色，画牛犊，下面涂白色，画野鸡，牛犊和野鸡可能是用相反颜色的线条画或刻的。投掷时，只能出现六种情况，即：①五个全黑；②四黑一白；③三黑二白；④二黑三白；⑤一黑四白；⑥全白。所以有“六博”之说。两个人的说法有一点相同，即五个都是黑色的为最高采，叫“卢”，因此唐诗中写到樗蒲时常出现“呼五卢”或“呼卢”的词语。从杜甫“呼五白”来看，“五白”有两种可能，一是仅次于五卢的次高彩，一是最低彩，是在对方投掷时喊叫的内容。

李白在《赠别从甥高五》中有“五木思一掷，如绳系穷猨”的诗句，虽然不是直接描写樗蒲的局面，而是一种比兴手法，但其对于樗蒲很熟悉也很感兴趣是可以想象的。刘禹锡在《乐天重寄和晚达冬青一篇》诗说：“振臂犹堪呼一掷，争知掌下不成卢。”可知刘禹锡也精于此道。而殷尧藩甚至在深夜失眠时也想起樗蒲的情景来，“烟村寒林半有无，野人行李更萧疏。堠长堠短逢官马，山北山南闻鹧鸪。万里关河成传舍，五更风雨忆呼卢。”（《旅行》）五更风雨声中醒来，孤独寂寞，便回忆起樗蒲时的热闹场面来。或许这次樗蒲就是睡觉前的行为。因为旅行在外，难免寂寞孤独，因此许多驿馆或旅店都备有各种赌具供旅客们消遣。

韩愈也爱好赌博，他早年瘾头很大。好朋友张籍曾写信批评韩愈说：

然欲举圣人之道者，其身亦宜由之也。比见执事多尚驳杂无实之说，使人陈之于前以为欢，此有累于令德。又商论之际，或不容人之短如任私尚胜者，亦有所累也。先王存六艺，自有常矣，有德者不为犹以为损，况为博塞之戏与人竞财乎？君子固不为也。今执事为之，废弃时日，窃实不识其然。[1]

张籍批评韩愈有两大毛病，一是好为驳杂之说与人辩论，争强好胜；二是为博塞之戏与人竞财。“博塞”我认为就是樗蒲，从前文所引证杜甫的诗中可以体会出来。杜甫先说“相与博塞为欢娱”，接着就说什么“呼五白”“成枭卢”等，很明显就是樗蒲。有人认为是“双陆”或“长行”之类的赌博，恐非是。张籍又批评韩愈因为这两个方面竟达到“废弃时日”的程度，显然是由于后者，即赌博所致，因为与人辩论瘾头再大恐怕也不会到这种程度，况且即使韩愈有这个劲头，对方恐怕也奉陪不起。“竞财”二字最清楚不过地道出了韩愈参与赌博而且瘾头很大的情况。

[1]马其昶校注、马茂元整理：《韩昌黎文集校注》上海古籍出版社1987年版，第131页.

唐代士人著文赚钱

唐代士人中也有许多贪恋钱财者，这种人在各个朝代各个阶层都不缺少代表，我们不把眼光对准所有的贪财士人，而只是集中目光看一看他们为钱财而著文的样态。那时虽然没有稿费制度，但写诗著文既然是一种高级劳动，在为别人进行带有一定服务性质的写作时，收取一定的酬金也是天经地义的，只不过是一出现争争讲讲的场面时，则显得太俗气了。但这也表现出士人们的另一副面孔。

撰文挣钱，前提便是有这种需要。士人当时为他人撰文主要是两种情况，一是工作需要，一是有偿劳作。前者主要是在幕府或官府中充当书记、掾属职务的人，为府主或上级撰写公私文函，这基本是职责内的工作，写好了当然也有一定的润笔费，但相当于奖金的性质，给不给随意，多少随意。韩愈、柳宗元、李商隐等人的文集中这类文章所占的比重都不小。此类文章是迫不得已而为之，一般来说，没有什么名利可图，但却可以为长官的升迁起到很大的作用。这也是诸多士人发"苦恨年年压金线，为他人作嫁衣裳"牢骚的原因。

另一类便是应人请托而写的应用文，如代人写信、书写状纸等均属此类，但这都是一般落魄士人的营生，稍有地位者不屑于此。润笔费最高，档次也最高的应用文则是碑铭。一些达官贵人或富户子弟为了提高先人的社会知名度，使其名字流传后世，便想方设法不惜重金请社会名流撰写墓志铭。中唐贞元、元和时期，名气最大的文坛盟主是韩愈，因此请他写墓志铭的人特别多，他曾经受到阿谀奉承死人，向死人挣钱的讽刺。而好友刘叉的举动说明他挣这些钱比较容易。

李商隐的《齐鲁二生·刘叉》对刘叉进行了简明生动的描述，可知他是个狂人，准确籍贯不详，曾因杀人流亡。

闻韩愈善接天下士，步行归之。既至，赋《冰柱》《雪车》二诗，一旦居卢仝、孟郊之上。樊宗师以文自任，见叉拜之。后以争语不能下诸公，因持愈数金去，曰："此谀墓中人所得耳，不若与刘君为寿。"愈不能止，复归齐、鲁。叉之行，固不在圣贤中庸之列。（李商隐《樊南文集》）

因为与人争论不高兴，见韩愈书案上堆放一些金钱，将其包裹起来就要走，并说："这些钱都是阿谀墓中死人所得，应当送给我刘叉为礼物。"说罢就向韩愈告辞，韩愈挽留不住，刘叉便扬长而去。其后，游于齐鲁之间，不知所终。真是个怪人。

从这则材料中，可知韩愈当时为人写墓志铭赚了很多钱，而刘叉也认为这是阿谀死人所得。从诸多材料来看，韩愈在这方面确实挣了很多钱，但他是否与人讨价还价，每篇墓志铭究竟需要多少钱，我们还无法考察，当然也无法知道得很确切。倒是韩愈弟子皇甫湜的行为为我们提供了更生动具体的资料。

自号参寥子的高彦休在《阙史》上卷《裴晋公大度》一条中详细叙述了皇甫湜索要高价稿酬的故事。中唐名相裴度在平定淮西吴元济之乱后，受到极其丰厚的赏赐。他信仰佛教，曾经感叹道："燎原之火，漂杵之诛，其无玉石俱焚者乎？"意谓在那么大规模的战争中，肯定会有一些善人也被战火烧死。于是他便拿出讨叛所得的全部赏赐再修福先佛寺。

危楼飞阁，琼砌璇题，就有日矣。将致书秘监白乐天，请为刻珉之词。值正郎在座，忽发怒曰："近舍某而远征白，信获戾于门下矣。且某之文，方白之作，自谓瑶琴宝瑟，而比之桑间濮上之音也。然何门不可以曳长裾？某自此请长揖而退。"座客旁观，靡不股慄。公婉词敬谢之，且曰："初不敢以仰烦长者，虑为大手笔见拒。是所愿也，非敢望也。"正郎頳怒稍解。则请斗酿而归。至家，独饮其半，寝酣数刻，呕哕而兴。乘醉挥毫，黄绢立就。又明日，洁本以献。文思古謇，字复怪僻。公寻绎久之，目瞪舌涩，不能分其句，读毕叹曰："木元虚、郭景纯《江》、《海》之流也！"因以宝车、名马、缯彩、器玩约千余缗，置书，命小将就第酬之。正郎省札，大忿，掷书于地，叱小将曰："寄谢侍中，何相待之薄也。某之文，非常流之文也。曾与顾况为集序外，未尝造次许人，今者请制此碑，盖受恩深厚尔。其辞约三千余字，每字三匹绢，更减五分钱不能。”小校既恐且怒，跃马而归。公门下之僚属列校，咸扼腕切齿，思脔其肉。公闻之，笑曰：“真命世不羁之才也。”立遣依数酬之。自居守府，至正郎里地，辇负相属，洛人聚观，比之雍绛泛舟之役。正郎领受之，无愧色。[1]

等到工程竣工，裴度想写信请在长安的著名诗人，正在秘书监任上的白居易写纪念文字以刻碑。当时皇甫湜正在，一听这番话，马上不干了，提出最强烈的抗议，态度激烈，言辞尖刻，他瞧不起白居易的文章，认为自己的文章是高雅的瑶琴宝瑟，而白居易的文章是桑间濮上类的通俗低等的东西。因为自己的上司裴度舍近求远，皇浦湜以辞职来表示坚决的抗议。众位在座的同僚都惊呆了。裴度马上向他表示道歉，并说自己是怕皇甫湜水平太高，不肯答应，当即改变主意，请皇甫湜来写。皇甫湜觉得有点面子，脸色也好看了，向裴度要了一斗美酒便回家了。

回家后，皇甫湜先喝了半斗酒，蒙被睡了几刻钟，醒后呕吐一些东西，马上起床，提笔挥毫，文不加点，有如神助，很快便写完了。经过重新抄写，一天后交上去。文章古奥怪涩，书法亦古奥怪涩，大名鼎鼎的政治文化名人裴度愣是看不明白，连句子都断不准确，于是连连称奇，认为可以与木元虚的《江赋》和郭璞的《海赋》相媲美，确实是一篇千古奇文。裴度可不是一般的官员，他是进士出身，而且考中博学鸿词科，是地地道道的科班出身，居然看不太明白皇甫湜的这篇文字，可见其确实古奥晦涩到了相当的程度。

裴度很佩服，马上写信表示感谢，并派一名小将用车辆送去各种宝物，折合钱大约有一千余缗，数量也不算小。但皇甫湜却大发雷霆，把信也摔了，并且明确提出自己文章的价格，每个字三匹绢，少五分钱都不行。听说这个情况，裴度手下的人都火了，恨不得要吃了皇甫湜。但裴度听说后，只是认为皇甫湜是个“命世不羁之才”，完全按照他的要求如数支付稿酬，车载人扛，引来许多看热闹的人。皇甫湜欣然接受，丝毫没有惭愧之色。

这则故事似乎有点玄乎，但《阙史》的作者参寥子在正文中加了一段小

[1]《说库》上册，浙江古籍出版社1986年重印本.

字道:“愚幼年尝数其字,得三千二百五十有四,计送绢九千七百有二。后逢守寺之老僧曰师约者,细为愚说,其数亦同。”可知此人在幼年曾经亲自去福先佛寺中看过皇甫湜写的碑文,并仔细数过文字的数量,通过计算,得出裴度给皇甫湜送绢的数量,而且又去问了当年经历过此事的老和尚。老和尚详细给他讲了当时的事情,所说的数量与他本人计算出来的完全吻合。可见此事是可信的。

不过,这里有点小问题,即如果是3254个字的话,每个字3匹绢,那么应当是9762匹,而文中却说是9702匹,少了60匹。有人说是脱落“六十”二字,笔者看也有可能是“三千二百五十有四”后面的“五”是“三”字之讹,而且这种可能更大。但并不能因为这点误差就怀疑该条资料的可信性。

这里有两个钱物的数量,如果不将其进行大体的解析,则难给人很深刻的印象。一个是裴度第一次派人送去答谢的礼物约相当于“一千缗”,到底是多少钱。唐代钱数以缗为单位,每一缗便是一千钱,俗语称为一贯。每一缗是十镪,每镪则是一百文。唐代官府雇佣私人的牛车每天支付雇佣钱是35文,也就是说一缗钱可以雇佣30辆牛车干一天活。而一般县级官员每月俸禄大约是70缗到100缗之间。皇甫湜写了一天多的一篇文章足以抵县令一级官员近一年的工资,数目相当可观。

皇甫湜索取的稿酬是每个字3匹绢,共得9762匹绢,这又是怎样的一个数字呢?唐代租庸调制规定,每丁每年向官府交纳2丈绢算是调,每人为官府出20天义务工,如果不愿意出工可由政府统一雇佣,但每天要交3尺绢作为补偿。由此可知每个男劳动力每天的工资当是三尺绢的价格。20天则可折合成6丈绢。每匹绢都是4丈长,这样每丁每年的“庸”和“调”加起来是8丈绢,即2匹绢,只相当于皇甫湜半个字多一点。他一天多完成的这篇文章等于唐代一个普通力工3881年的庸调钱,每月以27天计,则是十万多天,皇甫湜一天等于普通工人十万多天,可见皇甫湜的文字是何等值钱。通过这一特写镜头,我们可以了解唐代士人生活的一个侧面。

锐意变法的改革家王安石

曾子说："士不可以不弘毅，任重而道远。仁以为己任，不亦重乎？死而后已，不亦远乎？"(《论语·泰伯》)这是对士人担当天下道义的最明确的表白和要求，也是儒家士人勇于担当的形象表述。中国历史上，正是这种士人成为民族的脊梁，成为社会正义的代表。北宋最著名的改革家王安石便属于这种类型的士人。

王安石是中国历史上争论最大的人物。在神宗支持下，他以极大的魄力、非凡的胆识和杰出的才能，精心设计并领导了北宋中叶全面而深刻的社会改革，因而遭到既得利益集团的疯狂反扑和长期的攻击诬陷。政敌确实达到了"鸡蛋里挑骨头""洗垢求其瘢痕"的程度，仍无法找到王安石的污点。因为王安石没有污点，梁启超称之为千年以来唯一的"完人"。下面我们便看看这位历史伟人的一些剪影。

一、擦肩而过的状元

王安石不爱慕虚荣，追求一种务实的人生。他甚至连状元这样的最高荣誉都不在乎，因那确实只是一时的荣耀，有很大的偶然性。王安石本来应该是状元，却阴差阳错地成了第四名。事情的经过是这样的。

庆历二年(1042年)春天，在竞争激烈的殿试中，王安石发挥正常，以优异的成绩荣登进士甲榜的第四名。这一年的状元是杨寘，第二名是王珪，王珪是1019年生，比安石大2岁，第三名是韩绛，韩绛是1012年生，比安石大9岁。三人中，王安石年龄最小。后来，王珪、韩绛和王安石先后都做过宰相。一甲中出三名宰相，而这三人又是连名，在科举历史上也是绝无仅有的，故受到后人的盛赞。王安石执政时，曾写作一首《题中书壁》，诗曰："夜开金钥诏辞臣，对御抽毫草帝纶。须信朝家重儒术，一时同榜用三人。"说的就是这种情况。

其实，如果按照实际排名，王安石才是状元，而杨寘是第四名，但鬼使神差一般就把他们俩的名次调换了位置。殿试结束后，名次并不是马上出来，而是由主考和副主考以及阅卷大臣排出名次。前十名排出来后，先要把他们的答卷交给两府长官即宰相和枢密使传阅，签署意见，最后由皇帝定夺。

当时晏殊正主政，看到了那十份试卷和名字。他看到前四名的名字次序是：王安石、王珪、韩绛、杨寘。晏殊的门婿杨察是杨寘的哥哥，比任何人都会关心弟弟，尤其是科举这样的大事，更是非常着急知道结果。于是杨察带着弟弟杨寘，杨寘带着自己答卷的草稿去见晏殊。晏殊便把杨寘第四名的消息透露他，并千叮咛万嘱咐其一定要严守秘密，千万不要说。

杨寘年轻，非常自负，听说自己中第四名，内心非常高兴，便约几名好友在一家酒店，点几个名菜，要上几壶好酒，边吃边喝边说大话："不瞒几位阁下，就凭我杨寘的学问和才华，蟾宫折桂是不在话下。"

"看来老兄是知道点内部消息了？"一人试探问。

"那到没有，在下是做梦梦到的。取了个一甲第四名。"并用手拍打桌子道："不知哪个卫子夺吾状元矣！"

最后的话是引自王铚《默记》中的原话。这里的"卫子"是古代骂人话，就是驴的意思。据宋人高承《事物纪原·虫鱼禽兽·卫子》记载："世云卫灵公好乘驴车，故世目驴为卫子。或曰，晋卫玠好乘跛驴为戏，当时称驴为卫子以讥玠，故有蹇卫之称。"把驴称作"卫子"是在宋元以后的俗语，至于到底怎么来的则不重要。

在场的人都感觉诧异，对他说的话是半信半疑，又都是朋友，也没有人去追究他消息的来源。他回家酒醒后，不免有点后怕，这事要真是追究起来，他哥哥杨察的岳父晏殊则脱不了干系。说是自己做梦梦的，鬼都不相信。

再说主考官谨慎地拿着金榜名单到大内去请皇帝最后签署，盖玉玺，然后就可以誊写清楚上榜，明天大殿就可以公开唱名了。仁宗皇帝事先已经阅过前十名的试卷，尤其是前五名的，仔细阅读过，当然心中有数。

主考官将初拟的名单顺序呈交仁宗时，仁宗马上说："第一人的赋中有'孺子其朋'，此语犯忌，不可以魁天下。"主考问："万岁圣明，那么谁可以为状元？"

第二名王珪、第三名韩绛都已经是朝廷命官，按照惯例不能取状元，第四名则是杨寘，仁宗看到杨寘的名字，便说："杨寘可以。"就这样，本来应该是王安石的状元，结果阴差阳错到了杨寘名下。

关于仁宗皇帝为什么不喜欢"孺子其朋"这个词，后人议论很多，还有人说是晏殊半夜见仁宗，搞了一大堆小动作云云。其实，晏殊不会那么卑鄙，他和王安石还是同乡，不会因为他门婿的弟弟而处心积虑地把王安石的状元拿掉。仁宗是有主见的人，笔者推测是仁宗在阅读前几位试卷的时候，不太喜欢王安石积极主张变革现实的观点。仁宗是位守成的君主，缺乏变革现实的胆识和魄力。王安石后来上《仁宗皇帝言事书》（即所谓的"万言书"），明确提出变法主张，仁宗一直没有采纳，便是明显的佐证。因此，笔者认为还是仁宗不喜欢变法图新而用那个词语为借口而已。这个问题我们不必深究，因为不可能有绝对确切的答案。王铚在记载此事之后发感叹道："然荆公平生未尝略语曾考中状元，其气量高大，视科第为何等而增重耶！"对王安石是非常敬佩的。

晏殊也不知道名次的变化。第二天唱名和发榜后，晏殊也松了一口气，他泄密的事情便不成立了。而听到杨寘酒话的那几个人，也都以为是杨寘的酒话，一笑了之。天下事情真是莫名其妙，仁宗的好恶使王安石失去了状元的荣耀，成就了杨寘状元的美梦，也完全解除了晏殊泄密的嫌疑。

二、务实的县令

庆历七年(1047年)初,27岁的王安石被任命为鄞县县令,成为一县的最高行政长官。到任后,经过一段时间的摸底调查,王安石基本掌握了本县百姓困苦的根源和如何解决的途径。鄞县百姓最难的是两种情况:一是在青黄不接时无法维持生活和生产,便不得不向富户借高利贷,一般利息都是40%;二是几十年没有水利建设,非旱即涝,灾害严重。这是压在百姓身上的两座大山。对于解决这两个问题,王安石经过深思熟虑和精心设计,有了成熟的意见,于是王安石召开一次全县官吏的会议,提出了自己的看法,得到官员的热烈响应,并都积极提出一些补充意见。

属吏们的态度令他感到轻松愉快。可以看出,大多数人是支持他的。只要一个部门或一个地方的主管官员出于公心,真正想把工作搞好,就会得到绝大多数同仁的支持。通过今天这件事,王安石又悟出一个道理:在整个社会中,真正的君子是少数人,所谓的君子就是不随同世俗,不庸俗媚世,而有自己的主见;而真正的小人也是少数,绝大多数是普通人,即所谓的众人,这些人遇到君子当政则可能成为君子,遇到小人当政则可能成为小人,关键就要看各个阶层,各个部门的当政者是个什么人了。

说干就干,首先解决百姓受高利贷重利盘剥的问题。王安石找来主管财务的官员和主管统计的孔目,把本县所能掌握的财政实力搞清楚,再加上朝廷每年用来作为常平仓的经费补贴的预算。两项资金合在一起,从一个县来看,也算是一个不小的数目。再把全县每年都需要借高利贷的农户作一个大概的估计,这样就心中有数了。如果平均需要借款的农户每户按照一百缗数量计算的话,现在县里掌握的这笔钱足以够用。如果县衙以官府的名义向需要借款的百姓放贷,把利息率定在20%,即百姓所说的二分利,借款的百姓在利息方面就可以减轻一半的负担,无疑是功德无量的事。这样,农民在最困难时,凭借自己的青苗自愿向政府申请借贷,秋天收获后用粮食按价偿还,负担就减轻多了。

从县衙的角度来看,这样做就把经济搞活了。把朝廷用来准备特大灾荒之年救济百姓的死钱盘活，而一年放贷给农民的钱，就可以得到20%的利润。春天时借出去100万缗，到秋天就可以增收20万缗，实际上才半年多，这笔收入可是个相当大的数量。只要有了钱，就可以用来做许多应当做也想做可就是没钱做的事情。一盘棋就全走活了。既有利于官府，更有利于百姓，又有利于长远的发展，三全其美，何乐而不为呢？

其实，这种青苗贷款有些农业银行的性质，由官府向农民发放专项的青苗贷款，实际上也就是农业贷款，以解决生产中临时性资金不足的燃眉之急，减轻高利贷对农民的剥削，缓解了两极分化的速度。这是很了不起的一项社会改革的尝试。这成为后来王安石主持变法时推行"青苗法"的雏形。

这项改革试验的成功，极大地提高了王安石的自信心。王安石是个勇于进取，永不满足的人。在此基础上，他要为鄞县百姓再干一件功德无量的事业，这就是要动用更大的财力，冒更大的风险，兴修全县的水利工程。

王安石煞费苦心，经过上下协调沟通，全面动员和设计，终于在秋后开始全县的水利工程。一切都进入正常之后，在十一月丁丑日（农历初七）这一天，王安石带着两名随行人员，从县衙出发，到各地去亲自督察指导。关于这次督察指导工作所经过的地方和所走的路线，王安石写下一篇文章，即《鄞县经游记》。

通过文章可以知道，王安石在12天时间里，以视察督导水利工程为主，走了14个乡的地面，登上山岭，亲自视察了开凿山石的劳作，来到海滨，亲自谋划修建海滨斗门，到达江边，观看水渠的端口。作为一名县令，十多天里，行走几百里坎坷的路途，不避风雨，不辞辛劳，亲自到水利工程的几个关键部位去检查指导，几乎走遍了自己工作范围内的所有乡镇，这种深入基层，勤劳务实的工作作风该是多么难能可贵啊！无论在什么朝代，无论是什么制度，无论是什么国家，这种工作态度永远都是值得提倡的，这种勤恳务实的敬业精神永远都是值得歌颂的。

这样，王安石在鄞县三年时间，便取得青苗贷款利民利官府以及兴修水利的两项实绩，获得百姓的拥护和朝廷的嘉奖，为其以后的仕途提供了经验。王安石这种一切从现实出发，实事求是，务实的精神是古今中外一切官吏都需要拥有的品质。如果推举古代优秀县令的话，王安石也一定当选。

三、一张藤床

王安石在钱财方面严格要求自己和家人，冰清玉洁，没有一丝一毫瑕疵，这是其为官时敢于坚持原则的前提。

熙宁十年的春天，王安石退休回到金陵已一个多月，心情渐渐平静下来。经过多次请示，终于得到神宗的批准，王安石可以彻底退出官场，就要搬出官府的家属大院而迁居到新租赁的一所宅院中。

王安石在复相前便是判江宁府，即江宁府最高军政长官。这次辞相回到金陵，真正的实际职衔还是这个官职，而宋代的官府中都有现成的官署，一般在衙门后院或别院有官员宿舍，包括家具等生活设施都是官府统一置办的。上任的官员马上就可以带着家属入住，非常方便。州县一级的官员流动性很大，故称之为“流官”，古代常说“官不修衙门客不修店”，就是这个原因。

在搬出官府宿舍的前一天夜晚，王安石安排家人和仆人把官府中的一切东西全部留下，一根草棍也不能带走，公私分明，这是王安石的一贯风格。夫人吴氏喜欢他们夫妻所住的那张双人床。那是一张藤床，制造工艺水平很高，造型古朴大方，睡着很舒服，看着也很美观，故有点舍不得，就商量王安石是否可以把这张床带回去，那怕是多给一些钱也可。

王安石不同意，觉得这样做有损清德，何况即使给钱也容易贻人口实，多了少了都说不清楚。还是干净利落，寸草不带为好，这样心中才会感到坦然。他答应夫人回到家中后，仿造此床再打造一张，清白一生，何必为此一床而心中有愧呢？吴氏夫人本是深明大义的女性，当然同意。

关于这件事，也有政敌肆意歪曲事实真相，诽谤王安石夫妇。有人说，吴夫人喜欢官府中配置的这张床，便背着王安石让人搬到了新租赁的住宅。管理官府宿舍的官员清查官府配套家具时发现少一张藤床，便来到王安石的新住处想往回要，但吴夫人不给，谁劝也不行。那位官员很焦急。

王安石见无法说服夫人，便穿着脏乱的衣服，甚至光着脚到上边踩几下，再躺一会儿。吴夫人一看丈夫上去连踩带躺的，便嫌弃太脏，说不要那个藤床了。于是官府得以收回官物云云。还有人夸奖王安石什么“巧计退藤床”，真是太能埋汰人了。不但埋汰了王安石，更埋汰了吴夫人，还埋汰了官府中管事的人员。在中央电视台的“百家讲坛”上，有的学者还专门讲这件事，而且也是如此讲的，当是缺乏深入研究和思考。

跟王安石过了一辈子的吴夫人，就因为王安石上床躺一会儿便不要床了？那他们家还能有床吗？那位管事的小吏，即使官员家属真的带走了官府属于公共财产的一张藤床，还至于撵到家里来跟夫人要吗？顶多跟王安石说一下就算了。故这种情节是编造的，毋庸置疑！

王安石在经济生活方面绝对清白，他退休后，朝廷依旧给他很高的待遇，如车马仪仗等都是一品大员的配备。但王安石从来没有动用过，半年后恳请神宗皇帝允许将其全部退回去。他在生活上极其简朴，衣食住行都非常随便，为人随和，没有一点官架子。

四、妻子给买的妾

嘉祐八年（1063年）春天，王安石42岁，官居知制诰之职，是为皇帝起草圣旨的清要之职，是多少人垂涎三尺的美差。王安石的人生如日中天，进入辉煌时期，但他的家中却出了点小麻烦。

王安石任知制诰后，俸禄增加很多，就把老母亲和妻子儿女接到东京来，阖家欢乐。王安石当时是两儿两女，非常可心，家庭生活煞是幸福。既然如此，怎么又会有麻烦呢？事情原来是这样的。

一天，王安石下朝回家，一进内室，不禁愣住了。夫人吴氏不在，却坐着一位二十多岁年轻貌美的女子。只见那女子高绾发髻，上插孔雀碧玉簪，身穿锦绣华服，淡妆细抹，颇有姿色。她坐在双人绣床边上，羞答答地看着王安石，表情异样，非常复杂，难以形容。

“你是什么人？为何坐在这里？”王安石问道。那女子答道：“是夫人让妾来的，夫人吩咐我来服侍大人。”王安石继续追问，那女子把经过全部诉说了。

原来，那女子是一个武官的妻子，她丈夫做的实际便是当时差役法中衙前里正中的差事。她丈夫在一次押送军用物资时在河里翻了船，损失一大匹军品，被上级判罪，一是罚款90万钱，如能交上钱，人就可以释放，没钱人就要判刑。由于丈夫已被拘押，女子爱夫心切，又没有地方去筹措这么大数量的钱，万般无奈，才到买卖人的地方自卖自身，要价就是90万，结果被人领进这个不太宽敞却很幽静的宅院。她看出这是大户人家，女主人告诉她，说是给她丈夫买的妾，吩咐她要好好服侍官人。又说官人是个难找的好人，不会亏待她的。那女子说到伤心处，忍不住掉下几颗伤心的泪。

听完哭诉，王安石劝慰道：“你不要难过，也不必给我当什么妾。你马上可以回家，去跟你的丈夫团圆。”“那钱呢？钱怎么办，我们家也没有那么多钱来还给大人啊！”那女子十分疑惑地反问。“钱就算是我赠给你们的，不用你还了。”那位女子露出惊愕的神色，连连说道：“这是真的吗？是真的吗？”王安石把话又重复一遍，那女子才相信，千恩万谢，回家去与丈夫团圆。

女子被打发走后，王安石才叫吴氏过来，并询问吴氏为何要这样做。原来吴氏进京后，见京师里的人生活特别奢靡，一般的富户都有几房妻室，大富户几乎是妻妾成群，朝廷官员更不用说，几乎没有不纳妾的。尤其是有一定品级一定地位的官员，如果没有一两个妾，就好象不正常似的，人们就会用异样的眼光来看你，或认为这个官员有病，或认为这个官员过于惧内，家中一定是有个“母夜叉”。王安石已经是知制诰，是五品高官，早已有纳妾的资格。吴氏见丈夫终日忙于公务，很是劳累，可能是没有工夫顾及于此，就私自做主，派人到外面去给丈夫买了一妾。见丈夫决意不纳，又听说已经把人打发走了，也无话可说。

王安石终生只有一位夫人，没有妾。而且终生不入妓院，绝无风流韵事。更可贵的是这完全出自他的自律，是自觉的行为。与三国魏朝的贾充、唐朝名相房玄龄不同，贾充和房玄龄的夫人都是悍妇，坚决不允许丈夫有第二个女人，即使皇帝想帮忙都没有用。唐太宗曾经赐给房玄龄一个美人，房玄龄坚决不敢要，并明确说自己过不了夫人这一关。唐太宗便让皇后做工作，并以死威胁，都不管用。而王安石是妻子主动给买的妾，他却坚决不要，这是很可贵的。

王安石离开我们已经九百多年，但他那坚韧不拔、勇于担当、以天下为己任的精神，那苏世独立、横而不流的铮铮傲骨，那对于社会变革进行的缜密设计和果断推行所取得的巨大成果，都彪炳史册而成为永久的历史记忆。他不爱官、不爱财、不爱色的冰清玉洁的私德也具有永远的榜样力量，让一切蝇营狗苟，投机取巧，沽名钓誉，巧取豪夺，庸俗不堪者相形见绌而一文不值。梁任公评价说："若乃于三代下求完人，唯公庶足以当之矣。"笔者深刻理解梁启超的这种评价，完全赞成这种评价。

笔者有幸参加了《中国古代百位文化名人传记丛书》的写作，担当《王安石传》的写作任务，此书于2015年2月已由作家出版社出版，欢迎读者诸君多提宝贵意见。写完此书后，笔者感慨王安石"一不爱官""二不爱钱""三不爱色"的高风亮节。即兴创作一首韵语云：

我思古人，安石荆公。举世淫靡，独守古风。毅然变法，富国强兵，两宋最盛，莫过熙宁元丰。道德高尚，玉洁冰清。一不爱官，摒弃虚荣，六上札子辞相，事业人气最隆，二疏不能专美，有异梅福渊明；二不爱钱，清廉骨梗，浩然正气凛凛，羞煞古今蠹虫；三不爱色，绝无绯闻，妻买美人辞去，不同贾充玄龄。千古知己，梁氏任公。一言判断善恶，三代以来完人。唯仁者能好人，圣人所云。

长于史学的司马光

唐宋时期，有两对政治家或者文化名人的历史遭遇很相似，这就是唐代的李德裕和牛僧孺，宋代的王安石和司马光。这两对文化名人的对立并不完全是个人品质的问题，而是两种执政理念，两种人格造成的。其相似点也很有意思，李德裕和王安石都是执政能力很强的人，无论在内政、军事还是外交方面都很有智慧和胆识，是干事的人。而牛僧孺和司马光的执政能力都不如前者，他们执政期间没有什么政绩可言，但个人际遇和社会评价都迥然不同。尤其是后世的评价，

似乎都说李德裕、王安石属下多小人，牛僧孺、司马光属下多君子。李德裕和王安石在身后几十年都遭受冷遇和边缘化，甚至受到批判和打击，而牛僧孺和司马光虽然有起伏，但几十年后都备受吹捧，尤其是司马光更是如此。限于文章的篇幅，本文只简论司马光。

一、司马光私德评价

司马光历来被认为是大君子，这是从私德方面评价的，这一点应该说没有什么疑问。司马光在六七岁时，说过一次谎话，被父亲司马池严厉批评，

此后终生不说一句假话。他说:“吾无过人者,但平生所为,未尝有对人不可言者尔。”应该说,司马光的这句话看似平常,确实是一般人难以做到的。私德方面的评价和考察最主要是两个方面:第一,是否贪婪,无论在家庭内部还是在社会上,是否能够履行公平原则,在家庭中不占便宜,在官位上不贪污。这一点司马光洁白无瑕,终生绝无瑕疵。第二,私生活是否糜烂堕落。宋代文官待遇很高,一般高官家中妻妾成群,一些官员家中还蓄养歌女舞女。而司马光终生一妻子,不纳妾,不出入烟花柳巷。子夏的一句话涉及私德的几个主要方面:“贤贤易色,事父母,能竭其力,事君,能致其身,与朋友交,言而有信,虽曰未学,吾必谓之学矣。”即爱妻子、孝父母、忠君、取信朋友,这便是私德的主要方面。可以说,司马光白璧无瑕。

二、司马光公德评价

所谓公德即公共道德,主要指在社会生活中表现出的道德水准和政治品格。这一点司马光也没有问题,他光明磊落,不搞小动作,不搞阴谋,开诚布公,这无论在官场中还是在人际交往中都是最宝贵的品格。

司马光无论在什么情况下都能够坚持自己的主张,绝不退让,即使不被认可甚至受到处分也在所不惜。他长王安石两岁,和王安石同时代。他的公德和历史功过以及历史评价都绕不过王安石变法,因此,我们将司马光置于变法大潮及其后的元祐绍圣党争中来进行观察和评价。

司马光是位敢于担当的人,他进入社会,尤其是有一定职位有话语权后,便一直关注社会问题,对一些大事提出自己的看法,并坚持自己的观点。这一点,没有什么问题。但是,司马光非常固执,胶柱鼓瑟,甚至有些极端,缺乏灵活性。这表现在三件事情上:

关于濮议:这是英宗朝发生的一次最无聊的非原则性的大争论。发起人中的领袖人物便是司马光,打先锋者是吕诲。在这次争论中,受伤害最重的是欧阳修。其实,这就是英宗如何称呼生父的问题,到底是皇考还是皇伯,并不是什么原则问题。此问题不多说,但司马光连篇累牍写奏章,反复陈述自己的观点而驳斥韩琦、欧阳修的观点，便显得过于执拗，没有必要为如此非原则问题花费如此大的精力，伤害那么多大臣。

关于阿云案件：熙宁元年，登州发生一个刑事案件，一名叫阿云的女子因不满意父母包办的婚姻，嫌丈夫太丑陋而趁其不备想杀死他，但到半途时又不忍心而未杀死，造成伤害后自首。地方官判定其故意伤害未死，又有自首情节，故未判处死刑。此案件经过反复，神宗交王安石和司马光拿出意见。在此案件上，司马光和王安石出现对立的意见，王安石认为依照法律，谋杀之罪未造成最终结果，又有自首情节，可免于死刑。司马光认为既然有谋杀之初衷，又造成伤害，便不应减罪，不能免于死刑。这也是司马光和王安石分歧之始。此事也可看出司马光比较固执，思想趋于保守，缺乏对具体问题进行具体分析，灵活处理的特点。由于神宗支持王安石，故阿云没有被处死。

关于变法：在王安石变法的过程中，司马光全面反对。理财问题、免役法问题、"青苗法"问题、对外问题……几乎涉及变法的全部内容，司马光都坚决和王安石唱对台戏，这便有闹意气的嫌疑。王安石并没有排挤司马光，但司马光坚决反对王安石变法的一切措施，这一点是有史实根据的。

三、司马光执政能力有限

司马光长于历史，长于因循守旧而没有开创精神，也缺乏实际的执政能力。有两次机会都证明了这一点。

第一次是神宗即位初，苦于财政紧张，国库空虚，捉襟见肘，急于扭转这种局面，曾委托司马光解决这一问题。司马光提出一大套理论，说需要很长时间才可以慢慢解决，但没有任何具体措施。而神宗将这一问题交给王安石，王安石用半年时间便扭亏为盈，使国库空虚的局面得到一定的改观。这件事也是其后不久神宗决心起用王安石的原因之一。

第二次是在神宗和王安石死去，高太皇太后起用司马光后，司马光掌握实权，不顾一切后果全部推翻新法，尽管许多大臣持不同意见，但司马光非常执拗,乃至于苏轼称之为“司马牛”。这一做法造成很严重的后果,是造成后来激烈党争的起因。北宋之亡国,便与这种政策的反复有很大关系。

而且,司马光缺乏识人的眼光,只要支持他的人他便重用,后来执政的大奸蔡京便是司马光提拔重用的。蔡京一直在投机钻营,但王安石洞察出此人反复无常,谀辞满口,便没有重用。后来司马光要尽废新法时,蔡京非常积极,司马光便很器重他,这一点也曾遭到苏轼的指责。

四、伟大的史学家

司马光一生最光彩,为他博得高名的是两件事:一是“砸缸”,是少年聪明机智的榜样,和文彦博灌水出球一样被当世传为佳话,成为启蒙教材的内容;二是编撰《资治通鉴》,是中国史部的经典,和司马迁的《史记》相映成辉,是中国历史学中永放光芒的不朽作品。《资治通鉴》中对于人物或大事件的结局,司马光有许多精彩简明的警语似的评论,尖锐深刻。每一卷下标明本卷记载之起讫年代不采用年号,也不采用干支,而是采用星岁纪年法,星指岁星,岁指太岁,即太岁岁星相互咬合的方式,非常科学,绝对避免了所谓讹误的问题。如卷第一百六十四,梁纪二十,下面是双行小字:“起重光协治,尽玄黓涒滩,凡二年。”重光是辛,协治是未,玄黓是壬,涒滩是申,这样,实际便是辛未、壬申二年。只要采用这种方式,便绝对不会讹误。而李清照的《金石录后序》署年是用了“绍兴二年玄黓岁”这样的方式,“玄黓岁”与“绍兴二年”相互咬合,便为这一署年的准确性加了一层保险,是笔者著文论证李清照本文写作年代及重新论证其生年的最重要证据。可惜的是李清照如果完全依照司马光的署年加上“困敦”二字,即绍兴二年玄黓困敦岁,则无人敢怀疑了。当然。此问题非本文内容,顺便提及而已,不赘言。

司马光在中国历史上是有重要影响的伟大人物,童年的“砸缸”使其成为风靡朝野的少年,晚年的《资治通鉴》使其成为流传千古的伟大学者。他在私德方面白璧无瑕,没有瑕疵,是君子。而在政事方面则比较教条保守,缺乏智慧。在具体的执政方面也缺乏应对复杂局面的统筹能力,尤其是最后岁月全部推翻新法，毁坏改革成果的做法更产生极其严重的后果，有很大的历史责任。赵冬梅说：她对司马光的景仰需要附加一个条件，就是“不包括做了宰相的司马光”。“在生命最后的一年零两个月里，司马光得到了宰相的高位，却背弃了自己一生的信仰，变得像他的对手一样颟顸、专横，不再宽容，不再谋求异见的共存相揽。”[1]

简言之，司马光人生的主要问题是能力而非品德。当然，晚年执政尽废新法也有闹意气而不负责任的一面，属于政治品格的瑕疵，不应讳言。但北宋灭亡于所谓的“新党”执政时，南宋建立后，避开皇帝的历史责任，而把一切历史责任都推到新党上。新党属于变法派，而司马光是反对变法的旗帜，于是便极力宣扬司马光之伟大。其后便是元祐党人掌握话语权，故在南宋文献中，到处是歌颂司马光，影射或挖苦王安石的文字，这便有失公允了。

[1] 赵冬梅：《司马光和他的时代》，生活·读书·新知三联书店，2014年1月版，第1页.

苏轼的家庭与婚恋

中国文学史上，有一些不可替代的典型人物，他们在某一方面成为后世文人的范型。苏轼无疑是其中的一位，他以多方面的艺术才能和光明磊落的人格精神受到当世及后世的广泛关注和喜爱。他是一本厚厚的书，我们可以从各个不同角度读出人生滋味来。至于他的政治生涯，学术成就，文学造诣，非本书可容纳，我们只从家庭生活和婚姻经历来看一下日常世俗中的苏轼。

一、家庭主要成员

苏轼于宋仁宗景祐三年（1036年）阴历腊月十九日出生于四川眉州眉山县城内纱縠行苏家老宅。按照公历，这一天是1037年1月8日。因此苏轼生年，有的书作1036年，有的书作1037年，便是这种阴阳岁差造成的，并无严格区别。如果按照传统说法，则以1036年为好，因为古人就是这样计算年龄的。

苏轼出生时，父亲苏询28岁，母亲程氏27岁，大哥苏景先（一作景山）约4岁，大姐八娘2岁。祖父苏庠健在，64岁。以苏轼小家看，是5口人。父母、一个哥哥、一个姐姐和他。两年后，仁宗宝元二年（1039年），弟弟苏辙出生。

苏轼8岁开始入天庆观北极院从道士张易简读书，是其入学之始。课间，有位士人从京师来，带来石介所作的《庆历圣德诗》给先生看，苏轼好奇，从旁边看，能够认识并朗诵其诗，问先生所歌颂的十一人都是谁，是干什么的。“先生曰：‘童子何用知之？’轼曰：‘此天人也耶，则不敢知。若亦人耳，何为其不可'？先生奇轼言，尽以告之。且曰：'韩、范、富、欧阳，此四人者，人杰也。'时虽未尽了，则已识之矣。"❶可见苏轼从小就非常聪明而有志节。

苏轼的母亲程氏是位深明大义的知识女性，对苏轼性格的形成有很大作用。苏轼在10岁时，依旧在小学读书，父亲到外地宦游，母亲程氏对他进行课外辅导。程氏辅导苏轼读《后汉书·范滂传》，读到范滂被逮捕和母亲告别时，慨然叹息。苏轼问："轼若为滂，母亲是赞成还是不赞成呢？"程氏答曰："你如果能成为范滂，难道我就不能成为范滂母亲吗？"苏轼于是便坚定了在当世奋发有为的志向。苏轼15岁前，在家读书，母亲程氏亲自教苏轼和苏辙兄弟俩。

苏轼12岁时，祖父去世，享年75岁。苏轼17岁时，姐姐苏八娘嫁给舅父之子程不浚为妻，第二年因与公婆不和愤懑而死。八娘很有文才，苏轼父亲对于程家非常气愤，与之绝交，苏东坡兄弟也与之绝交。当年苏东坡18岁。

苏轼3岁时，大哥苏景先夭折。苏轼22岁时，母亲程氏病故，享年48岁。苏轼31岁时，父亲病故于京师，享年58岁。苏东坡只有一个姐姐，出嫁第二年就死了，根本没有妹妹，后世小说中的苏小妹很明显是文人们杜撰的人物。

苏东坡的家庭成员大致如是，下面我们集中笔墨叙述一下他的婚姻生活。

❶见《范文正公集叙》，转引自颜中其编注《苏东坡轶事汇编》岳麓书社1984年版第277~278页，以下本章所引资料同出此书者只标页数.

二、初婚王弗

仁宗至和元年(1054年),苏轼19岁,与乡贡进士王方之女王弗结婚,王弗16岁。起初王弗并没有说自己读过书,结婚后,苏轼读书她便在身旁陪伴,终日不离开。其后,有的内容苏轼遗忘了,王弗则给他提示,可见是一位天赋极高而又勤奋的女性,夫妻感情也非常融洽。

婚后第二年,苏轼、苏辙兄弟便跟随父亲苏洵到成都游学,苏轼时常离家。第三年三月,苏轼和弟弟苏辙在父亲带领下离家到京师汴梁参加进士考试。次年兄弟双双登第,当年主考是大名鼎鼎的欧阳修。四月初八,苏轼母亲程氏死,苏轼兄弟和父亲立即离京师回四川。两年后,1059年十月,苏轼再度和弟弟、父亲同行进京,王弗随行,此时苏轼大儿子苏迈已出生。

因为在途中观光游览,故经过四个多月,次年二月十五日,苏轼一家人才到达京师,在西冈租房居住。八月,苏轼兄弟参加"贤良方正直言极谏科"策问考试,苏轼兄弟及王介均及第。苏轼被任命为大理评事、签书凤翔府节度判官,十一月离开京师奔赴凤翔,王弗没有跟随。一直到1065年正月,苏轼才返回京师,与王弗夫妻团圆。同年五月二十八日,王弗病死。苏轼的第一次婚姻结束。

苏轼19岁与王弗结婚,30岁时王弗死,二人共同生活仅11年。其间苏轼到京师科考和到凤翔任职时王弗都没有跟随,两次分离起码有5年时间,因此夫妻二人在一起的时间最多是5年左右。但夫妻感情很深,在王弗死后10年,苏东坡在一个夜晚梦见王弗,创作了《江城子》,是中国古代第一篇悼亡词,抒发了对王弗的思念之情,感情深婉真挚。因该词读者诸君肯定耳熟能详,故不再录出。

三、再婚王闰之

王弗死第二年,苏轼父亲苏询在京师病故,苏轼和弟弟苏辙将父亲的遗骸送回眉山苏家坟茔,并将埋葬在西郊的王弗遗骨也一并送回去。守丧期满，于神宗熙宁元年（1068年），苏轼再娶王介幼女王闰之为妻。是年苏轼33岁，王闰之21岁，比苏轼小12岁，与苏轼一个属相，小一轮。王闰之字季章。

前文特意提到，苏轼在第二次进京参加“贤良方正直言极谏科”考试时，与王介同时及第，王介可以算是苏轼的同窗。而且王介是苏轼前妻王弗父亲王方的弟弟，这样，王介既是苏轼的叔岳父，又是同窗。

熙宁三年（1070年）苏轼35岁时，王闰之生次子苏迨。苏轼37岁，王润之生三子苏过。元祐八年八月一日，苏轼58岁时，王闰之死在京师汴梁，时年46岁，与苏轼生活25年。这一时期，苏轼仕途偃蹇，王闰之跟着颠沛流离，经历很多磨难。从苏轼诗文来看，写给王闰之的不很多，二人感情可能很平淡。

四、侍妾王朝云

陪伴苏轼的第三个女性是王朝云。王朝云与苏轼的关系很有意思，二人的感情很深，但并没有正式结婚，王朝云只是苏轼的一名普通侍妾。

关于她是如何到苏轼家里的，说法不一。但有一点是可以确定的，苏轼39岁任杭州通判时王朝云便到了苏轼家，当时年仅15岁。《燕石斋补》说：“朝云者，姓王氏，钱塘名妓也。苏子瞻宦钱塘，绝爱幸之，纳为常侍。”[1]但有人对此说进行驳斥，认为当时王朝云才12岁，不可能成为钱塘名妓。

其实这种推论不能完全成立。古代人发育成熟较早，北宋后期京师名妓李师师出道就很早，大约在十二三岁时已经名满京师了。因此，不能说王朝云12岁到苏轼家便肯定不是妓女出身。或许王朝云刚刚到烟花院中，虽然年龄小，但姿色非常，在妓女中如鹤立鸡群而被苏轼看中，将其赎回家中。

这种可能也是有的，这要从两个方面来考虑。一是北宋时期的妓女制度分官妓和私妓两种，官妓又分地方和军队两种，军队的官妓也叫营妓。在官府或军队幕府中登记造册，叫“乐籍”，属于一种职业。地方官妓的命运掌握

[1]见《范文正公集叙》，转引自颜中其编注《苏东坡轶事汇编》岳麓书社1984年版208页，以下本章所引资料同出此书者只标页数.

在地方官手中。苏轼到杭州时任通判,属于知州副手,即我们今天概念中的二把手,是很有实权的,故使王朝云脱籍是完全可能的。

据资料记载,王朝云不识字,自从到苏轼家之后,开始跟苏轼学习知识和写字,而且楷书写得还不错。她是苏轼的侍妾,在元丰六年九月给苏轼生个男孩,起名叫“干儿”,笔者估计可能是这个孩子长得有些瘦小,故起了这样的名字。果然,孩子不到一周岁,在元丰七年七月十八死了。这对于王朝云和苏轼的打击都很大。不知为什么,以后王朝云再也没有生孩子。

苏东坡诗集中有一首七绝《洗儿》诗,曰:“人皆养子望聪明,我被聪明误一生。惟愿孩儿愚且鲁,无灾无难到公卿。”从语气和感情看,当是写干儿的。因为苏轼前三个儿子出生时,苏轼尚未受到很大的打击,而干儿出生时已经历了乌台诗案,正在黄州受贬,故有第二句。

王朝云对苏轼感情深笃,尤其是苏轼受打击最甚的绍圣年间,一些家妓,大约相当于侍妾地位的女子纷纷离开苏轼,只有王朝云一直陪伴着。绍圣元年,苏轼先后被贬到英州、惠州,都在岭南,极其荒僻,当时继妻王闰之已死,其他家妓散去,只有王朝云始终跟随,使苏轼大为感动,故对王朝云感情也最深厚。苏轼写诗相赠道:“不似杨枝别乐天,恰如通德伴伶元。阿奴络秀不同老,天女维摩总解禅。经卷药炉新活计,舞衫歌扇旧因缘。丹成逐我三山去,不作阳台云雨仙。”

可以想象,苏轼被贬到惠州时,已经60岁,政治前途非常黯淡,一定很凄凉。时值秋季,严霜已降,落叶萧萧。苏轼让王朝云演唱“花褪残红青杏小”一词,王朝云歌喉婉转凄清,不觉泪流满面。苏轼忙问何故,王朝云回答道:“我不忍心歌唱的,是‘枝上柳绵吹又少,天涯何处无芳草’也。”苏轼幡然大笑道:“我正悲秋,而你又伤春了。”于是便停止了。不久,王朝云抱病而终,从此苏轼终身不听此曲。

王朝云死在绍圣三年(1096年)七月五日,苏轼非常悲恸,写一诗一词悼念之。诗名曰《悼朝云》,道:“苗而不秀岂其天,不使童乌与我玄。驻景恨无千岁药,赠行惟有小乘禅。伤心一念偿前债,弹指三生断后缘。归卧竹根无远近,夜灯勤礼塔中仙。”

词则用比兴手法，词牌为《西江月》，词题是“咏梅”，道：“玉骨那愁瘴雾，冰姿自有仙风。海仙时遣探芳丛，倒挂绿毛幺凤。素面翻嫌粉涴，洗妆不褪唇红。高情已逐晓云空，不与梨花同梦。”以梅花比喻王朝云的美丽和高洁。朝云死时年仅34岁，苏轼是61岁。从此，苏轼再也没有纳妾，而是孤身一人，直到逝世。

苏轼死在1101年，享年66岁，有3个儿子，6个孙子。

蒙古建国初期的文明教师——耶律楚材

中国历史在宋元之交经历了翻天覆地的巨大变化,以汉族为主的中央集权遭到颠覆,蒙古贵族消灭南宋而把中国全部统一,建立元朝。

蒙古族是游牧民族,具有在草原上放牧的生活经验,长期骑在马背上驰骋而没有农业生产和管理的经验,离开放牧和征战就不知道应该干什么了。因此在占领中国北方广袤的土地后首先遇到的便是如何处理这些新的占领区和广大的百姓。

但是当他们遇到一些知识分子后,便开始逐渐学会一些本领了。最典型的是蒙古大汗成吉思汗铁木真得到耶律楚材后,两个人的互动成就了蒙古帝国,也拯救了许多华夏民族百姓和精英的性命。

一、文明教师

蒙古大军在占领金国大都(即今北京市)后,成吉思汗要从金人的战俘中访求辽国宗室即契丹人的后代给予特别召见。他早就听说过耶律楚材的名号,因此特别点名要召见他。耶律楚材是辽太祖耶律阿保机的九世孙,东丹王耶律倍的八世孙,饱读诗书、满腹经纶、诗文俱佳,天文地理无所不知,又有很高的音乐才能,确实是难得的人才。

他跟随引导者到大漠见到了成吉思汗。金人消灭辽国,是契丹人的仇敌。成吉思汗召见契丹人的精英,也有自己的考虑,因此他见到耶律楚材后便说:“辽金世仇,我现在为你们契丹人报仇了。”楚材说:“我的父祖都已经臣服金国,我作为大金国的子民就不应该怀有二心,仇视君父。”态度不卑不亢,没有丝毫高兴的神情,对成吉思汗也没有丝毫的谄媚之态。

这种态度受到成吉思汗的赞赏和钦佩，立即把他留在自己身边而成为左右近臣。这样，在成吉思汗的身旁，便有一文一武两个华夏文化孕育的重要人物，武的便是长春真人丘处机，文的便是耶律楚材。这两个人对成吉思汗的影响都很大，对汉人及华夏民族的功德也都很大，确实是非常值得纪念的历史人物。

中国历史有一个比较值得深思的现象，便是开创华夏文明并使这种文明持续发展而达到很高程度的汉族，在历史的进程中偶尔遭到文化落后的野蛮民族的侵扰，在作战中有时处在劣势。这样，文化落后比较野蛮的游牧民族战胜文化先进的汉族政权的情况最主要的有两次，这就是蒙古贵族消灭南宋政权建立元朝和满族取代大明王朝而建立清朝。这些文化落后的少数民族政权虽然在军事上战胜汉族政权，但汉民族又在文化上战胜他们。他们在政治上统治汉民族，而汉民族又在文化上统治了他们。在这中间，具有高度汉文化知识的士人便起到了关键的作用，这些人实际便成为这些文化落后但具有军事优势的野蛮民族的文明教师。这种身份的人所起的作用是巨大的，不可替代的。这才使文化成为最终的决定性力量。正因为这一点，中国才会有五千年不间断的文明。

二、保存文化精英和营救一百多万人的性命

成吉思汗得到耶律楚材后，非常信任和重视，在临死时对窝阔台说："此人，天赐我家，尔后军国庶政，当悉委之。"正是成吉思汗的这种态度，才使得耶律楚材发挥了巨大的历史作用。

耶律楚材的品德和杰出的才能取决于他的出身和刻苦努力而形成的内佛外儒的知识结构和人生观。王国维先生曾这样评价耶律楚材："楚材虽洞

达佛理，而其性格实与儒家近。其毅然以天下生民为己任，古之士大夫学佛者，从未见有此气象。”（《耶律文正公年谱余集》，《王忠悫公遗书·内编》）王国维的看法极其深刻，耶律楚材确实是内佛外儒的知识结构，他在扈从成吉思汗西征时写的《西游录》中系统阐释了儒、释、道三教追求的道本质是不谋而合的，三教殊途同归。他曾经明确说：“以吾夫子之道治天下，以吾佛之教治一心，天下之能事毕矣。”

耶律楚材的历史功绩，对于华夏文化传统的保留和传承有极大的贡献。他受元好问之托，依据元好问提供的文化名人名单，在蒙古军队攻占金国首都汴梁时及时保护了当时金国一大批学者和文学家，保存了文化命脉。

事情的经过是这样的：元好问是金元之际最重要的文化名人，在蒙古军队围困金国首都汴梁遭受强烈抵抗时，蒙古统治者已经准备攻破汴梁后屠城，元好问给当时在蒙古上层深受信任的好朋友耶律楚材写信，并列出名单，请求他尽力保护这些人的性命。

在即将破城时，前敌大将速不台请求攻下之后就屠城，这也符合蒙古军队的旧制。耶律楚材入奏窝阔台，打仗是要得到土地和人民，有地无人，没有什么意义。窝阔台犹豫不决，耶律楚材进一步说：“奇巧之工，厚藏之家，皆萃于此。若尽杀之，将无所获。”这才说服窝阔台，立即下诏只罪完颜氏一家，其余不问。

这样，元好问和耶律楚材共同保护了一大批当时的文化精英，对于中国文化传统的持续发展都有杰出的贡献。元好问能够直接写信给耶律楚材，一是他对于耶律楚材的信任，一是和耶律楚材有一定交情，因为他们都是金国的文化精英。而耶律楚材能够做到这一点，本身便是对文化传统的巨大贡献。顺便说一句，耶律楚材的这一条建议，不但拯救了大批文化精英，而且解救了140多万百姓的性命。仅此一项，便功德无量。

三、保存了农业生产方式

当初，蒙古军队攻占大面积南宋的领土，但只是抢掠而不知道经营管理，因为他们没有农业生产的经历，只一味抢掠，而不知道运用国家权力进行行政管理来收缴赋税充实国库。官吏们各个中饱私囊，而国库却空空如也，几乎没有银两和布帛。

开始时，近臣别迭等人建议："虽得汉人亦无所用，不若尽去了，使草木畅茂以为牧地。"这是很多蒙古贵族的意见，要把占领区的汉人全部杀光，把农田都改成牧场。耶律楚材进行抗辩，言辞激烈，并建议通过各种税收的方式和手段为国家积累财富。他提出一年内，在占领区内就可以聚敛到银50万两，绢8万匹，粮食40万石。

成吉思汗让他试验一年，果然成功，收获的各种财富超过这个数量。蒙古贵族国家的府库第一次如此丰盈，成吉思汗非常高兴，立即任命耶律楚材为中书令，并明确规定，重大问题要先请示耶律楚材，再由耶律楚材请示他。耶律楚材的权力立即大了起来。耶律楚材也时常给成吉思汗讲述可以在马上得天下，但不可以在马上治天下的道理。耶律楚材开创了蒙古贵族用文人做大臣的先例。

耶律楚材的一个建议，保护了黄淮流域的农业生产方式，保护了千万人的性命，同时也为蒙古贵族的发展提供了经验。其后，他推荐提拔一批汉族士人到蒙古贵族的政权中来，开始了蒙古贵族的汉化过程。

四、未引起重视的诗文大家

20年前，笔者写作《东北古代文学概览》一书时，曾经仔细阅读过耶律楚材的《湛然居士集》，读后非常感慨，觉得东北学术界有点愧对先贤，如此高水准的诗文集到当时还没有注释本，笔者阅读的是四部丛刊的版本。20卷的诗文，诗歌水平放在中国诗歌史上也是有地位的。他随成吉思汗西征时创作的大量描写战争的诗歌，具有盛唐两大边塞诗人高适和岑参诗歌的风格和艺术水准。《过阴山和人韵》是一首七言歌行长诗，前四句说："阴山千里横东西，秋声浩浩鸣秋溪。猿猱鸿鹄不能过，天兵百万驰霜蹄。"气魄该是多么宏大，而大量的交游诗、感伤诗、写景诗、叙事诗都有极其丰富的内容和很高的艺术水准。他的散文也非常精彩简练。耶律楚村还具有极高的音乐才能，他对于古曲《广陵散》的演奏以及内容的分析都有独到的地方，对我们今天理解这首著名古曲有里程碑的意义。这些内容我在《东北古代文学概览》（第十章）中有一定量的介绍，这里不多说。

耶律楚材在那个特殊的历史环境中，坚定地履行着中国士人的使命，挺起中国人的脊梁，在保护中国几千年来文化传统不被消灭的过程中起到了“挽狂澜之即到”的作用，受到后人的崇敬。

为拯救灾民而献身的张养浩

我最近在完成《元曲三百首译注评》的写作任务时，产生了一个强烈的冲动，一定要给张养浩写点什么，因为他具备中国古代士人最优秀的品格，确实做到了为百姓鞠躬尽瘁、死而后已的程度。

一、穷则独善其身的隐逸之士

张养浩，字希孟，济南人。应该说，在元代文人中，张养浩的仕途算是比较顺利的，他在50岁前后，曾经做过礼部尚书、监察御史等高官，有职有权，但当时权臣专政，政治黑暗，他勇敢上书弹劾当政者，得罪了权要，为躲避迫害，他不得不自己辞官归隐，隐姓埋名八九年。他曾想隐居到底，朝廷曾经七次征召，前六次他都没有出山。按道理说，他早就心灰意冷，真的不应该再出去参与政事了。

在隐居期间，张养浩度过八九年清闲的时光。一个当过高官的人再隐居，内心是比较平衡的。他的《双调·沉醉东风》便是抒发这种情怀的。我们阅读一下：

班定远飘零玉关，楚灵均憔悴江干。李斯有黄犬悲，陆机有华亭叹。张柬之老来遭难，把个苏子瞻长流了四五番。因此上功名意懒。

张养浩在辞官归隐后,对朝廷政治斗争之残酷以及官场之凶险有深刻的认识,他有许多散曲都涉及这一内容,本篇比较有代表性。前边罗列六位在历史上赫赫有名的英雄人物,遭遇都比较凄凉的故事。班超虽然回到中原也得到善终,但他一生的绝大部分时光都是在西域度过,晚年时极力陈情恳求才允许他进入玉门关。而李斯和陆机都死在激烈的政治斗争中,死前也有相似点,一对是父子,一对是兄弟,都有抱头痛哭和悲哀的具体内容,令人心酸,而且这一对父子和一对兄弟都是死于非命。张柬之在历史转变的关键时刻,保护中宗李显恢复地位,诛灭张昌宗、张易之兄弟,有大功于社稷,但是却被小人武三思陷害而遭受流放,老死贬所。屈原更是正义被戕害的典范,是美的毁灭,是最典型的悲剧,因此具有永远的感人力量。在将历史上这些曾经有巨大影响的人物的遭遇罗列之后,用"因此上功名意懒"一句来抒发自己深深的历史感慨和说明自己辞官归隐的原因。历史典故的运用极大地丰富了作品的思想意义,也表现出作者丰富的历史知识。

张养浩这种内容的散曲很多,都非常精彩有味道。但张养浩并没有隐居到底,在朝廷连续七次的征召下,他明知是送死也毅然前去,因为他感觉值得,似乎是要承担自己的义务,这便是勇于担当的儒家情怀。

二、为百姓而献身的千古义士

最后一次征召,是因为关中大旱,百姓处在水深火热之中。他是为解救百姓才答应出任官职,并立刻到关中地区来开仓赈济,解民于倒悬的。他说"屈指归来后,山中八九年,七见征书下日边"(《西番经》),便是写这次出山为官的。

这一年是天历二年(1329年),他接受的官职是陕西行台中丞。他接到圣旨后先"散其家之所有与乡里之贫者",然后毅然登车上路,毅然走向最困难的人生道路,表现出与灾民同甘苦共患难的决心。可以想象,他就是抱着必死的决心前去上任的。

他在途中"遇饿者则赈之,死者则葬之",到达陕西后,"到官四月,未尝家居，止宿公署，夜则祷于天，昼则出赈灾民，终日无少怠”。这些记载都见之于《元史》作者本传中。

他的祈祷还真的起了作用，看这首小令：“万象欲焦枯，一雨足沾濡。天地回生意，风云起壮图。农夫，舞破蓑衣绿。和余，欢喜的无是处。”（《［双调］得胜令·四月一日喜雨》）农民高兴得舞动蓑衣的场景如在目前。

他在《中吕·喜春来》小令中说：“路逢饿殍须亲问，道遇流民必细询。满城都道好官人。还自哂，只落的白发满头新。”“路逢饿殍须亲问，道遇流民必细询”完全是平实的记载而没有丝毫的夸张，“满城都道好官人”也是历史的真实而丝毫没有往自己脸上贴金的意思。“还自哂，只落的白发满头新”两句有无限深意，“自哂”不是不值得接受百姓的好评，也不是有愧于百姓的好评，而是说这是自己所能够做到的最大程度的努力了，只能解决一点问题而已，并不能真正解决百姓的困苦，因为天大旱只是天灾，而更大的祸患是人祸。他在同时作的另外一首散曲中明确说：“满城都道好官人，还自哂，未戮乱朝臣。”两相参看，就明白张养浩自哂的具体内容了，我们也理解他的深心了。

中国有五千年不间断的文明，其中最核心的因素便是内仁外礼，便是对人民百姓的最真心最普遍的关爱，正是这一点一直维系着中华传统文化的延续和发展，而坚持这个传统的文人士大夫是这个传统的核心和脊梁。张养浩是为关中百姓累死的，是为实践中华传统文化的核心价值而死的。他是一个值得树碑立传的历史人物。他当堂邑县令时，敢于为民做主，体恤民情，离开10年后百姓还为他树立功德碑。而在陕西为拯救灾民而累死后，“关中之人，哀之如父母”。能够得到百姓如此的爱戴，张养浩也值得！

浩气永存的“东林党人”

中国古代士人中，以集体力量反抗黑暗，前赴后继，浴血奋战，规模较大，影响较远的行动共有两次，一次是东汉后期的党人，一次是明朝末年的“东林党人”。

一、“东林党”名称的由来

所谓的“东林党人”，是中国古代知识分子热切关注社会关注人生的优秀传统在明朝末年政治最黑暗时期的一次最集中释放时涌现出来的一群热血士人，是我国知识界一笔宝贵的精神财富。

清初大儒黄宗羲在《明儒学案·东林学案序》中有一段赞颂东林志士的话曰：“数十年来，勇者燔妻子，弱者埋土室，忠义之盛，度越前代，犹是东林之流风余韵也。一堂师友，冷风热血，洗涤乾坤。”黄宗羲的父亲黄尊素便是“东林党”著名首领之一，并死在这场斗争中。

明万历年间，政治极度黑暗，阶级矛盾尖锐。万历二十二年(1594年)，无锡人顾宪成被革职还乡，将北宋著名学者杨时讲学的书院旧址重新修复，命名为“东林书院”，与高攀龙、钱一本等人在此讲学，内容密切联系朝廷实际，抨击时政，品评人物，对朝中奸佞进行揭露与谴责，以清议参与时政，得到很大一部分知识分子的支持，成为当时社会舆论的中心，深受朝廷权贵的嫉恨。这些人便被时人称为“东林党人”。

20多年间，一些权贵对东林党人的舆论又恨又怕，但朝廷中一些正直大臣却借重东林党的舆论来遏制邪恶势力，两种力量有一种均衡的态势，东林党人也平安无事。

二、“六君子”之死

明熹宗即位后，魏忠贤开始独掌大权，使本来已相当黑暗的政治更加迅速地黑暗起来，东林党人的攻击更加激烈。矛盾一下子尖锐起来，一场你死我活的斗争不可避免。

天启初年，基本上是倾向于东林党的大臣执政，故魏忠贤虽然很快掌握宫中的权力，但内阁大臣和各部朝臣他还控制不了。

熹宗即位不久，大臣们将发生不久的“三案”进行审理结案，这对于熹宗极其有利。魏忠贤则利用“三案”大做文章，再效仿当年严嵩陷害夏言的方法，先用边将开刀，然后利用这一点做突破口，将反对自己的人全部网罗进去，最后可一网打尽。

魏忠贤先指使自己的党羽诬告中书省官员汪文言，并牵涉左光斗和魏大中。先令御史将汪文言活活打死，魏忠贤的死党许显纯主办此案，极其残忍。打死汪文言后，在他所谓的供词中随意填进左光斗、魏大中、杨涟、周朝瑞、袁化中、顾大章等二十几名东林党大臣的姓名。

熹宗不认识几个字，魏忠贤干脆是文盲，连自己的名字都不认识。这两个人执掌一国之政，荒唐程度可见一斑。熹宗识字不多，又懒惰，本人根本不批阅大臣章奏。魏忠贤虽然不认识字，但记忆力决非一般人可比，他所经手的事即便过去几年依然不忘。这样，熹宗基本不管事，魏忠贤便放开胆子胡作非为起来。

他指使党羽许显纯将左光斗等人牵进汪文言一案，然后便发圣旨将左光斗等二十几人进行处置，其中最主要的六人拘捕入狱。这六人便是左光斗、魏大中、杨涟、周朝瑞、袁化中、顾大章。六人被捕的罪名之一便是贪图贿赂，保举熊廷弼殆误国事。这更是一大冤案。

当时，明王朝内忧外患交困，形势最严峻的边防是东北，新兴政权后金国如日初升，表现出强劲的发展势头。几年前努尔哈赤在萨尔浒大败明军，几名大臣推荐熊廷弼经营东北。

熊廷弼确实很有本事，到任几个月，便将一塌糊涂的东北经营得有些眉目。后来因为阉党作祟而被撤职查办。熊廷弼一离开，东北马上又陷入极其混乱艰难的境地。后经左光斗等人推荐，熊廷弼再度经营东北。他部下将领阉党推荐的王保贞轻敌冒进，打了败仗。熊廷弼深知兵机，连忙率兵撤退以保存实力。

这次兵败，直接责任人是王保贞，但王保贞是阉党推荐的，而熊廷弼是左光斗等人推荐的。阉党将罪过全部推到熊廷弼身上，将其斩首，并将人头传示九边。其实，中国古代官场，经常出现这样的情况，功罪是非都不主要，最关键看谁的后台势力大。王保贞大罪无事，熊廷弼大功反被杀，无理可讲。

魏忠贤先杀掉熊廷弼，然后再借熊廷弼一案陷害异己，要害死已被逮捕的左光斗等六位朝廷要员。这是天启五年（1625年）的事。

这六人颇负时望，都是光明正大的君子。许显纯先提审左光斗和杨涟，严刑拷打逼供。二人也不辩解，只是仰天长叹，一句话不说。许显纯见没有口供，便再带顾大章、周朝瑞、袁化中，也是严刑逼供，毫无结果。

许显纯不甘心，便传讯魏大中。这次许显纯改变了招法，由强硬改为温和，他微笑着劝魏大中道："公是明白人，知道识时务者为俊杰的道理。只要你能把左光斗、杨涟二人攀成罪名，不但可以马上无罪释放，而且还可以永享荣华富贵。"

魏大中比那五个人爽快，一听此话，便马上表态道："我带着这么重的刑具，无法写字画押。如果去掉我的刑具，我就可以招供。"

许显纯大喜，忙命人去掉魏大中刑具。魏大中活动活动已经麻木的手脚，指着许显纯大骂道："左、杨二公忠义格天，你们这批恶贼专门诬陷忠良，猪狗不如。我岂能像你们那样丧尽天良而遭后世唾骂？"

开始时，许显纯见魏大中态度有所松动，心中暗喜，被魏大中突然一骂，没有思想准备，光嘎巴嘴说不出话，待要发作时，只见魏大中须发倒竖，两眼烁烁放光，纵身向殿柱撞去，当即壮烈牺牲。

当天夜里，左光斗、杨涟等五人都被折磨死在监狱中。这六人便是后世史学家们常常称道的"六君子"，与"戊戌变法"中壮烈牺牲的"六君子"前后辉映，光照千古，成为中华民族向专制、向邪恶斗争的光辉榜样。

“六君子”之死，是非分明，是邪恶对正义的残杀和镇压，稍有正义感的人均对“六君子”表示敬佩和赞美，对阉党的罪恶深恶痛绝。

“六君子”死后，魏忠贤继续迫害正直士人，他只要想打击谁，便把谁的名字往“东林党人”的名单里一填，这个人不死也要剥层皮。这时，凡是原来受到左光斗、杨涟等正直大臣批评或贬抑的奸佞小人都集中到魏忠贤的麾下，成为其忠实的走狗和爪牙，其中最有名的是崔呈秀、顾秉谦、霍维华、杨维垣、倪文焕、王绍徽等人。

三、东林党点将录

顾秉谦便是明末清初著名诗文作家侯方域写作《马伶传》刻意讽刺的对象。王绍徽仿造《水浒传》中一百单八将的数字，编造一本《东林党点将录》，列108人的名单给魏忠贤，以供陷害之用。凡是上名单者当时都受到残酷的打击，人人自危。

接着，魏忠贤索性一不做二不休，对东林党来个彻底的清洗，派出东厂的特务到各地去逮捕东林党人。黄宗羲的父亲黄尊素、大名士高攀龙等相继被害。当特务到苏州去逮捕周顺昌时，引起民变，有五位市民主动站出来承担责任，保护了一大批苏州市民，这五人英勇就义。魏忠贤倒台后，苏州人为之修墓立碑，张溥的《五人墓碑记》便是为纪念这五位义士而写的。

大批朝廷大臣被以“东林党人”的罪名清除出去，空出很多位置。魏忠贤大力安插自己的亲信。天启七年八月，年仅23岁的熹宗皇帝晏驾，他的弟弟信王朱由检继位登基，这便是后世争议颇多的崇祯皇帝。

崇祯皇帝这一年才17岁，他对魏忠贤专权以及与客氏在宫中公开戏谑调情的丑闻早已极其不满。他一登基，魏忠贤便觉如芒刺在背，心惊肉跳。两个月后，经过一番准备，崇祯帝正式公布魏忠贤的罪名，并将其编管凤阳，即日押解上路。

打发完魏忠贤，崇祯帝命司礼太监王承恩全面清理后宫，对所有的人进行全面的严格的体检，结果没有净身的太监竟多达16人，未被召幸而怀孕的宫女多达21人。经过审问，这些人都是魏忠贤和客氏家的奴仆和姬妾。又从魏忠贤的家里搜出宫女8人，原来是魏忠贤想让这8名宫女怀孕后再送回宫中，欲效法当年吕不韦的做法，使明王朝从内容上换成他的天下。如果从这件事来看，魏忠贤便没有阉割，否则他怎么有能力让这8名宫女怀孕?

崇祯帝一听，大怒，立即传旨押解魏忠贤回京正法，笞杀客氏，抄没两家财产，诛灭所有家人。魏忠贤在途中畏罪自杀，上吊而死。崇祯帝命将其尸体带回，割下首级传示河间，并碎尸以示惩戒。魏忠贤和客氏两家许多儿童也同样被押入刑场斩首。

崇祯二年(1629年)，魏忠贤定为逆案，魏忠贤一党分六等定罪。最重的一等斩立决，崔呈秀等人属于此等。而臭名昭著的顾秉谦被定为第五等，判处三年徒刑，家中花重金赎为平民。顾秉谦在家乡民恨极大，百姓烧了他的房子，后来寄食冻饿而死，与他的奸臣老前辈严嵩如出一辙，完全是同一个下场。

四、《留都防乱揭》

魏忠贤虽被杀，但其余孽还在。阉党余孽阮大铖及其好友马士英却官运亨通起来。崇祯三年(1630年)，马士英升迁为山西阳和道副使。五年升任为右佥都御史，巡抚宣府。到任不到一个月，便发公文取府库公款几千两黄金，以礼金的形式送到朝廷中贿赂权贵，以求再进一步。不料被镇守太监王坤揭发，被贬谪发配边疆。不久，流落到南京。

明朝末年战火不断，东北后金兵不断进犯，中原及内地到处是农民起义军的兵锋，其中最大的两支起义军队伍是李自成和张献忠二人。李自成的作战地域主要在陕西河南等地，而张献忠的作战地域主要在四川。

起义军到处作战，当兵锋接近安徽安庆时，阮大铖离开家乡跑到南京避难。在南京，阮大铖召集一伙游侠剑客、地痞无赖整天里谈兵论剑，以此来宣扬自己的军事才能，企图以边事引起朝廷的注意而再次重用他。

他的这些做法真的起了效果，很多人都知道阮大铖在南京。不过，这不但没有给阮大铖带来机会，反而给他带来麻烦，甚至可以说是羞辱。因他名誉太坏，都知道他是个阴险狡诈，诡计多端的人。听说他来到南京，正直士人便掀起一个驱逐他的小高潮。

南京是明朝的留都，政治地位仅次于北京，故这里的文化气氛也非常浓厚。当时，东林党人遭到迫害后，以张溥为首的一批进步文人又结成一个文学社团，取名叫“复社”。复社成员大多是东林党人的后代或学生，在政治方面实际就是东林事业的继续。因此，复社与阉党一流是势不两立的死对头。

当阮大铖在南京卖弄自己的军事才能时，复社的几名主要成员，如无锡的顾杲、余姚的黄宗羲、吴县的杨廷枢等人，都聚会在南京。顾杲是东林党领袖顾宪成的从孙，为人慷慨有气节，而黄宗羲便是东林党领袖黄尊素之子。这些人与阉党有不共戴天之仇，对阮大铖极其了解，于是集体创作一篇《留都防乱揭》，点名道姓斥责阮大铖，表示要把他驱逐出南京。

阮大铖早已臭名昭著，而且名在魏忠贤逆案当中。魏忠贤在当时民愤极大，只要是沾他边的人便被世人所唾骂，而阮大铖的名字早就明明白白地写在逆党名册里。这些复社志士又公开发布文章，阮大铖十分狼狈，虽然不肯马上离开，但绝对不敢公开露面。可见舆论在当时的威力是很大的。阮大铖也恨极了东林党人及复社成员，恨不得立刻将其全部杀戮。

正在他极度苦恼时，意外地遇到马士英。二人有同年之谊，多年不见，又都处在人生的低谷，大有同病相怜，惺惺惜惺惺的意味，甚为欢洽。于是阮大铖闭门谢客，不再与他人来往，只在背地里与马士英秘密接触，共同商议重出官场的机谋。不久，经过一番周折，马士英掌握政权，阮大铖掌握军权，明朝整个大权全部落入这两个奸人之手。曾如刘宗周所预言的那样：“大铖进退，实系江左兴亡。”

阮大铖得志便猖狂，与马士英共同将在魏忠贤一案中被贬谪的官员尽行起复，如杨维垣等人，已经死的则为其平反昭雪，照顾安排其家属，实际上等于为魏忠贤翻了案。与此同时，他们将正直官吏全部罢免。

这些人重新回到朝廷，当然对马士英和阮大铖感恩戴德，甘心做其爪牙，于是朝廷中又遍布了二人的党羽。

但是，官职可以被撤消，嘴是无法堵上的。那些在野的士人继续对阮大铖进行揭露和攻击。这是舆论方面的战斗，阮大铖也不甘示弱，而且他已经掌握大权，与东林党人撕破了脸，一切伪装都没有用了。他不再为自己辩解，而是采取以攻为守的策略，与对方展开了对攻。

五、逆案与顺案

攻击要有武器，对攻也需要武器。阮大铖鬼点子多，主意多，他见大臣和社会舆论都以"逆党"来攻击他，他又气又恨，但想不出好点子、好名词来与之对抗。后来，听说李自成进北京后，一些附和东林党的大臣有投降起义军的，阮大铖便有了办法。他公开制造舆论说："彼攻逆案，吾作顺案与之对。"(《明史本传》)。

李自成称帝后，国号为"大顺"，故阮大铖将投降李自成的官员都列为"顺案"。李自成起义没有成功，却给阮大铖制造冤案提供了一个极好的名词。两个名词正好相反，阮大铖"有才藻"的评价并非虚语。

武器找到后，马士英和阮大铖立即使用，同样有投降行为的官员，如果是阉党一派的，从轻发落或免于追究，如果属于东林党一派的，则加重惩处。重新肯定当年魏忠贤所定的所谓"东林党案"，将顾宪成的从孙顾杲和左光斗的弟弟左光先逮捕下狱，所作所为完全是魏忠贤一党的延续。后来的史学家都把阮大铖称之为魏忠贤阉党余孽，这一定性是十分准确的。

马士英和阮大铖如此猖狂地翻历史旧案，人们敢怒不敢言，史可法坐镇扬州，已经没有左右朝政的能力，其他正直官员已被驱逐殆尽，朝中都是阮大铖的党羽，这时，却出现了一种别具一格的反抗形式。

有一位法号大悲的和尚，自称是王爷，说话语无伦次，疯疯癫癫，一会儿哭、一会儿笑、一会大骂，专骂阮大铖和马士英，后被南京府衙逮捕，押入大牢。此人是真疯还是装疯说不清楚，但阮大铖想利用大悲和尚再创造一个奇迹，将他所有的政敌，凡是他所痛恨的人一网打尽。

阮大铖指使爪牙先把大悲和尚打得昏死过去，然后在大悲和尚宽大的衣袖中放进自己写好后令下人誊写的一份名单，上面是什么“十八罗汉”“五十三参”之目。“十八罗汉”的第一位便是史可法，其他如高宏图、吕大器等全部列入，凡是与东林党沾边的海内名士，无一不在其中。文辞怪异，仿佛天书，谁也看不懂。

这份名单上交内阁，马士英看出这是阮大铖的杰作，但他怕激起民愤，恶果和恶名将落到自己头上，坚持判定大悲和尚是个疯子，精神病者的话怎么能算数？于是只将大悲和尚杀头就算结案。许多名士幸免于难，但这件事可看出阮大铖的阴险歹毒。

其后，随着清兵向全国进军的脚步，阮大铖投降后撞石头而死。东林党人与阉党的斗争也随着明王朝的灭亡而结束。

士人一生最荣耀的时刻

自从隋代诞生科举考试制度以后,这一制度便一直延续下来,直到清朝的灭亡。而明清两代的科举制度极其完善,成为选拔朝廷官员的重要途径,也是绝大多数士人共同奔波的道路,高中榜首成为状元更是士人们梦寐以求的最高理想。

一、通向状元的独木桥

"物以稀为贵",这是颠扑不破的真理。科举考试所录取的人数极有限,能够榜上有名便相当不容易,而被写在第一位的就更难上加难。如果从现代科技发展的眼光来看,真的是比登天还难。因为每一榜只有一人啊!这个人在唐时称榜首或状头,后来亦称状元。

唐朝科举考试一般是每年一次,也就是每年一名状元。而明清时期的科举考试一般是三年一科,这样三年才产生一名状元。明清两朝共经历543年,而文状元累计也不过208人。明清两朝参加科举考试的人又特别多,这就更增加了考中状元的难度。

正因为状元少,中状元难,便给士人及整个社会带来几分神秘色彩,给人一种神圣的感觉。因此,"状元"一词便成为人们艳羡的字眼,许多美妙的事物也都和状元发生联系。

那么,考中状元为什么这么难,究竟需要经过多少程序?下面我们就先来看一看通向状元的路途是多么艰辛。

明清时期的科举考试,一般要经过四个步骤,即四级考试,县、府、省、中央。县、府两级考试是初等,参加考试的人叫"童生",无论多大年龄，只要进这两种考场者都如此称呼，通过者便称作“秀才”，可以摘掉“童生”的帽子。然后才可以参加在省会举行的“乡试”和在朝廷举行的“会试”。

这三级考试相互联系，在时间上前后连贯。每一场考试，少的是一场，多的是三场，总共有十多次考试。只有每一次考试都能顺利过关，才有可能中状元。这既需要有深厚的学术功底，渊博的知识，也需要有顽强的毅力和健康的身体，否则在哪一轮考试时有病耽误一场，就要再等三年才有下一次机会。

因此，有人说，要想科举及第，便“非有龙马精神，驴骡筋骨，蝜蝂呆气，骆驼毅力不可”。(《清稗类钞·科举》)有人统计，明清两朝中状元的年龄平均大约35岁，而状元的平均寿命大约65岁。也就是说，这些人要拿出生命的一半以上来拼搏。而很多人则用大半生的精力甚至是毕生精力连状元的边也摸不着。

童试是第一道关口，包括县考、府考和院考三次考试。前两次由地方官主持，院考则由皇帝钦命的必须是科举出身的学政到地方主持。这场考试是很关键的，只有合格者才算通过童试，取得秀才资格。

秀才通过岁考和科考的成绩分为“附生”“增生”“廪生”“监生”四种，分别进入地方和中央的各级学校读书，算是正式的学生，统称为“生员”。因此，童生考试有点类似我们今天的高考。但生员数量很有限，一般大县只有三四十名。成为生员后，便享受一定的待遇了。一是国家免除其赋役，二是有一定数量的禄米，相当于现代的助学金。成绩优秀的生员，可以通过“拔贡”的选拔考试而成为“贡生”。贡生再通过吏部考试便可以安排知县等一些下级官吏了。但贡生也有很严格的数量限制，一般的秀才则没有当官的资格。

通向状元大门的第二关是乡试，在各省的贡院里进行，属于省一级考试。惯例也是三年一次，在秋季进行，故称“秋闱”。其级别当然比院试高，主考官由朝廷直接委派。考试进行三场，每场三天，食宿就在考场里面。因此考生进考场时，除带文具外，还要带简单的卧具。考场中，每个考生一个独立的小屋，大约一米见方，称“号舍”。号舍外面有固定监考，贡院外面有流动的监考，非常严密。

乡试根据省分大小，名额也不相同，大省八九十人，小省三四十人。而参加者一般都是几千人，录取比例大约是百分之一，起码也是几十分之一，可见竞争极其残酷。乡试录取者叫“举人”，已进入上层社会，有资格到吏部参加诠选，可以做县令或低级朝廷命官。因此，这一步是士子进身非常关键的一步，如果考中举人，便进可攻，退可守了。《儒林外史》中范进中举后胡屠户对他态度的变化，都与此有关系。但要想当状元，则必须继续进行下一步——进京参加最后一级的资格考试，即会试和殿试。

会试在京城的礼部举行，例在二月，故称“春闱”或“礼闱”。参加礼部考试的举人大约七八千人，从中录取三百人左右，竞争亦非常残酷。礼部录取的人称“贡士”，然后参加最后的冲刺——殿试。

殿试原则上由皇帝亲自主持，在太和殿进行。这次考试原则上不再淘汰，只是确定名次，而这场考试的第一名，才是状元。至此，这场马拉松式争夺状元的比赛才全部结束。因为状元在最后殿试上才产生，因此，人们也管殿试叫“点状元”。

二、状元的地位与待遇

中状元既然如此艰难，到底有什么地位和待遇呢？在许多人的观念中，以为一旦中状元，马上就可以成为很大的官，有很大的权力，可以尽享荣华富贵。许多小说戏剧里把新科状元写成无所不能的角色，甚至皇帝都要招其为驸马，而到地方上百官都要给他跪拜等。其实并没有那么玄乎，即使中了状元，也只是人生道路上的一个驿站，还有相当长的道路要走，至于能否成为要人，依然需要后半生的努力。

但是，中状元也确实与一般的进士不同，有很大的优越性，为以后的飞黄腾达奠定了良好的基础。其最主要的一点就是不必通过任何考试直接进入翰林院，并可以直接得到“翰林修撰”之职，属从六品。第二名榜眼、第三名探花虽然也同时进翰林院，但所授职务是“翰林编修”，属于七品。第二甲进士和第三甲进士则需要经过一次考试，从中选拔优秀者进入“庶常馆”，做2~3年“庶吉士”。庶常馆类似翰林院的附属机构，而庶吉士则相当于见习翰林。作过一任庶吉士后，要经过再次选拔，才能升入翰林院。其他进士干脆不能进入翰林院，由吏部委派到朝廷各部或到地方上充当七品以下的官职。

翰林本身权力不大，地位不高，但出路好，前途光明，因此是士人最向往的地方。翰林院修撰或编修有如下特权：第一，可通过皇帝亲自主持的“翰詹大考”，破格晋升为三品、四品大员，简直就像坐直升飞机一样，升迁特别快；第二，翰林学士有专折奏事权，即可以直接向皇帝奏事；第三，一些重要职务如内阁大学士、国子监祭酒、礼部尚书、吏部尚书等清要职务，不是翰林出身者不授，因此翰林学士也有“储相”之称；第四，翰林学士可以穿戴任何官员的任何服饰，如清朝规定，二品以上的大员冬天准许穿貂皮外挂，五品以上的官员才准许挂朝珠和戴金顶，而翰林学士这些都不受限制。另外，在死后也有待遇，文臣如果不是翰林出身者不能谥“文”。

状元还有优先得到各级考官的特权。科举考试是选拔各级官吏的重要渠道，也是知识分子进入官场最主要的通道，因此主考官的喜恶直接关系到考生的命运。主考官所录取的秀才、举人或进士便属于他的门生，终生都保持这种关系。状元进入翰林院后，最容易被委任为各级考官。如清代状元蔡启傅、归允肃、李蟠等，中状元后很快便依次被派往顺天任乡试主考官。

最后，状元最容易接近皇帝及太子。状元进入翰林院后，如果不外放做官，很容易升迁为“侍读学士”或“侍讲学士”等五品或四品官，或陪伴皇帝，或充当太子老师，对日后的发展大有好处。如晚清状元翁同龢，因其做过光绪皇帝的老师而成为政界要人。

考中状元的主客观因素

状元是如此重要的社会角色，当然是所有士人都向往的，但成功的概率太低，能够成功者便肯定是幸运儿。科举时代，人们普遍认为考中状元需要五方面的因素，依次是命、运、风水、阴功、读书。前三种是偶然因素，后两种是人为因素。因为被点中状元确实带有很大的偶然性，故人们感觉这是非常神秘的事。但我们如果冷静思考的话便会发现，这种认识唯心的成分太大，颠倒了主次位置。下面，我们便从主观和客观两个方面来谈一谈。

主观因素还是决定性的，无论什么事情都应当如此看，而且也只有这样才能调动人的主观能动性。事实上也确实如此，无论考场多么黑暗，无论后门多么硬，考生本人必须具备基本的学识才可以。如前所述，状元是通过十多次考试层层考出来的。常言说“过五关，斩六将”，状元何止五关，起码也在十关以上，所斩者何止六将，需要战胜千将万将才有可能。这也是需要相当本事的。要想当状元，必须具备极其丰富的知识才行。根据史料，我们可以知道科举考试试题所涉及的内容是极其广泛的。起码要在下面四个方面都达到上等水平，否则，连当状元的梦都不要做。

首先，要有丰富的经史知识，“四书五经”要能倒背如流，因为在初等考试中有贴经，类似今天的填空。具体做法是将一页留出一行，其他地方遮上，在留出的一行中再盖上三个字，考生要根据上下字填上被盖的部分。如果对经书不熟悉，这一关就要被淘汰。

史学也是科举考试的重要内容。故“前四史”(包括《史记》《汉书》《后汉书》《三国志》)和《资治通鉴》也是考生的必修课，因为考试涉及这些内容。如康熙三十年江南乡试策问第四题，问及当时正在进行中的《明史》的体例和取材等问题(参见张廷玉《澄怀堂文存》卷一)；乾隆元年山东乡试策问第三题，涉及纪传体与编年体之优劣以及史表与正史的关系等问题，其难度绝不亚于今天历史专业研究生入学考试，可见其对考生的历史学知识要求是相当高的。

其次，要有精深的诗韵知识。从开始的童试一直到会试，都考命题作诗，对韵律要求非常严格，因一字逸韵犯律者便可能名落孙山，韵律知识浅薄者也不可能到达最后。

再次，要有很强的写作技巧。包括八股文写作和公文写作。八股文对于写作技巧要求相当高，虽然其有束缚思想，忽略内容而过于偏重形式的弊端，但其对写作技巧的要求和对掌握语言运用语言的能力要求是非常高的。书判等公文的格式要求都很严格，没有严格训练和熟练的语言功夫亦休想问鼎状元。

最后，书法也要有一定的基本功。殿试时，考生直接将答案写在裱成的宣纸上，格式是固定的，上面有红线直格，每行规定写24字。因殿试不再誊写，故卷面整洁与否，字迹工整秀丽与否，也是能否被阅卷大臣看中的一个重要方面。书法太差者当然也不可能成为状元了。正因为如此，明清两朝的状元很多便是有名的书法家。

主观条件具备，也不一定能够成为状元。因为还有许多客观因素起着潜移默化的作用。首先是政治因素，这种作用是相当大的。因为科举考试本身就是为封建制的国家机器选拔培养官吏，因此对政治要求非常严格。因为任何政权都不愿意培养自己的反对派，这样对考生的政治审查也就相当严格，对考生的出身要求亦很严格。如，奴隶、娼优等人的子女不准报考；本人或直系家属有犯罪者不许报考；女子一律不许报考；考试期间，如果父母有死亡者也不准报考。这些都是公开的。还有一些偶然性的政治因素，也会影响到状元人选。如乾隆二十六年，殿试时，本来准备点著名史学家赵翼为状元，但乾隆皇帝考虑江南人状元太多，而西部各省还没有状元，当时正在进行西部平叛战争，为了迎合西部士人，乾隆便钦点陕西人王杰为状元，而把赵翼改为榜眼。（参见赵翼《檐曝杂记》）这完全是从政治方面考虑的结果。

另外，能否当上状元，也确实与一些偶然因素有关，这便是所谓的命运，今天的话就是“点子”。这是无法把握的偶然性因素。因为偶然性根本无法把握，所以人们往往归之于天。用诸葛亮的话说，就是“谋事在人，成事在天”；用苏东坡的话说，就是“尽人事而听天命”。条件基本一样的几个人，甲能够当状元，乙能够当进士，而丙可能连秀才都当不上。有人当上状元，连自己都不知道是怎么回事，有人眼看着就要当状元了，可就因皇帝一念之差却与状元失之交臂，这一辈子的状元梦就泡汤了。仅举一例，便可看出这一问题。

如永乐二十二年(1424年)，殿试初步拟定的三鼎甲的名次是：状元孙曰恭，榜眼梁禋，探花邢宽。最后由永乐大帝朱棣进行审查批准。

古代通行竖排，写字都是竖行，这就出了麻烦。孙曰恭的后两个字“曰恭”上下一排，如果合起来正好是个“暴”字，而封建皇帝最忌讳的便是“暴”，因为人们抨击黑暗政治时常用“暴君”“暴政”等词语，政治动乱则常用“暴动”“暴乱”等词语。总之，“暴”字不好。朱棣心中讨厌此字，他也明明知道孙曰恭不是孙暴，但看起来心里就是不舒服。但他引而未发，接着往下看。当看到“邢宽”时，心里突然感到很舒服，因为“邢宽”的谐音是“刑宽”，是对政治赞美的意思。于是他把朱笔一挥，便把状元和探花下面的姓名来个颠倒，于是邢宽便成了这一年的状元，而已十拿九稳当上状元的孙曰恭却因为名字的关系屈居探花了。

无独有偶，嘉靖二十三年殿试中，原拟状元是吴情。明世宗点状元时，刚要落笔圈定，忽然觉得这个名字唱名的时候就是“无情”，无情的人怎么能当状元，于是停笔思索，往下看。这时，忽然来了一阵风，将殿上的旗幡吹得“哗啦啦”响，而且他潜意识中觉得风吹旗幡的形状好像是“雷”字。他恰巧在此时看到三甲以内有一名进士的名字叫“秦雷鸣”，以为是上天示意，于是大笔一挥便将秦雷鸣点成了状元。孙曰恭是由于名字的字形，吴情则是因为名字的字音失去了状元，而这样却玉成了邢宽和秦雷鸣。这便是运气，是点子，不是人的主观努力所能改变的。

清代乾隆二十五年庚辰科状元，著名历史学者毕沅也是幸运的人。他的幸运一半在天一半在人。毕沅在23岁考中顺天府乡试，成为举人。因为家庭生活困难，先参加工作，经过吏部选拔和有人推荐，到军机处任值班章京，实际就是低级秘书，负责收发文件，上传下达。待生活状况有所好传后，毕沅参加了乾隆二十五年的会试。因为有相当的学术功底，再有在军机处工作几年的社会关系，毕沅顺利通过会试，等待最后的冲刺——殿试。

毕沅

殿试在会试结束后不久进行，在原则上不淘汰，只是从中遴选出前三甲的名次。不巧的是，与毕沅同在军机处的另外两名同僚诸重光、童凤也都顺利通过乡试，同样要参加下一场的殿试。三个人轮流值班，在考试前两天的夜晚，是毕沅的班，他当然要值了，而考试前一天的夜班，则是诸重光，他理应来替换毕沅。换班时诸重光还真的来了，而且童凤同时前来。二人共同商量请毕沅接着值班，理由是毕沅虽然学问不错，但书法平平，怎么也不可能当状元。莫不如让书法很好的诸重光去冲一冲。都在一个槽子吃食，是哥们儿，就应当相互支持。毕沅忠诚老实，碍于面子，就同意了。

二人兴高采烈走了，好像状元非他们二人莫属。毕沅心里也感到有些别扭。这时，内廷转发来乾隆亲自批阅的陕甘总督关于在边疆进行屯田的一份报告。毕沅本来重视时务，对于边疆问题很关心，而且一个人呆着也闹心，便认真阅读乾隆皇帝的批语，对乾隆的意见揣摩得很透彻。

其实，那时在军机处值夜班也没有太多的事，只是收收发发而已。看完乾隆的批语，毕沅便睡觉了。次日，按照时间，毕沅和另两位同僚同时出现在殿试考场。时间一到，考官才当众开封，是乾隆皇帝亲自出的策问题。打开试题一看，与往年的试题完全不同，四道策问都是怎样解决现实问题的，而且都是关于新疆屯田之事。毕沅一看，心花怒放，因为乾隆对于这四道题的答案都写在昨天晚上他看到的奏疏上了。可想而知，毕沅的回答最符合乾隆的心思。

阅卷完毕，阅卷大臣初评时毕沅的名字被列在第四，主要原因是毕沅的字不漂亮。乾隆看完前三篇，觉得都不符合自己的心意，一般规律，状元应当从前三名出。接着往下看，这才看到毕沅的试卷，龙心大悦，因为毕沅的意见与他的基本一致。乾隆当即表态：状元就是毕沅的。这样，毕沅便因为老实厚道，与人为善而吃了偏食，阴差阳错地登上状元的宝座。

宝塔尖上的士人

进士是士人中的佼佼者，状元又是进士中的佼佼者，这双重的佼佼者便是士人阶层宝塔尖上的人，他们的生活样态对于我们了解士人生活有很大益处。下面我们便以两个个案来看一下。

一、刚正不阿的杨升庵

杨慎（1488-1559年）字用修，号升庵，四川新都人。他出生于官宦世家，祖父杨春在弘治年间任湖广提学佥事，父亲杨廷和是嘉靖初期的首辅宰相，官声甚佳。生活在这样的家庭环境中，耳濡目染，接触的都是子曰诗云，熏染的尽是楮味墨香，再加上杨慎天资聪颖，勤奋好学，少年时候便能诗善文，打下扎实的文学功底。

12岁时，祖父传授他《易经》，他仅用20天时间便能全部背诵，尽卷不错一字。祖父大为惊奇。一次，杨慎偶尔看到祖父在欣赏一幅山水画，便也凑过去连声赞叹。祖父故意试探他道："景色优美，人们常常称赞说好像一幅画；而图画精妙，人们又往往称赞说像真景一样。依你之见，到底是佳画似真景，还是真景如佳画呢?"小杨慎略微沉思一会儿，用诗答道："会心山水真如画，名手丹青画似真。梦觉难分列御寇，影

形相吊晋诗人。”祖父一听，更加赞叹不已，高兴地说：“仅此四句诗，便足以与名家媲美矣！”

14岁时，杨慎随父亲杨廷和来到京师。他有时随父亲参加一些社交活动，眼界大开，也使其诗文在京城士人圈子里流传开来，小有名气。《明史本传》载：

慎幼警敏，十一岁能诗，十二拟作《古战场文》、《过秦论》，长老惊异。入京作《黄叶诗》，李东阳见而嗟赏，令受业门下。❶

李东阳是当时文坛巨擘，与何景明同是“前七子”领袖。李东阳看到杨慎当场作的《黄叶诗》，惊叹其才思敏捷，道：“此子非凡子，堪为吾之小友。”便又命他模仿诸葛亮的《前出师表》作一篇古文。这是一篇命题作文，而且对历史知识的要求也很高。杨慎虽然年龄小，但已经博览群书，故对于诸葛亮当时的处境及其对国家的忠心理解得比较深透，因此运笔如飞，很快写出一篇感情饱满，神采飞扬的《出师表》。李东阳边看边啧啧称赞，认为其不减唐宋人之高处，主动收其为弟子。

聪明绝顶的杨慎拜文坛顶尖的领袖人物为师，师徒二人均是人杰。这样，杨慎如虎添翼，学业精进，至十八九岁时，已经学识渊博，诗文精湛，如果全面衡量，实际已经超过老师李东阳了。李东阳是当时主盟人物，超过李东阳就意谓着全国第一，杨慎的前途无可限量。

正德二年（1507年），刚到弱冠之年的杨慎踌躇满志，回到四川参加乡试，一举夺魁，名震蜀川。次年春天再踌躇满志到京师参加礼部举行的会试，两位主考官王鏊、梁储阅读到他的答卷，惊叹不已，不约而同地将他的试卷放在第一的位置，决定以榜首的位置提交给下一论考试——殿试。因为两人太喜欢杨慎的文笔和犀利的词锋，爱不释手，反复看，看到精彩之处，不知是谁一激动，手一哆嗦，把书案上的蜡烛弄倒，蜡油淌在试卷上，沾上蜡花立刻着火，把杨慎的试卷烧去好大一块。两名主考面面相觑，不敢把这样的试卷录取，没有办法，杨慎就这样落榜而归。这是绝对的偶然事件，但却推迟了杨慎步入仕途的时间，而且一推就是三年。

三年后，杨慎再次进京参加会试和殿试，这次比较正常，试卷没有被蜡

❶《明史本传》卷一百九十二，第8311页.

烛烧毁。顺利通过了会试这一关，来到最后冲刺的地方，殿试的考场。读卷官杨一清、刘忠等见到他的试卷，反复阅读，钦佩至极，在他答卷后面写下“海涵地负，大放厥词”八个字。经过读卷大臣的初步拟定和皇帝的审批，杨慎高高写在金榜的最前端，成为这一榜状元。

金榜高中，独占鳌头，杨慎名满天下。按照惯例他进入翰林院当上翰林修撰。在任期间，他正道直行，刚正不阿，坚持正义，声望日隆。他回家为继母守丧期间，一些人为讨好他趁机送来厚礼，他坚决不收。当时的学宪刘节称赞他道：“礼不忘于口诵，义每绝乎币交。”

守丧期满，回京复职。当时是明武宗后期，明武宗朱厚照宴游无度，经常微服出外。正德十二年（1517年），带领内侍随从等人微服北行，出居庸关。骚扰地方，百姓不得安宁。杨慎上疏谏阻，言辞尖锐，武宗很不高兴，根本不理睬。杨慎见状，也不愿意为这样的昏君效力，上疏请病假，回乡隐居。

正德十六年（1521年），明武宗死，皇位传给他的堂弟朱厚熜，史称明世宗。因明世宗能够登上皇位，与当时的首辅内阁杨廷和有直接关系，而杨廷和是杨慎的父亲。不久，杨慎被起用为经筵讲官，专门为皇帝讲解经书，对政事其实没有什么责任。但杨慎是个以天下为己任，疾恶如仇的人，武宗昏庸荒淫，对宦官姑息迁就。宦官张锐、于经等人因大罪被判处死刑，但二人均以重金赎罪，竟被释放。朝野物议沸腾，但慑于皇帝的淫威，敢怒不敢言，杨慎也不敢直接说，便趁给世宗讲解《尚书》的机会，重点发挥“金作赎刑”的涵义是针对犯有小过失的罪人，但对于罪大恶极的人不在此例。世宗皇帝也听明白了杨慎的本意，但二人谁也没有说破。通过这件事，世宗对杨慎已有不满情绪。

数日后，明世宗提出对自己生身父亲兴献王的尊号与祀礼的问题，由此产生极其激烈的一场政治斗争。其实这本不是什么原则问题，但在皇室内部往往出现很激烈的斗争。而每次斗争，双方都一定要借助大臣的力量，因此几乎每有这种情况的发生，都会有一些大臣获罪遭谴，也会有一些大臣飞黄腾达。

按照常理，世宗皇帝既然是从武宗那里继承的，而武宗是其父亲传下来的，那么世宗继承皇位，理论上便成了武宗父亲孝宗的继承人，实际是继承了孝宗的家业，那么就应当过继过来，这样才能名正言顺。而世宗本意是称自己的生身父亲为皇考，称孝宗为皇伯。说白了，就是管本来的爸爸叫爸爸，管本来的伯父叫伯父。如果是民间,这也不算什么大事,可在皇室可是原则问题了,这涉及继统的根据。民间如果是过继的孩子也要称过继后的父亲为父亲,而称自己的亲生父亲为叔叔或伯父。北宋英宗时也曾发生过同类的事情,历史上称“濮议”,名臣韩琦、欧阳修、司马光等都为此受到过伤害。

杨慎本来不涉及此事,但他太认真,奋不顾身地参与其间,并成为骨干分子。由杨慎父亲杨廷和为首的内阁派坚持正义,主张称孝宗为皇考,称世宗的生身父亲为皇叔,但世宗不同意。由于世宗的坚持,起用与他观点一致的大臣,杨廷和被迫辞职。朝野支持杨廷和者为多数。

明世宗不顾群臣反对,正式下诏称亲生父亲为“恭穆皇帝”。听说这一消息,杨慎和翰林学士丰熙等人跪伏在京师左顺门,表示坚决抗议。矛盾一下子白热化了。世宗大为震怒,立刻派锦衣卫逮捕丰熙等八人。可能是考虑杨慎父子的人品威望,还没有逮捕他。

杨慎见状,激动地对群臣道:“国家养士一百五十年,仗义死节,正在此日!”于是率领群臣涌向金水桥,过桥后拍打天安门大哭。声音传到宫里,世宗怒不可遏,再度派锦衣卫将闹事的大臣全部逮捕。一次逮捕134人,杨慎自然在其中。

世宗对杨慎等人非常痛恨,对几名要犯在十天里两次廷杖,即打板子。杨慎两次都被打得昏迷过去,最后被贬谪到云南永昌卫,永远充军。当年杨慎仅37岁。

在云南贬所,杨慎度过了整个后半生,长达35年。那是多么漫长的岁月!但杨慎并没有虚度,依然关怀国计民生,并刻苦治学,在许多学术领域都有杰出的贡献。对于《越绝书》作者的考证,对于云南历史地理的研究都有开创意义,至今仍有重要的学术价值,留下著作四百余种。

坚持正义、坚持原则、刚正不阿、疾恶如仇,明知山有虎,偏向虎山行,明知身受苦,还要仗义执言,这便是杨慎的性格。而同样是状元,彭定求祖孙的做法却与此形成鲜明对比。

二、明哲保身的彭定求

彭定求字勤止,号访濂,士林又称他为“南畇先生”。彭定求先世是江西临江人，他的祖先明朝初年随朱元璋进入江苏，落脚在长洲县。后世便居住在那里。彭定求的故居在今江苏大学东吴宾馆附近，2014年中国唐代文学学会开会期间曾经去看过，但只是比较普通的民居而已。

彭定求的父亲彭珑，是顺治十六年进士，曾做过县令之职，没有什么政绩可言，但为人忠厚，好读书，对彭定求的成长有很大影响。彭珑和清初著名理学家汤斌关系密切，彭定求拜其为师，从11岁起开始攻读程朱理学和八股文，为参加进士考试作准备。

清初提倡程朱理学，科举考试也以此为主，类似我们今天指定的教材或参考书目。彭定求入门路子正，知识准确扎实。康熙十一年(1672年)，彭定求在江南乡试中取得第21名。康熙十五年，彭定求在会试中名列第一，考中会元。

殿试时，阅卷大臣拟定的三鼎甲名单中彭定求在第三位，即探花。康熙皇帝看完前三名的试卷后，觉得彭定求的对策内容充实，比前两名更有识见，于是询问读卷大臣彭定求为何名列第三。大臣说其书法不佳，康熙听后很不高兴地说："他的试卷我亲自看过，觉得不错。难道先儒大师周、程、朱、张都是书法家吗？"皇帝的态度如此明确，读卷大臣们谁还敢吭声？只好唯唯诺诺，将彭定求改为状元。

彭定求虽然中了状元，但确实没有什么政治才能，在政治上没有什么建树，在理学理论上也没有提出新的思想。他参加过《全唐诗》的编订，为古籍整理作出一定的贡献，也是我们能够经常看到他名字的地方。不久，他见朝廷党争渐起，不愿意裹进政治斗争的漩涡，便主动要求离职回乡。

回到故乡后，彭定求终日研究学术，不再过问政事，闭门著述，心理清静。刚到57岁时，彭定求预先为自己购置了一块坟地，自撰《生圹铭》，其中有几句云："系凭虚之眇躬，乘一气之鸿蒙，知生死如昼夜，乃原始以返终。唯循理而顺命，但逍遥兮大同……"表现了虚无悲观的情绪，但也表现出悟彻人生真谛后的超脱。

彭定求主动离职归乡，可能会有具体的事件为契机，使他领悟到官场的腐败黑暗，而且很多事也没有什么是非可讲。离开政治斗争的漩涡，而过一种平静闲适的生活，未尝不是一种明智的选择。在与杨慎处世态度的对比中，我们可以悟出一些道理来。

新版后记

本书第一版于2003年出版后能够不断再印，并不容易，带有学术性的书籍能够再印更不容易。出版十年后重新出版则更是难上加难，因为需要有相当的销售量才可以，而销售量取决于要有人买。我的几本书都在不断重新出版，除了当年自己写作时兢兢业业，完全用真心和诚信去写作，书籍的内容是真善美的，是给读者提供正能量的因素外，客观因素的作用同样重要。我的学生李丹芷当编辑后，立即提出要出版我的书。于是我便建议把《隋唐生活掠影》和《中国历代士人生活掠影》两本书重新出版，并把两书邮寄给她。因为这两书当年出版时便颇受欢迎，首印6000册不到半年便销售精光，加印4000册很快也销售完，李丹芷和知识产权出版社的领导很快通过选题，于是便有了重新出版的机会。

既然有此机会，便力争把书的内容再提纯、精炼、丰富一些。于是我把全部书稿仔细润色修改，并增补了五个题目。即“善于权变的叔孙通”“锐意变法的改革家王安石”“长于史学的司马光”“蒙古建国初期的文明教师耶律楚材”“为拯救灾民而献身的张养浩”。这样做出于两点考虑，一是尽量展现各种类型士人的风采，丰富本书的内容；二是和《隋唐生活掠影》一书字数接近，使两书的规模基本相同。插图由我自己绘画，也想增加一些情趣。

韩愈同年好友，中唐名人崔群曾说自己主考录取的学生等于庄田财产，可见古人对于师生关系的重视。孔子如果没有弟子以及再传弟子编撰的《论语》，其后世影响绝对不会如此响亮。故弟子对于老师来说太重要了。李丹芷如此尊师重道，便是古道犹存的证明。因此我要真诚谢谢我的弟子以及知识产权出版社的各位领导。在本书选题确定后不久，弟子李丹芷工作有变动，本书的编辑工作便由卢媛媛女士担任。她对于工作精益求精，为本书付出大量劳动，在此一并致谢。

但愿本书能够受到读者诸君的欢迎，满足各位的阅读期待。

2015年11月3日毕宝魁识